Berlitz

70663309

# Italian

## *verb handbook*

Carole Shepherd

**Berlitz Publishing /**
**APA Publications GmbH & Co. Verlag KG,**
**Singapore Branch, Singapore**

**Italian Verb Handbook**

Copyright © 1994 Carole Shepherd

NO part of this book may be reproduced, stored in a retrieval system or transmitted in any form or means electronic, mechanical photocopying, recording or otherwise, without prior written permission from Apa Publications.

CONTACTING THE EDITORS
Every effort has been made to provide accurate information in this publication, but changes are inevitable. The publisher cannot be responsible for any resulting loss, inconvenience, or injury. We would appreciate it if readers would call our attention to any errors or outdated information by contacting Berlitz Publishing, 95 Progress Street, Union, NJ 07083, USA.
Fax: 1-908-206-1103. email: comments@berlitzbooks.com

All rights reserved.
Published by Berlitz Publishing/Apa Publications GmbH & Co. Verlag KG, Singapore Branch, Singapore

Trademark Reg. U.S. Patent Office and other countries. Marca Registrada. Used under license from Berlitz Investment Corporation.

Reprinted April 2003
Printed in Canada
ISBN 2-8315-6394-1

The Author:
**Carole Shepherd** is an experienced teacher, author, and language consultant.

The Series Editor:
**Christopher Wightwick** is a former UK representative on the Council of Europe Modern Languages Project and principal Inspector of Modern Languages for England.

# CONTENTS

*How to Use This Handbook*

**A The Verb System in Italian** **1**

*1 What Verbs Do*

1a Full Verbs 2
1b Auxiliary Verbs 2
1c Dual-Purpose Verbs 2

*2 What Verbs Govern*

2a Intransitive Verbs 3
2b Verbs Linking Equals: The Complement 3
2c Transitive Verbs 3
2d Verbs That Can Be Both Transitive and Intransitive 4
2e Verbs with Two Objects: Direct and Indirect 4
2f Reflexive Verbs 4
2g Verbs Governing Verbs 6
2h Position of Verbs in the Sentence 7

*3 Attitudes to Action: Modal Verbs*

3a The Function of Modal Verbs 9
3b Modal Verbs and Their Meanings 9

*4 Verb Forms Not Related to Time*

4a The Infinitive 10
4b The Participles and the Gerund 10
4c The Verb **Piacere** 12

*5 The Use of Tenses*

5a What Are Tenses? 13
5b Auxiliary Verbs 13

*6 Statements of Probable Fact: The Indicative*

6a The Present Tenses 15
6b The Past Tenses 17
6c The Future Tenses 23
6d The Conditional 25

*7 Requests and Commands: The Imperative*

7a The Informal Imperative: **Tu, Noi, Voi** 28
7b Informal Negative Imperative 28
7c Polite Imperative: **Lei, Loro** 29

*8 Areas of Uncertainty: The Subjunctive*

8a The Present Subjunctive 30
8b The Imperfect Subjunctive 31
8c Compound Subjunctive Tenses 31
8d Use of the Subjunctive 32
8e The Sequence of Tenses with the Subjunctive 37

*9 Things Done to You: The Passive*

9a The True Passive 39
9b Alternatives to the Passive 41

*10 Reflexive Verbs*

10a Reflexive Pronouns 42
10b Position of Reflexive Pronouns 42
10c Reflexive Verbs and **Ne** 42
10d Other Uses of the Reflexive 43

*11 Types of Verb in Italian*

11a Predictability 44
11b Regular Verbs 44
11c Spelling-Change Verbs 44
11d Compound Verbs 45

***B Model Verbs 47***

*Index of Model Verbs* 48
*The Complete System of Tenses in Italian*
*Model Regular Verbs* **lodare 1** 50
***entrare 2** 54
*Regular Verbs* Nos. 3 – 7 56
*Verbs with Obsolete Infinitives* Nos. 8 –10 66
*Spelling-Change Verbs* Nos. 11 –16 70
*Irregular Verbs* Nos. 17 –106 82

***C Subject Index 263***

***D Verb Index 265***

# How to Use This Handbook

This Handbook aims to provide a full description of the Italian verb system for all learners and users of the Italian language. It provides the following information:

- a chapter explaining the verb system in Italian;
- the conjugation of one hundred six verbs, grouped to show the common patterns underlying the system;
- a subject index to The Verb System in Italian;
- a verb index, containing over twenty-two hundred verbs with their English meanings and references to the pattern(s) they follow.

An important feature of the book is that examples, showing many of the verbs in use, are given throughout The Verb System in Italian and the Model Verbs.

## *THE VERB SYSTEM IN ITALIAN*

Use the Contents and Subject Index to find your way around this section, which describes the functions and forms of verbs in general. It provides information on the use of tenses, word order, the way verbs govern other parts of speech, and the way verbs are formed. It also describes methods of avoiding the passive, and it explains features such as the reflexive forms, the subjunctive, and the auxiliary verbs. It explains the main features of predictability and irregularity, and it illustrates key irregular verbs.

## *MODEL VERBS*

Use the Verb Index to find your way around this section, which gives the full conjugation of two key model verbs — i.e., of **lodare,** in both its active and passive voice; and of **entrare**, in its active voice. This section provides models for for all three groups of regular verbs plus the full range of spelling-change verbs, followed by all useful irregular verbs. This makes a total of one hundred six model verbs.

The conjugation of each verb is given in all usable tenses. Tenses that have any irregularity are given in full, with the irregularity in bold type. For tenses that are predictable, particularly compound tenses, only the first person singular form is given, as this is sufficient to enable you to predict the other forms within those tenses. Therefore, if a tense is not given in full, you can assume that it is regular.

For simple tenses, just look at the two model verbs (**lodare** and **entrare**) or at the appropriate verb of the five regular verbs (**parlare, vendere, dormire, finire,** and **lavarsi**) to figure out the endings needed. For compound tenses, check the Verb System in Italian to decide which tense of which auxiliary verb is necessary, then look up the appropriate auxiliary verb (**avere** or **essere**) in the Model Verbs.

Where appropriate, the model verb pages also contain the following:

• A list of other verbs that follow the same pattern. If possible, all such verbs are given. If, however, they are too numerous to list, a selection of the most useful ones is given. There are, of course, verbs that stand alone, having no others following their model.

• Notes indicating the main features of this pattern and any variations or additional features affecting any of the verbs that basically follow that model.

• Short dialogues, narratives, or sentences that illustrate some of the different tenses and usages of these verbs.

For further information on how the verb system works, refer to The Verb System in Italian.

## *THE SUBJECT INDEX*

The Subject Index gives section references for all the main grammatical terms used in The Verb System in Italian.

## *VERB INDEX*

For each of the twenty-two hundred or so verbs listed, the Verb Index gives information on whether it is transitive (*tr*), intransitive (*intr*), or reflexive (*refl*), together with its English meaning. It also lists common secondary meanings and the main idiomatic expressions based on common verbs. Finally, each entry is referred to the model verb whose pattern it follows:

**acquistare** (*tr*) acquire, get 3

There are verbs that have more than one predictable or unpredictable variation from the norm. Such verbs have two numbers after them, and both model verb pages should be consulted in these cases.

**assorbire** (*tr*) absorb, soak up 5, 6

## *HOW TO FIND THE INFORMATION YOU WANT*

If you want to check on the form, meaning, or use of a verb, look it up in the Verb Index. This shows:

• which verbs are model verbs (indicated by **[M]**);

**vendere** (*tr*) sell, retail 4 **[M]**

• which verbs take **essere** (indicated by *)

***andare** (*intr*) go, ride (in car) 21 **[M]**

• which verbs take **avere** when transitive and **essere** when intransitive (indicated by a †)

**†salire** (*intr/tr*) go up, climb, mount, come in (of tide) 77 **[M]**

• any preposition normally accompanying the verb;

***abituarsi a** (*intr/refl*) become accustomed to, get used to 7

• whether the verb is transitive (*tr*), intransitive (*intr*), or reflexive (*refl*);

**camminare** (*intr*) step, tread, walk 3

• the main English meaning of the verb, along with any important idiomatic uses;

**colpire** (*tr*) impress, knock against, shock, smack, strike, hit 6

**colpire a morte** (*tr*) shoot dead 6

• a number indicating the model verb, which gives the congugation of the verb, points out its irregularities, and lists verbs that follow a similar pattern.

**chiudere** (*tr*) close, shut, zip up 30 **[M]**

If you want further information on the form or use of the verb, turn to the verb reference given.

***Note:*** *The rules regarding the use of accents in Italian require that there should be an acute accent on closed vowels and a grave accent on open vowels [➤*Berlitz *Italian Grammar Handbook 2a]. However, modern usage tends to prefer the grave accent, particularly on* ***à, ò, ù*** *and* ***ì****, and this usage is employed throughout the Handbook.*

# A

# THE VERB SYSTEM IN ITALIAN


1 What Verbs Do

2 What Verbs Govern

3 Attitudes to Action: Modal Verbs

4 Verb Forms Not Related to Time

5 The Use of Tenses

6 Statements of Probable Fact: The Indicative

7 Requests and Commands: The Imperative

8 Areas of Uncertainty: The Subjunctive

9 Things Done to You: The Passive

10 Reflexive Verbs

11 Types of Verb in Italian

# 1 What Verbs Do

## 1a Full Verbs

The great majority of verbs tell us about the action, state of mind, or changing situation of the subject of the sentence. We call these verbs *full* verbs.

| | |
|---|---|
| ***Abito* in Italia.** | *I live* in Italy. |
| ***Abbiamo* un appartamento.** | *We have* an apartment. |

## 1b Auxiliary Verbs

A much smaller group of verbs is used to add something to the sense of the full verb — for example, to make a compound tense or to add a comment on an action. These are called *auxiliary* (helping) verbs.

| | |
|---|---|
| ***Sto* studiando l'italiano.** | I am studying Italian. |
| ***Ho* comprato una macchina.** | I (have) bought a car. |
| ***Sono* andato in città.** | I went into town. |

## 1c Dual-Purpose Verbs

Most auxiliary verbs can be used either with their full meanings or as auxiliaries. For example, the verb **stare** — used mostly to express the position or the state or condition of something or somebody — is also used as an auxiliary verb to form the present progressive tense, which describes an action actually in progress.

| | |
|---|---|
| ***Sta* in casa.** | She is in the house. |
| ***Sta* preparando da mangiare.** | She is preparing something to eat. |

# 2 What Verbs Govern

A sentence can contain many items of information other than what is given by the subject and the main verb. Some of these items depend directly on the main verb and cannot be removed without leaving the sentence incomplete. These are said to be governed by the verb.

## 2a *Intransitive Verbs*

Some verbs do not normally govern an object [►2c], though the sentence may, of course, contain expressions that add to the meaning. These verbs are called *intransitive* verbs and are usually marked in the verb lists and dictionaries as (intr) or (i).

| | |
|---|---|
| **Torno subito.** | I'll come back right away. |

'I'll come back' makes sense in itself. The 'right away' gives us some extra information.

## 2b *Verbs Linking Equals: The Complement*

A small number of verbs act as a link between the subject and another word or phrase, which is called the complement of the verb. Usually, the complement is a noun or a phrase referring to the same person or thing as the subject.

| | |
|---|---|
| **Mio padre *è* dottore.** | My father *is* a doctor. |

## 2c *Transitive Verbs*

Many verbs take a *direct object.* These verbs are *transitive.* They are usually marked in dictionaries and verb lists as (tr). A direct object answers the question *what?* or *whom?* Intransitive verbs cannot have a direct object.

| | |
|---|---|
| **Giorgio ha comprato *un cane.*** | Giorgio bought *a dog.* |

Here the dog is what Giorgio bought, so it is the direct object of 'bought.'

## 2d Verbs That Can Be Both Transitive and Intransitive

Many verbs can be both transitive and intransitive in Italian. They may be listed as (intr/tr) in verb lists.

| | |
|---|---|
| **Maria parla troppo.** | Maria talks too much. |
| **Giovanni parla inglese.** | Giovanni speaks English. |

## 2e Verbs with Two Objects: Direct and Indirect

Some transitive verbs describe the transfer of the direct object to another person (or possibly thing). This person is then the *indirect object* of the verb. With some verbs the idea can be extended to include people indirectly affected by the action of the verb. The indirect object answers the question *to whom?* or *for whom?* However, in English the 'to' or the 'for' is not always stated.

| | |
|---|---|
| **Sandro ha comprato dei fiori per la mamma.** | Sandro bought some flowers for his mother. |
| **Le ha comprato dei fiori.** | He bought her some flowers. |
| **Ha dato i fiori alla mamma.** | He gave the flowers to his mother. |
| **Le ha dato i fiori.** | He gave her the flowers. |

Here the flowers are the direct object and the mother/her — the recipient — is the indirect object.

## 2f Reflexive Verbs

*(i)* Some verbs express an action that is turned back on the subject; in other words, the object is the same person or the same thing as the subject. These are called *reflexive* verbs [➤10]. In English, these verbs may use one of the '-self' pronouns.

| | |
|---|---|
| **Mi diverto sempre in Italia.** | I always enjoy myself in Italy. |
| **Ci siamo divertiti molto.** | We enjoyed ourselves a lot. |

*(ii)* Sometimes people are doing the action not to themselves but to each other, in which case the subject is usually plural. As a result, it is only possible to use one of the plural forms of the verb — that is, the **noi, voi,** or **loro** form.

| | |
|---|---|
| **Si sono incontrati ieri.** | They met (each other) yesterday. |
| **Ci telefoniamo spesso.** | We often phone each other. |

***(iii)*** In many cases the Italian reference to '-self' or 'each other' is not expressed in English.

| | |
|---|---|
| **Mi sveglio alle sette.** | I wake up at seven. |
| **Mi alzo subito.** | I get up immediately. |
| **Mi lavo nel bagno.** | I get washed in the bathroom. |

***(iv)*** With some verbs the reflexive idea has largely disappeared in English, but the reflexive grammatical form in Italian still applies.

| | |
|---|---|
| **Me ne sono accorta che l'uomo mi guardava.** | I noticed that the man was looking at me. |
| **Non si rende conto che sono straniera.** | He does not realize that I am a foreigner. |

***(v)*** Normally reflexive verbs do not have another direct object; but if they do, the past participle agrees with that object rather than the reflexive pronoun, which then becomes an indirect object.

| | |
|---|---|
| **Mi sono tagliato il dito.** | I cut my finger. |
| **Mi sono rotta la gamba.** | I have broken my leg. |
| **Mi sono lavate le mani.** | I washed my hands. |

However, usage varies; and you may find that Italians make a past participle agree with the subject even when there is a direct object.

| | |
|---|---|
| **Alberto s'è tolto la camicia.** | Alberto took off his shirt. |

In these examples, the English uses a possessive adjective whereas Italian uses a reflexive pronoun.

***(vi)*** Reflexive verbs are often used where a passive would be used in English.

| | |
|---|---|
| **Qui si vendono mele.** | Apples are sold here. |
| **Qui si parla inglese.** | English is spoken here. |

## *2g Verbs Governing Verbs*

### *(i) Verbs followed by an infinitive*

This is quite a common structure in Italian, which has many expressions based on a *modal* auxiliary verb [➤3].

| | |
|---|---|
| ***Vorrei* partire alle otto.** | *I'd like* to leave at eight. |
| ***Devo* essere in città alle nove.** | *I must* be in town at nine. |
| ***Sai* nuotare?** | *Do you know how to* swim? |
| ***Possiamo* andare in piscina insieme.** | *We can* go to the swimming pool together. |

### *(ii) Verbs followed by a preposition and an infinitive*

Italian also has a number of these structures, which are very similar to *(i)*, but with a preposition between the auxiliary verb and the main verb. The Verb Index lists which verbs take which prepositions.

| | |
|---|---|
| **Andiamo *a* mangiare adesso!** | Let's go to eat now! |
| **Cerca *di* venire stasera.** | Try to come tonight. |
| **Ho dimenticato *di* comprare il giornale.** | I forgot to buy the newspaper. |
| **Sono usciti *senza* salutarmi.** | They went out without saying good-bye to me. |

### *(iii) Use of the gerund*

As in English, Italian has a way of describing an action in progress. In English the verb 'to be' and the present participle of the verb are used, while in Italian the verb **stare** and the gerund can be used.

| | |
|---|---|
| ***Sto studiando* l'italiano.** | *I am studying* Italian. |
| ***Stavo leggendo* quando è arrivato Luigi.** | *I was reading* when Luigi arrived. |

## 2h Position of Verbs in the Sentence

### (i) *Subject pronouns*

Generally speaking, the position of verbs in an Italian sentence is similar to that in English. However, one important difference is that Italian verbs are usually found without a subject pronoun. This is because each verb ending is clear and distinct, not just in the written but also in the spoken form. However, the pronouns are used when necessary for emphasis, contrast, or clarity.

| | |
|---|---|
| ***Io* vado in città, ma *tu* devi rimanere qui.** | *I* am going into town, but *you* must stay here. |
| **— Chi ha rotto il bicchiere?** | — Who broke the glass? |
| **— L'ha rotto *lui,* mamma.** | — *He* broke it, mom / mum. |

In the last example the pronoun comes after the verb for greater emphasis on the person who broke the glass.

### (ii) *Questions*

Questions in English are usually formed by inverting the verb and the subject or by using the verb 'to do.' Such inversion is not so common in Italian, since the subject pronoun is rarely used except for emphasis, contrast, or clarity. Instead, questions often look exactly the same as statements but are indicated by voice intonation — the voice is raised at the end of the question. In a written form, the question is made visible, as in English, by the question mark.

| | |
|---|---|
| **Tuo padre ha una macchina nuova.** | Your father has a new car. |
| **Tuo padre ha una macchina nuova?** | Does your father have a new car? |
| **Hai visto Carlo ieri.** | You saw Carlo yesterday. |
| **Hai visto Carlo ieri?** | Did you see Carlo yesterday? |

### (iii) *Negative expressions*

Negative expressions are straightforward in Italian. The English word 'not' is translated by the Italian **non,** which is placed immediately before the verb and any dependent object pronouns.

| | |
|---|---|
| **— *Non* vado al cinema stasera.** | — I'm *not* going to the movies / cinema this evening. |
| **— Perchè *non* ci accompagni?** | — Why do*n't* you come with us? |
| **— *Non* mi sento bene.** | — I do*n't* feel well. |
| ***Non* lo so.** | I do*n't* know. |

**Non** can be combined with other negative expressions (**mai, nessuno, niente,** etc.) usually placed after the main verb.

| | |
|---|---|
| ***Non* vedo *nessuno* fuori.** | I don't see anyone outside. |
| ***Non* è *niente,* non ti preoccupare.** | It's nothing, don't worry. |
| ***Non* ho *mai* visto quel film.** | I have never seen that film. |

***Note:*** **Nessuno** can begin a sentence, in which case there is no need for the **non.** This does not affect the position of the verb in the sentence.

| | |
|---|---|
| ***Nessuno* vuole venire.** | Nobody wants to come. |

# 3 Attitudes to Action: Modal Verbs

## 3a The Function of Modal Verbs

Modal verbs, as mentioned in 2g(i), modify full verbs to express additional points of view such as possibility, desire, and obligation. They create moods for the verbs that follow. They are used in the appropriate persons and tenses followed by the infinitives of the full verbs.

## 3b Modal Verbs and Their Meanings

These are the main modal auxiliary verbs used in Italian:

### (i) *potere* *'can,' 'be able to'*

| | |
|---|---|
| **Non *posso* venire domani.** | *I can't* come tomorrow. |

### (ii) *volere* *'want to,' 'wish,' 'like'*

| | |
|---|---|
| **Non *voleva* andarci.** | He *didn't want to* go there. |

### (iii) *dovere* *'have to,' 'must,' 'be obliged to,' 'ought to,' 'should'*

| | |
|---|---|
| ***Dovete* ascoltare il professore.** | *You should* listen to the teacher. |

### (iv) *sapere* *'know how to,' 'be able to'*

| | |
|---|---|
| **— *Sai* suonare il flauto?** | — *Do you know how to* play the flute? |
| **— No, ma *so* giocare a tennis!** | — No, but *I know how to* play tennis! |

***Note:*** Object pronouns may precede the modal verb or be attached to the end of the infinitive.

| | |
|---|---|
| ***Te lo* posso dire adesso.** | I can tell *(it to) you* now. |
| **Posso dir*telo* adesso.** | I can tell *(it to) you* now. |

# 4 Verb Forms Not Related to Time

Verbs are very important words, in that a single verb form will usually give three pieces of information: *what* is happening, *when* it is happening, and *who* is doing it. However, there are some verb forms that do not specify time or person.

## 4a *The Infinitive*

The part of the verb that you will find in a verb list or dictionary, and also in the Verb Index of this book, is the *infinitive.* In English this is the word preceded by 'to,' for example, 'to love.' In Italian the infinitive form of all regular verbs ends in one of the following: **-are, -ere, -ire** (for example, **amare, vendere, capire, dormire**).

## 4b *The Participles and the Gerund*

### (i) *The present participle*

The present participle in Italian has lost its verbal force and in most cases is used as an adjective or a noun. It is usually formed by adding **-ante** or **-ente** to the stem of the infinitive.

| | |
|---|---|
| **il capitolo *seguente*** | the *following* chapter |
| **gli *amanti*** | the *lovers* |

### (ii) *The present gerund*

The present gerund is often used to describe an action in progress. Its most common use is with the auxiliary verb **stare** to form the present, imperfect, and sometimes future progressive tenses. However, it can be used by itself, provided that its subject and that of the verb in the sentence are the same. The gerund is formed by adding **-ando** or **-endo** to the stem of the infinitive, is invariable, and *never* takes a preposition before it. Care must be taken that the action being referred to actually take place at the same time as that of the main verb—i.e., present, past, or future.

| | |
|---|---|
| ***Sto finendo*** **l'esercizio.** | *I am finishing* the exercise. |
| **Il bambino *sta dormendo* nella culla.** | The baby *is sleeping* in the cradle. |
| **Cosa *stavate facendo?*** | What *were you doing?* |
| **Cammino lungo la strada *parlando* con Anna.** | I walk along the road *while speaking* to Anna. |
| **Papà ci rispose *sorridendo.*** | Father answered us *smiling.* |

Note the difference between the following:

| | |
|---|---|
| **Studio l'italiano a scuola.** | I study Italian at school. |
| **Sto studiando l'italiano adesso.** | I am studying Italian now (i.e., at this precise moment). |

### *(iii)* *The past participle*

This form is used to describe an action that is finished. In Italian it ends in **-ato** (**-are** verbs), **-uto** (**-ere** verbs), or **-ito** (**-ire** verbs). It is mainly used with the verb **avere** or the verb **essere** to form the perfect tense and other compound tenses; but it is also used in other ways, including as an adjective and to form the passive. When used with **avere** in compound tenses, it does not agree with the subject, but can agree with a preceding direct object and *must* agree with a preceding direct object *pronoun.*

When used with **essere** it almost always agrees with the subject [but for reflexive usage ➤2f(v)].

| | |
|---|---|
| ***Ho comprato*** **una casa nuova.** | *I have bought* a new house. |
| ***Fu costruita*** **da Salvatore.** | *It was built* by Salvatore. |
| **L'*ho invitata* a pranzo.** | *I invited* her to dinner (*if in Italy*) / lunch (*if in USA*). |
| **La mia amica *è partita* alle nove.** | My friend *left* at nine. |
| ***Ho lasciato*** **la porta aperta.** | *I left* the door open. |

In the examples given above, the past participle is used as part of the compound tense of the active transitive / intransitive verb of the sentence in all but the second example, where it is used as part of a passive construction. In the final example the second past participle is used as an adjective. When used in a passive construction or as an adjective or with the verb **essere,** the past participle follows the same rules of agreement as an adjective.

## 4c *The Verb* Piacere

### *piacere* *'like,' 'be pleasing to,' 'please'*

The construction of **piacere** is different from that of most other verbs, and it works the other way around than that of its English equivalents 'like' and 'please.' The subject of the verb in Italian becomes the direct object of the verb in English, and the subject of the verb in English becomes the indirect object of the verb in Italian.

| | |
|---|---|
| **Mi *piace* studiare** | I *like* studying (i.e., '*Studying pleases / is pleasing* to me'). |
| **Mi *piacciono* i film di Fellini.** | I *like* Fellini's movies (i.e., 'Fellini's movies *please / are pleasing* to me'). |

If the indirect object of the verb is a noun, it is usually preceded by the preposition **a.**

| | |
|---|---|
| ***A mio padre* piace molto leggere il giornale.** | *My father* likes to read the newspaper a lot. (i.e., 'Reading the newspaper pleases *my father* a lot / is very pleasing to *my father*). |

An indirect object pronoun may be accompanied by **a** + a disjunctive pronoun for emphasis.

| | |
|---|---|
| ***A me* non *mi* piacciono le banane.** | *I* don't like bananas (i.e., Bananas don't please / are not pleasing *to me*). |

# 5 The Use of Tenses

## 5a *What Are Tenses?*

Tenses are grammatical structures that record when an event happened. Both the number of tenses and the names given to them vary from language to language. Many tenses are formed from the stem of the infinitive — this is the part that remains when the **-are, -ere,** or **-ire** ending has been removed (for example, the stem of **parlare** is **parl-**). We may speak of simple and compound tenses.

### *(i) Simple tenses*

These are formed by adding specific endings to the stem of the verb, which may also change.

### *(ii) Compound tenses*

These are formed with the help of the auxiliary verbs **avere, essere,** and **stare** plus a participle or a gerund.

Thus a simple tense is a one-word form, while a compound tense is a form of two or more words.

## 5b *Auxiliary Verbs*

### *(i) The progressive tenses*

The progressive tenses are used to describe actions that are in progress at the time being referred to — present, past (imperfect), or sometimes future. In English they are easily identifiable, since they are formed by the appropriate form of the verb 'to be' followed by the main verb in the '-ing' form. Italian uses a similar structure with the verb **stare** in the appropriate tense followed by the gerund of the main verb. The two main tenses of **stare** used in Italian are the present and the imperfect. However, you should note that Italian uses these forms less frequently than English does, and only when the action is in progress at the time being described.

| | |
|---|---|
| **Quando è arrivato, *stavo leggendo* un libro.** | When he arrived, *I was reading* a book. |

**Andare** is sometimes used to form the progressive tenses when a cumulative progression is indicated.

| | |
|---|---|
| **Gianna *andava parlando* di questo progetto per ore e ore.** | Gianna *went on talking* about this project for hours and hours. |

### *(ii)* *The compound past tenses*

In Italian these tenses are formed with the appropriate forms of the verb **avere** or **essere** and the past participle.

| | |
|---|---|
| ***Ho visto* Gianluca ieri.** | *I saw* Gianluca yesterday. |
| ***Aveva incontrato* Sara.** | *He had met* Sara. |
| ***Sono andata* in città.** | *I went* into town. |
| ***Era partito* presto.** | *He had left* early. |

### *(iii)* *The past gerund*

The past gerund is formed by combining the present gerund of **avere** or **essere** with the past participle of the verb. It is used to translate the perfect participle in English (i.e., having bought, having understood, and so forth).

| | |
|---|---|
| ***Avendo comprato* il giornale, tornai a casa.** | *Having bought* the newspaper, I returned home. |
| ***Essendo partite* le mie amiche, andai a dormire.** | My friends *having left,* I went to sleep. |

***Note:*** As in the second example, the past gerund often has a subject of its own, unlike the present gerund used in the present progressive tense.

# 6 Statements of Probable Fact: The Indicative

Verb forms and tenses that make a positive statement are said to be in the *indicative.* [Contrast this with the subjunctive ➤8.]

In all verbs there are some tenses whose stems and endings can be predicted if you know one of the other parts of the verb. Parts that cannot be predicted in this way have to be learned. It is helpful to know how to obtain the stem, to which the endings for each tense are added, and any spelling adjustments that may need to be made. The following sections tell you how to form each tense, explaining how to get the stem and giving you the endings; and they list the main uses for each one.

## *6a The Present Tenses*

### *(i) The present indicative*

The present indicative of regular verbs is formed as follows:

| FIRST CONJUGATION | SECOND CONJUGATION | THIRD CONJUGATION | |
|---|---|---|---|
| ***amare*** 'love' | ***vendere*** 'sell' | ***dormire*** 'sleep' | ***finire*** 'finish' |
| am**o** | vend**o** | dorm**o** | fin**isco** |
| am**i** | vend**i** | dorm**i** | fin**isci** |
| am**a** | vend**e** | dorm**e** | fin**isce** |
| am**iamo** | vend**iamo** | dorm**iamo** | fin**iamo** |
| am**ate** | vend**ete** | dorm**ite** | fin**ite** |
| am**ano** | vend**ono** | dorm**ono** | fin**iscono** |

Note that the following groups of verbs undergo spelling changes or other modifications, mainly for pronunciation purposes:

• Verbs ending in **-are** whose stems end in **-c** or **-g** insert an **h** before an **i** or an **e.**

| | |
|---|---|
| **pagare** | pago, **paghi, paghiamo,** pagate, pagano |
| **cercare** | cerco, **cerchi,** cerca, **cerchiamo,** cercate, cercano |

• Verbs ending in **-iare** have only one **i** in the **tu** form if the **i** of the stem is not stressed.

| | | |
|---|---|---|
| **studiare** | **studi** | (The stress falls on the first syllable.) |

• Verbs ending in **-iare** retain the **i** if the stem is stressed.

| | | |
|---|---|---|
| **sciare** | **scii** | (The stress is on the first **i.**) |

• Verbs ending in **-durre** are not irregular once the first person singular is known, as this is based on a **-ducere** ending.

| | |
|---|---|
| **produrre** | **produco,** etc. |
| **ridurre** | **riduco,** etc. |
| **tradurre** | **traduco,** etc. |

• Verbs **bere, dire,** and **fare** are formed from the obsolete **-ere** infinitives **bevere, dicere,** and **facere;** and if classified as second conjugation verbs, they are regular in some parts of the present tense.

| | |
|---|---|
| **bere (bevere)** | bevo, bevi, beve, beviamo, bevete, bevono |
| **dire (dicere)** | dico, dici, dice, diciamo, **dite,** dicono |
| **fare (facere)** | **faccio, fai, fa, facciamo, fate, fanno** |

• Some verbs add another vowel (turning into a diphthong) in the first, second, and third person singular and third person plural.

| | |
|---|---|
| **morire** | **muoio, muori, muore,** moriamo, morite, **muoiono** |
| **sedere** | **siedo, siedi, siede,** sediamo, sedete, **siedono** |

For irregular verbs, see Model Verbs.

The present tense in Italian can be used to convey the following ideas:

• What the situation is now.

| | |
|---|---|
| **Studio l'italiano a una scuola serale.** | I study Italian at a night school. |

• What happens sometimes or usually.

| | |
|---|---|
| **Ogni giorno esco alle sette.** | I go out every day at seven. |

• What is going to happen soon.

| | |
|---|---|
| **Quest'estate vado in Italia.** | This summer I am going to Italy. |

• What has been happening up to now and may be continuing to happen.

| | |
|---|---|
| **Abito a Firenze da due anni.** | I have been living in Florence for two years. |
| **Aspettiamo da una mezz'ora.** | We have been waiting for half an hour. |

### *(ii)* *The present progressive*

This is formed by using the present tense of **stare** plus the gerund [▶5b(i)].

**studiare → studiando** **prendere → prendendo** **finire → finendo**

There are three irregular gerunds formed from obsolete forms of the **-ere** infinitive.

| VERB | OBSOLETE INFINITIVE | GERUND |
|---|---|---|
| **dire** | **(dicere)** | **dicendo** |
| **fare** | **(facere)** | **facendo** |
| **bere** | **(bevere)** | **bevendo** |

| | |
|---|---|
| ***Sto bevendo* un bicchiere di vino.** | *I am drinking* a glass of wine. |
| ***Sto leggendo* il giornale.** | *I am reading* the newspaper. |

## *6b* *The Past Tenses*

### *(i)* *The imperfect indicative*

The imperfect tense of all verbs is formed by taking off the **-re** ending of the infinitive and adding the following endings:

**-vo, -vi, -va, -vamo, -vate, -vano**

| ***comprare*** 'buy' | ***vendere*** 'sell' | ***dormire*** 'sleep' |
|---|---|---|
| compra**vo** | vende**vo** | dormi**vo** |
| compra**vi** | vende**vi** | dormi**vi** |
| compra**va** | vende**va** | dormi**va** |
| compra**vamo** | vende**vamo** | dormi**vamo** |
| compra**vate** | vende**vate** | dormi**vate** |
| compra**vano** | vende**vano** | dormi**vano** |

The following irregular imperfect tenses are formed from obsolete forms of the infinitive:

| *Verb* | *Obsolete Infinitive* | *Imperfect* |
|---|---|---|
| **dire** | **(dicere)** | **dicevo,** etc. |
| **fare** | **(facere)** | **facevo,** etc. |
| **bere** | **(bevere)** | **bevevo,** etc. |

Verbs ending in **-durre:**

| | |
|---|---|
| **produrre** | **producevo,** etc. |
| **tradurre** | **traducevo,** etc. |

Verbs ending in **-arre:**

| | |
|---|---|
| **attrarre** | **attraevo,** etc. |
| **distrarre** | **distraevo,** etc. |

The verb **essere** is the only verb to have a completely irregular form.

| | |
|---|---|
| **essere** | **ero, eri, era, eravamo, eravate, erano** |

The imperfect tense is used for:

- repeated or habitual actions in the past.
- descriptions of things or of people in the past.
- ongoing actions in the past, often as a setting to other actions.

| | |
|---|---|
| **Ogni anno *andava* in Francia.** | *He used to go* to France every year. |
| ***Era* una ragazza molto povera.** | *She was* a very poor girl. |
| ***Parlava* con Antonio quando sono entrata.** | *He was speaking* to Antonio when I came in. |

### *(ii)* *The imperfect progressive tense*

This is formed by using the appropriate form of the imperfect tense of **stare** followed by the gerund [for usage ➤5b(i)]:

| | |
|---|---|
| ***Stavo scrivendo* quando ha telefonato Leonardo.** | *I was writing* when Leonardo called / telephoned. |

### *(iii)* *The past definite*

The past definite of regular verbs is formed by adding the following endings to the stem of the infinitive.

| | |
|---|---|
| **-are** | **-ai, -asti, -ò, -ammo, -aste, -arono** |
| **-ere** | **-ei (-etti), -esti, -é (-ette), -emmo, -este, -erono (-ettero)** |
| **-ire** | **-ii, -isti, -í, -immo, -iste, -irono** |

| *trovare* 'find' | *vendere* 'sell' | *capire* 'understand' |
|---|---|---|
| trov**ai** | vend**ei** / vend**etti** | cap**ii** |
| trov**asti** | vend**esti** | cap**isti** |
| trov**ò** | vend**é** / vend**ette** | cap**í** |
| trov**ammo** | vend**emmo** | cap**immo** |
| trov**aste** | vend**este** | cap**iste** |
| trov**arono** | vend**erono** / vend**ettero** | cap**irono** |

***Note:*** There is stress on the ending of the third person plural.

For irregular verbs ➤Model Verbs 17–106. Although there are a considerable number of verbs that are irregular in the past definite, many of these are irregular only in the first and third person singular and third person plural, as in the following example:

| | |
|---|---|
| **chiedere** | **chiesi,** chiedesti, **chiese,** chiedemmo, chiedeste, **chiesero** |

Note the irregular past definite of **avere** and **essere.**

| *avere* | *essere* |
|---|---|
| **ebbi** | **fui** |
| **avesti** | **fosti** |
| **ebbe** | **fu** |
| **avemmo** | **fummo** |
| **aveste** | **foste** |
| **ebbero** | **furono** |

The past definite is used to describe completed actions in the past, which have no further correlation to the present. It is mainly used in literary and formal writing, though in some parts of Italy it is an alternative to the perfect tense.

| | |
|---|---|
| **Tornando a casa, *incontrai* Carlo.** | While I was returning home, *I met* Carlo. |
| ***Comprai* una macchina due mesi fa.** | *I bought* a car two months ago. |

***Note:*** The verb **nascere** needs special attention: **è nato** is used for someone still living; **era nato** is used for someone who has recently died; **nacque** is used for someone long dead.

| | |
|---|---|
| **La bambina *è nata* stamattina.** | The baby girl *was born* this morning. |
| **Il morto *era nato* novantadue anni fa.** | The dead man *was born* ninety-two years ago. |
| **Dante Alighieri *nacque* secoli fa.** | Dante Alighieri *was born* centuries ago. |

### *(iv)* *Other past tenses*

The remainder of the past tenses in Italian are compound tenses. They are formed using the appropriate tense of the auxiliary verb **avere** or **essere** and the past participle of the verb [➤5b(ii)].

### *(v)* *The present perfect tense*

The present perfect tense is formed in Italian by using the present tense of **avere** or **essere** and the past participle of the verb. To form the past participle of regular verbs, remove the infinitive ending and add the appropriate ending.

| | |
|---|---|
| **-are** | **-ato** |
| **-ere** | **-uto** |
| **-ire** | **-ito** |

| *comprare* | *vendere* | *finire* |
|---|---|---|
| **ho comprato** | **ho venduto** | **ho finito** |
| **hai comprato** | **hai venduto** | **hai finito** |
| **ha comprato** | **ha venduto** | **ha finito** |
| **abbiamo comprato** | **abbiamo venduto** | **abbiamo finito** |
| **avete comprato** | **avete venduto** | **avete finito** |
| **hanno comprato** | **hanno venduto** | **hanno finito** |

| *andare* | *venire* | *lavarsi* |
|---|---|---|
| **sono andato / a** | **sono venuto / a** | **mi sono lavato / a** |
| **sei andato / a** | **sei venuto / a** | **ti sei lavato / a** |
| **è andato / a** | **è venuto / a** | **si è lavato / a** |
| **siamo andati / e** | **siamo venuti / e** | **ci siamo lavati / e** |
| **siete andati / e** | **siete venuti / e** | **vi siete lavati / e** |
| **sono andati / e** | **sono venuti / e** | **si sono lavati / e** |

***Note:*** Most intransitive verbs, most impersonal verbs, and all reflexive verbs take **essere** in the present perfect tense. In the Verb Index these are marked *.

Some of the most common verbs taking **essere** are as follows:

| | | | |
|---|---|---|---|
| **andare (andato)** | go | **restare (restato)** | stay |
| **arrivare (arrivato)** | arrive | **rimanere (rimasto)** | remain |
| **cadere (caduto)** | fall | **riuscire (riuscito)** | succeed |
| **†correre (corso)** | run | **salire (salito)** | go up |
| **essere (stato)** | be | **scendere (sceso)** | go down |
| **morire (morto)** | die | **scoppiare (scoppiato)** | burst |
| **nascere (nato)** | be born | **sembrare (sembrato)** | seem |
| **parere (parso)** | appear | **tornare (tornato)** | return |
| **partire (partito)** | leave | **uscire (uscito)** | go out |
| **piacere (piaciuto)** | please | **venire (venuto)** | come |

***Note:*** **†Correre** can take **avere** when used with a direct object.

| | |
|---|---|
| **Giovanni ha corso un grave rischio quel giorno.** | Giovanni ran a great risk that day. |

All verbs marked † in the Verb Index take **essere** when used intransitively and **avere** when used transitively.

Many past participles are irregular and will need to be learned.

The perfect tense is used to describe:

- a single completed action in the past.

| | |
|---|---|
| **Ho letto il suo libro.** | I read his book. |

- an action taking place in the past but continuing up to the present.

| | |
|---|---|
| **Fino adesso Anna ha scritto tre libri.** | Up to now Anna has written three books. |

- an action that has recently taken place.

| | |
|---|---|
| **Oggi Antonio è venuto a trovarmi.** | Antonio came to see me today. |
| **Stamattina sono andata al mercato.** | I went to the market this morning. |
| **Abbiamo finito i compiti!** | We have finished the homework! |
| **Maria ha scritto due lettere stasera.** | Maria has written two letters this evening. |

## *(vi)* *The pluperfect tense*

The pluperfect tense is formed with the imperfect tense of **avere** or **essere** and the past participle of the verb.

| *comprare* | *vendere* | *finire* |
|---|---|---|
| **avevo comprato** | **avevo venduto** | **avevo finito** |
| **avevi comprato** | **avevi venduto** | **avevi finito** |
| **aveva comprato** | **aveva venduto** | **aveva finito** |
| **avevamo comprato** | **avevamo venduto** | **avevamo finito** |
| **avevate comprato** | **avevate venduto** | **avevate finito** |
| **avevano comprato** | **avevano venduto** | **avevano finito** |

| *andare* | *venire* | *lavarsi* |
|---|---|---|
| **ero andato / a** | **ero venuto / a** | **mi ero lavato / a** |
| **eri andato / a** | **eri venuto / a** | **ti eri lavato / a** |
| **era andato / a** | **era venuto / a** | **si era lavato / a** |
| **eravamo andati / e** | **eravamo venuti / e** | **ci eravamo lavati / e** |
| **eravate andati / e** | **eravate venuti / e** | **vi eravate lavati / e** |
| **erano andati / e** | **erano venuti / e** | **si erano lavati / e** |

The pluperfect tense is used to take a step back in time in the past. It corresponds to the English 'had.'

| | |
|---|---|
| **Antonio aveva scritto due righe.** | Antonio had written a note ('two lines'). |
| **Avevo mangiato bene.** | I had eaten well. |
| **Ero arrivato tardi.** | I had arrived late. |

## *(vii)* *The past anterior*

The past anterior has the same meaning as the pluperfect tense. It, too, corresponds to the English 'had' and is formed with the past definite tense of **avere** or **essere** and the past participle of the verb.

| *comprare* | *vendere* | *finire* |
|---|---|---|
| **ebbi comprato** | **ebbi venduto** | **ebbi finito** |
| **avesti comprato** | **avesti venduto** | **avesti finito** |
| **ebbe comprato** | **ebbe venduto** | **ebbe finito** |
| **avemmo comprato** | **avemmo venduto** | **avemmo finito** |
| **aveste comprato** | **aveste venduto** | **aveste finito** |
| **ebbero comprato** | **ebbero venduto** | **ebbero finito** |

| *andare* | *venire* | *lavarsi* |
|---|---|---|
| **fui andato / a** | **fui venuto / a** | **mi fui lavato / a** |
| **fosti andato / a** | **fosti venuto / a** | **ti fosti lavato / a** |
| **fu andato / a** | **fu venuto / a** | **si fu lavato / a** |
| **fummo andati / e** | **fummo venuti / e** | **ci fummo lavati / e** |
| **foste andati / e** | **foste venuti / e** | **vi foste lavati / e** |
| **furono andati / e** | **furono venuti / e** | **si furono lavati / e** |

The past anterior is rarely used in speech.

It can only be used in subordinate clauses introduced by a conjunction of time when the verb of the main clause is in the past definite.

| | |
|---|---|
| **Quando ebbi finito, me ne andai.** | When I finished, I left. |
| **Non appena fu arrivato, squillò il telefono.** | As soon as he arrived, the phone rang. |

## *6c The Future Tenses*

### *(i) The simple future*

The present tense in Italian can be used to denote the future.

| | |
|---|---|
| **Dove vai in vacanza?** | Where are you going on vacation / holiday? |
| **Vado in Italia quest'estate.** | I am going to Italy this summer. |
| **A che ora arriva Paolo?** | What time is Paolo arriving? |
| **Arriva alle otto.** | He is arriving at eight. |

### *(ii) The future*

The future tense in Italian is formed by adding these modified forms of the present tense of **avere** to the infinitive of the verb minus the final **-e.**

**-ò, -ai, -à, -emo, -ete, -anno**

***Note:*** **-are** verbs change their stems from **-ar** to **-er** in the future.

| *comprare* | *vendere* | *finire* |
|---|---|---|
| compre**rò** | vender**ò** | finir**ò** |
| compre**rai** | vender**ai** | finir**ai** |
| compre**rà** | vender**à** | finir**à** |
| compre**remo** | vender**emo** | finir**emo** |
| compre**rete** | vender**ete** | finir**ete** |
| compre**ranno** | vender**anno** | finir**anno** |

The verbs **avere** and **essere** have irregular future stems.

| | | | |
|---|---|---|---|
| **avr-** | **avrò** | **sar-** | **sarò** |

The following verbs have contracted stems (i.e., they lose the characteristic vowel of the infinitive ending).

| | | | |
|---|---|---|---|
| **andare** | **andrò** | **potere** | **potrò** |
| **cadere** | **cadrò** | **sapere** | **saprò** |
| **dovere** | **dovrò** | **vedere** | **vedrò** |
| **morire** | **morrò** | **vivere** | **vivrò** |

Some verbs and their compounds undergo a slight modification to their spelling so that the stem doubles the **-r.**

| | | | |
|---|---|---|---|
| **bere** | **berrò** | **valere** | **varrò** |
| **parere** | **parrò** | **venire** | **verrò** |
| **rimanere** | **rimarrò** | **volere** | **vorrò** |
| **tenere** | **terrò** | | |

A few verbs retain the vowel of the infinitive ending.

| | | | |
|---|---|---|---|
| **dare** | **darò** | **stare** | **starò** |
| **fare** | **farò** | | |

Verbs ending in **-ciare** and **-giare** drop the **i** before the **-er** of the future tense.

| | | | |
|---|---|---|---|
| **cominciare** | **comincerò** | **mangiare** | **mangerò** |

Verbs ending in **-care** or **-gare** add an **h** after the **c** or the **g** throughout the future tense to retain the hard sound.

| | | | |
|---|---|---|---|
| **cercare** | **cercherò** | **pagare** | **pagherò** |

The future tense is used to refer to what is going to happen.

| | |
|---|---|
| **Andrò a Roma l'anno prossimo.** | I shall go to Rome next year. |

It is used in dependent clauses that start with **se** or a conjunction of time if the main verb is in the future.

| | |
|---|---|
| **Se lo vedrò, glielo spiegherò.** | If I see him, I shall explain it to him. |
| **Quando arriverà, gliene parlerò.** | When he arrives, I shall speak to him about it. |

It can also denote probability.

| | |
|---|---|
| **Sarà un coltello?** | Is it (perhaps) a knife? |
| **Saranno i miei genitori alla porta.** | It must be my parents at the door. |

### *(iii)* *The future perfect*

The future perfect tense is used to take a step forward from a time in the past. It expresses the idea of 'will have,' or it indicates probability. It is formed with the future tense of **avere** or **essere** and the past participle of the verb.

| ***comprare*** | ***vendere*** | ***finire*** |
|---|---|---|
| avrò comprato | avrò venduto | avrò finito |
| avrai comprato | avrai venduto | avrai finito |
| avrà comprato | avrà venduto | avrà finito |
| avremo comprato | avremo venduto | avremo finito |
| avrete comprato | avrete venduto | avrete finito |
| avranno comprato | avranno venduto | avranno finito |
| ***andare*** | ***venire*** | ***lavarsi*** |
| sarò andato / a | sarò venuto / a | mi sarò lavato / a |
| sarai andato / a | sarai venuto / a | ti sarai lavato / a |
| sarà andato / a | sarà venuto / a | si sarà lavato / a |
| saremo andati / e | saremo venuti / e | ci saremo lavati / e |
| sarete andati / e | sarete venuti / e | vi sarete lavati / e |
| saranno andati / e | saranno venuti / e | si saranno lavati / e |

| | |
|---|---|
| **Quando avrò finito i compiti, guarderò la televisione.** | When I have finished the homework, I shall watch television. |
| **Saranno andati al bar.** | They will / must have gone to the bar. |
| **Avrà perso la borsa.** | She must have lost her bag. |

## *6d* *The Conditional*

### *(i)* *The present conditional*

The present tense of the conditional mood is formed by adding the following endings to the future stem:
**-ei, -esti, -ebbe, -emmo, -este, -ebbero.**

| *comprare* | *vendere* | *finire* |
|---|---|---|
| compre**rei** | vende**rei** | fini**rei** |
| compre**resti** | vende**resti** | fini**resti** |
| compre**rebbe** | vende**rebbe** | fini**rebbe** |
| compre**remmo** | vende**remmo** | fini**remmo** |
| compre**reste** | vende**reste** | fini**reste** |
| compre**rebbero** | vende**rebbero** | fini**rebbero** |

***Note:*** The irregular future stems in 6c also apply to the conditional.

The conditional is used to express an English conditional form.

| | |
|---|---|
| ***Dovrei* andare a scuola.** | *I should* go to school. |
| ***Vorrei* comprare dei fiori.** | *I would like* to buy some flowers. |

It is also used to express a wish more politely.

| | |
|---|---|
| ***Potrei* avere un po' di zucchero?** | *Could I* have some sugar? |
| **Mi *accompagneresti* domani?** | *Will you come with* me tomorrow? |

The verb **gradire** 'like to,' 'appreciate,' can also be used in the conditional to stress politeness.

| | |
|---|---|
| ***Gradirei* una risposta alla mia lettera.** | *I would like* a reply to my letter. |
| ***Gradiremmo* sapere i prezzi da Voi praticati.** | *We would like* to know your prices. |

### *(ii) The conditional perfect*

The perfect tense of the conditional mood is used to convey the idea of 'would have' or that the statement reported is hearsay. It is formed with the present conditional of **avere** or **essere** and the past participle of the verb.

| *comprare* | *vendere* | *finire* |
|---|---|---|
| avrei comprato | avrei venduto | avrei finito |
| avresti comprato | avresti venduto | avresti finito |
| avrebbe comprato | avrebbe venduto | avrebbe finito |
| avremmo comprato | avremmo venduto | avremmo finito |
| avreste comprato | avreste venduto | avreste finito |
| avrebbero comprato | avrebbero venduto | avrebbero finito |

| *andare* | *venire* | *lavarsi* |
|---|---|---|
| sarei andato / a | sarei venuto / a | mi sarei lavato / a |
| saresti andato / a | saresti venuto / a | ti saresti lavato / a |
| sarebbe andato / a | sarebbe venuto / a | si sarebbe lavato / a |
| saremmo andati / e | saremmo venuti / e | ci saremmo lavati / e |
| sareste andati / e | sareste venuti / e | vi sareste lavati / e |
| sarebbero andati / e | sarebbero venuti / e | si sarebbero lavati / e |

***Note:*** According to the sequence of tenses in Italian, when the main verb is in the past tense, any subordinate conditional clause must also be in the past.

| | |
|---|---|
| **Avrei voluto imparare il giapponese.** | I would have liked to learn Japanese. |
| **Lasciò detto che sarebbe tornato alle otto.** | He left word to say that he would be returning at eight. |
| **A quanto dicono i giornali, la disoccupazione sarebbe cresciuta durante gli ultimi dieci anni.** | From what the newspapers say, unemployment has increased during the last ten years. |

# 7 Requests and Commands: The Imperative

## 7a *The Informal Imperative:* Tu, Noi, Voi

Apart from the **tu** form of **-are** verbs, the imperative of regular verbs is the same as the present indicative.

| *tu form* | *noi form* | *voi form* |
|---|---|---|
| **parla** | **parliamo** | **parlate** |
| **vendi** | **vendiamo** | **vendete** |
| **dormi** | **dormiamo** | **dormite** |
| **finisci** | **finiamo** | **finite** |

A few verbs are irregular in the **tu** and, occasionally, the **voi** forms.

| | | |
|---|---|---|
| **andare** | **va** | andate |
| **avere** | **abbi** | **abbiate** |
| **dare** | **dà** | date |
| **dire** | **di'** | dite |
| **essere** | **sii** | **siate** |
| **fare** | **fa** | fate |
| **sapere** | **sappi** | **sappiate** |
| **stare** | **sta** | state |

Pronouns are attached to the end of the informal imperative.

| | |
|---|---|
| **Parla alla mamma!** | Speak to mom / mum! |
| **Andiamo in Italia!** | Let's go to Italy! |
| **Trovate quei libri!** | Find those books! |
| **Fammi un piacere!** | Do me a favor / favour! |
| **Digli che venga a casa mia.** | Tell him to come to my house. |

## 7b *Informal Negative Imperative*

The informal negative **tu** form of the imperative is formed by adding **non** before the infinitive. Pronouns are attached to the end of the infinitive, which then drops the **-e.**

The informal negative **noi** or **voi** form is formed by placing **non** before the corresponding informal imperative form.

| | |
|---|---|
| **Non vendere quella gonna!** | Don't sell that skirt! |
| **Non parlargli!** | Don't speak to him! |
| **Non andarci!** | Don't go there! |
| **Non facciamo i compiti!** | Let's not do our homework! |
| **Non finite l'articolo!** | Don't finish the article! |

## *7c* *Polite Imperative:* Lei, Loro

All formal imperatives are formed using the **Lei** or **Loro** form of the present subjunctive. Any irregularity in the present subjunctive will, of course, occur in these imperatives [➤8] as well.

***Note:*** • The formal form **Loro** is now often replaced by the less formal **voi** form, which avoids the use of the subjunctive.

• With the exception of **loro** 'to them,' pronouns come before the imperative form of the verb.

| | |
|---|---|
| **Mi passi il sale, per favore.** | (Would you) pass me the salt, please. |
| **Gli dia quella penna per favore.** | (Would you) give him that pen, please. |
| **Mi mostri il libro che ha comprato.** | (Would you) show me the book you have bought. |
| **Finiscano adesso.** | Finish now. |

# 8 Areas of Uncertainty: The Subjunctive

## 8a *The Present Subjunctive*

***(i)*** The present subjunctive of regular verbs is formed by adding the following endings to the stem of the infinitive.

| | |
|---|---|
| **-are** | **-i, -i, -i, -iamo, -iate, -ino** |
| **-ere** | **-a, -a, -a, -iamo, -iate, -ano** |
| **-ire** | **-a, -a, -a, -iamo, -iate, -ano** (verbs like **dormire**) |
| **-ire** | **-isca, -isca, -isca, -iamo, -iate, -iscano** (verbs like **finire**) |

| *parlare* | *vendere* | *dormire* | *finire* |
|---|---|---|---|
| parl**i** | vend**a** | dorm**a** | fin**isca** |
| parl**i** | vend**a** | dorm**a** | fin**isca** |
| parl**i** | vend**a** | dorm**a** | fin**isca** |
| parl**iamo** | vend**iamo** | dorm**iamo** | fin**iamo** |
| parl**iate** | vend**iate** | dorm**iate** | fin**iate** |
| parl**ino** | vend**ano** | dorm**ano** | fin**iscano** |

***(ii)*** The present subjunctive of most irregular verbs is formed from the first person singular of the irregular present indicative.

| | |
|---|---|
| **andare** | vada, vada, vada, andiamo, andiate, vadano |
| **bere** | beva, beva, beva, beviamo, beviate, bevano |
| **dire** | dica, dica, dica, diciamo, diciate, dicano |
| **dovere** | deva / debba, deva / debba, deva / debba, dobbiamo, dobbiate, devono / debbano |
| **fare** | faccia, faccia, faccia, facciamo, facciate, facciano |
| **morire** | muoia, muoia, muoia, moriamo, moriate, muoiano |
| **parere** | paia, paia, paia, paiamo, paiate, paiano |
| **potere** | possa, possa, possa, possiamo, possiate, possano |
| **rimanere** | rimanga, rimanga, rimanga, rimaniamo, rimaniate, rimangano |
| **scegliere** | scelga, scelga, scelga, scegliamo, scegliate, scelgano |
| **tenere** | tenga, tenga, tenga, teniamo, teniate, tengano |
| **tradurre** | traduca, traduca, traduca, traduciamo, traduciate, traducano |
| **uscire** | esca, esca, esca, usciamo, usciate, escano |
| **venire** | venga, venga, venga, veniamo, veniate, vengano |
| **volere** | voglia, voglia, voglia, vogliamo, vogliate, vogliano |

However, the present subjunctive of some other irregular verbs is formed from the **noi** form of the present indicative.

| | |
|---|---|
| **avere** | abbia, abbia, abbia, abbiamo, abbiate, abbiano |
| **dare** | dia, dia, dia, diamo, diate, diano |
| **essere** | sia, sia, sia, siamo, siate, siano |
| **sapere** | sappia, sappia, sappia, sappiamo, sappiate, sappiano |
| **stare** | stia, stia, stia, stiamo, stiate, stiano |

## 8b *The Imperfect Subjunctive*

The imperfect subjunctive of regular verbs is formed by adding the following endings to the stem of the infinitive.

| | |
|---|---|
| **-are** | **-assi, -assi, -asse, -assimo, -aste, -assero** |
| **-ere** | **-essi, -essi, -esse, -essimo, -este, -essero** |
| **-ire** | **-issi, -issi, -isse, -issimo, -iste, -issero** |

| *comprare* | *vendere* | *finire* |
|---|---|---|
| compr**assi** | vend**essi** | fin**issi** |
| compr**assi** | vend**essi** | fin**issi** |
| compr**asse** | vend**esse** | fin**isse** |
| compr**assimo** | vend**essimo** | fin**issimo** |
| compr**aste** | vend**este** | fin**iste** |
| compr**assero** | vend**essero** | fin**issero** |

The following verbs are irregular.

| | | | |
|---|---|---|---|
| **dare** | **dessi,** etc. | **stare** | **stessi,** etc. |
| **essere** | **fossi,** etc. | | |

All verbs with contracted infinitives revert to their obsolete forms in the imperfect subjunctive.

| | | | |
|---|---|---|---|
| **bere** | **bevessi,** etc. | **fare** | **facessi,** etc. |
| **dire** | **dicessi,** etc. | | |

Note also verbs in **-durre** and **-arre.**

| | | | |
|---|---|---|---|
| **produrre** | **producessi,** etc. | **trarre** | **traessi,** etc. |

## 8c *Compound Subjunctive Tenses*

The compound subjunctive tenses are formed by using the appropriate subjunctive tense of the auxiliary verb **avere** or **essere,** followed by the past participle of the main verb.

### *(i)* *The perfect subjunctive*

This is formed by using the present subjunctive of **avere** or **essere** with the past participle of the verb.

| | | | |
|---|---|---|---|
| **parlare** | **abbia parlato,** etc. | **capire** | **abbia capito,** etc. |
| **accorgersi** | **mi sia accorto,** etc. | | |

### *(ii)* *The pluperfect subjunctive*

The pluperfect subjunctive is formed by using the imperfect subjunctive of **avere** or **essere** with the past participle of the verb.

| | |
|---|---|
| **parlare** | **avessi parlato,** etc. |
| **capire** | **avessi capito,** etc. |
| **accorgersi** | **mi fossi accorto,** etc. |

## *8d* ***Use of the Subjunctive***

The subjunctive is used:

- as a polite imperative [➤7c].

| | |
|---|---|
| **Mi dia un piatto per favore.** | (Would you) give me a plate, please. |
| **Venga pure!** | Please do come! |

- in many subordinate clauses introduced by **che.**

### *(i)* *to express commands, following the verbs:*

| | |
|---|---|
| **dire** | tell |
| **ordinare** | order |
| **proibire** | forbid, prohibit |

| | |
|---|---|
| **Ha ordinato che io venga con te.** | He has ordered that I come with you. |
| **Digli che ci accompagni al teatro.** | Tell him to accompany us to the theater. |
| **Proibisco che tu esca stasera.** | I forbid you to go out tonight. |

### *(ii)* *to express preference, desire to, or insistence, following the verbs:*

| | | | |
|---|---|---|---|
| **aspettare** | await | **attendere** | await |
| **aspettarsi** | expect | **augurarsi** | wish, hope |

| | | | |
|---|---|---|---|
| **desiderare** | wish, want | **piacere** | like |
| **impedire** | prevent | **preferire** | prefer |
| **insistere** | insist | **sperare** | hope |
| **lasciare** | let | **suggerire** | suggest |
| **permettere** | permit, allow | **volere** | want, wish, like |

| | |
|---|---|
| **Ha voluto che si parlasse inglese qui.** | He wanted English to be spoken here. |
| **Preferisce che tu rimanga in Italia.** | He prefers that you stay in Italy. |
| **Non permetto che tu esca stasera!** | I won't allow you to go out tonight! |
| **Impedì che visitassero la nonna.** | He prevented them from visiting grandmother. |

***(iii)*** *to express opinion, doubt, ignorance, or denial, following the verbs:*

| | | | |
|---|---|---|---|
| **credere** | believe | **(non) dire** | (not) say |
| **dubitare** | doubt | **negare** | deny |
| **pensare** | think | **(non) sapere** | (not) know |
| **ritenere** | consider, think | | |

| | |
|---|---|
| **Penso che Domenico abbia ragione.** | I think Domenico is right. |
| **Dubito che Gianni venga stasera.** | I doubt that Gianni is coming this evening. |
| **Non dico che Antonia abbia ragione.** | I am not saying that Antonia is right. |
| **Non so se abbia molto denaro.** | I don't know if he has much money. |
| **Nego che Gianni abbia rotto quella finestra.** | I deny that Gianni broke that window. |
| **Non dico che non sia vero.** | I am not saying it isn't true. |

***Note:*** However, if there is no doubt at all, the indicative may be used with verbs expressing positive opinion.

| | |
|---|---|
| **Credo che Luigi potrà aiutarci.** | I believe/am sure that Luigi will be able to help us. |

### *(iv)* *to express emotions, following the verbs:*

| | | | |
|---|---|---|---|
| **avere paura** | be afraid | **essere sconvolto** | be upset |
| **dispiacere** | be sorry, regret | **essere sorpreso** | be surprised |
| **essere arrabbiato** | be angry | **essere spiacente** | be sorry |
| **essere contento** | be happy, pleased | **essere triste** | be sad |
| **essere deluso** | be disappointed | **meravigliarsi** | be amazed |
| **essere felice** | be happy, pleased | **rincrescere** | regret |
| **essere infelice** | be unhappy, displeased | **stupirsi** | be surprised |
| **essere scontento** | be unhappy, displeased | **temere** | fear |

| | |
|---|---|
| **Mi dispiace che Giovanni non ci accompagni.** | I am sorry that Giovanni is not coming with us. |
| **Sono contenta che tu sia venuta ad incontrarmi.** | I am pleased that you have come to meet me. |
| **Mi meraviglio che tu sia riuscito ad aprirla.** | I am amazed that you managed to open it. |

If the subject is the same in both halves of the sentence, an infinitive construction is preferred.

| | |
|---|---|
| **Sono contenta di incontrarti.** | I am pleased to meet you. |

- after many impersonal verbs followed by **che.**

| | | | |
|---|---|---|---|
| **accade** | it happens | **è peggio** | it is worse |
| **basta** | it is enough | **è possibile** | it is possible |
| **bisogna** | it is necessary | **è preferibile** | it is preferable |
| **capita** | it happens | **è probabile** | it is probable |
| **conviene** | it is better / advisable | **è strano** | it is strange |
| **è bene** | it is a good thing | **è un peccato** | it is a pity |
| **è difficile** | it is difficult | **è utile** | it is useful |
| **è facile** | it is easy | **importa** | it matters / is important |
| **è impossibile** | it is impossible | | |
| **è improbabile** | it is unlikely | **occorre** | it is necessary |
| **è inutile** | it is useless / pointless | **pare** | it seems / appears |
| **è male** | it is a bad thing | **può darsi** | it may be |
| **è meglio** | it is better | **sembra** | it seems |
| **è naturale** | it is natural | **succede** | it happens |
| **è necessario** | it is necessary | **vale la pena** | it is worth it |

Note that the verbs are given here in the present tense, but they may well be found in other tenses.

| | |
|---|---|
| **Pare che abbia ragione.** | It appears that he/she is right (that you are right). |
| **Bisogna che vadano subito a vedere Giuliana.** | They must go to see Giuliana immediately. |
| **È meglio che esca adesso.** | It's better that he/she go out (that you go out) now. |
| **È un peccato che tu non sia qui.** | It's a pity that you not be here. |
| **Sembrava che avesse già visto quel film.** | It seemed that he/she had already seen that film (that you had already seen that film). |
| **Non è possibile che Simone sia uscito a quest'ora.** | It is not possible that Simone has gone out at this time. |

Note that many of these impersonal expressions may be followed by the infinitive in Italian, as in English.

| | |
|---|---|
| **È meglio uscire adesso.** | It is better to go out now. |

- after certain conjunctions.

| | |
|---|---|
| **a condizione che** | on condition that |
| **a meno che (non)** | unless |
| **a patto che** | on condition that |
| **affinché** | so that |
| **benché** | although, even though, even if |
| **caso mai** | should, in the event that |
| **come se** | as if |
| **finché non** | until |
| **in maniera che** | so that |
| **in/di modo che** | so that |
| **malgrado che** | in spite of the fact that |
| **nel caso che** | in case |
| **nonostante che** | in spite of the fact that |
| **per paura che (non)** | for fear that |
| **perché** | so that, in order that |
| **prima che** | before |
| **purché** | provided that, on condition that |
| **qualora** | in case, if |
| **quand'anche** | even if |
| **salvo che (non)** | unless, provided that |
| **se, quando qualora** | if |
| **sebbene** | although, even though, even if |
| **senza che** | without |
| **seppure** | even though, even if |
| **supponendo che** | supposing that |

| | |
|---|---|
| **Telefonagli prima che esca.** | Call him before he goes out. |
| **Benché piova, voglio partire.** | Although it is raining, I want to leave. |
| **Caso mai faccia brutto tempo domani, possiamo andare al cinema.** | Should the weather be bad tomorrow, we can go to the movies/cinema. |
| **Gli ho dato i soldi perché andasse al cinema.** | I gave him some money so that he could go to the movies/cinema. |

***Note:*** • **Perché** takes the indicative when it means 'because.' **In modo che** and **in maniera che** also take the indicative when they mean 'with the result that' (i.e., when the action has clearly happened).

• **Se** often takes the indicative in the present and future tenses, and when it means 'whether;' but it can *never* be followed by a conditional. When the main verb is in the present or perfect conditional, the verb of the **se** conditional clause must be in the imperfect or the pluperfect subjunctive, according to the sense.

| | |
|---|---|
| **Oggi la scuola è chiusa perché è festa nazionale.** | Today school is closed because it's a national holiday. |
| **Se mi avesse parlato, avrei detto di sì.** | If he had spoken to me, I would have said yes. |
| **Se andasse a trovare la nonna, sarei molto contenta.** | I she were to go and see her grandmother, I would be very pleased. |

• in indirect statements expressing doubt and in some indirect questions, although it is not always obligatory.

| | |
|---|---|
| **Si dice che il professore sia un uomo alto e bello.** | They say that the teacher is a tall, handsome man. |
| **Mi hanno chiesto come fossi venuto in Italia.** | They asked me how I had come to Italy. |
| **Il capitano domandò dove andassero i ragazzi.** | The captain asked where the boys were going. |
| **Mi domando perché Anna abbia parlato così.** | I wonder why Anna spoke like that. |
| **Chi ha chiesto se Antonella potesse venire alla festa?** | Who asked whether Antonella could come to the party? |

• after indefinite pronouns and adjectives.

| | | | |
|---|---|---|---|
| **chiunque** | whoever | **qualunque** | whichever |
| **comunque** | however, no matter how | **qualunque cosa** | whatever |
| **dovunque** | wherever | **qualsiasi cosa** | whatever |

| | |
|---|---|
| **Chiunque venga con me, deve essere disposto a guidare.** | Whoever comes with me must be willing to drive. |
| **Qualunque decisione prenda, fammela sapere domani.** | Whichever decision you make, let me know tomorrow. |
| **Qualunque cosa lo faccia, trovo sempre difficoltà.** | Whatever I do, I always find difficulties. |

• after a negative, a comparative, or a superlative in the previous clause.

| | |
|---|---|
| **Non c'è nessuno qui che sappia parlare tedesco.** | There is no one here who knows how to speak German. |
| **Questa donna è più intelligente che non sembri.** | This woman is more intelligent than she appears. |
| **Giovanni è l'uomo più pigro che io abbia mai conosciuto.** | Giovanni is the laziest man I have ever known. |
| **Anna è l'unica persona che sia in grado di scrivere una tale lettera.** | Anna is the only person capable of writing such a letter. |

Note that, in the second example, the word **non** must be inserted before the verb. Note also that the words **primo, ultimo, unico,** and **solo** are treated as superlatives for this purpose.

• in certain exclamations.

| | |
|---|---|
| **Fossi pazzo!** | If I were crazy! |
| **Volesse il cielo!** | God willing! ('Would to heaven!') |
| **Fosse possibile!** | If only it were possible! |

## *8e The Sequence of Tenses with the Subjunctive*

The most usual combinations of tenses are as follows:

*(i)* *Main clause in the present, future, or present perfect indicative —*

subordinate clause in the present or perfect subjunctive.

| | |
|---|---|
| **Spero che tu abbia ragione.** | I hope you are right. |
| **Mi ha chiesto come abbiano viaggiato.** | He asked me how they had traveled. |

*(ii)* *Main clause in the imperfect, present perfect, past definite, pluperfect indicative; in the present conditional, conditional perfect —*

subordinate clause in the imperfect or pluperfect subjunctive.

| | |
|---|---|
| **Pensavano che arrivasse alle otto.** | They thought he was arriving at eight. |
| **Bisognerebbe che lo studente cambiasse corso.** | It would be necessary for the student to change course. |
| **Impedì che venissero domani.** | He stopped them from coming tomorrow. |
| **Sperava che fossero partiti l'altro ieri.** | He hoped that they had left the day before yesterday. |

[For a more detailed explanation ➤Berlitz *Italian Grammar Handbook.*]

# 9 Things Done to You: The Passive

## 9a The True Passive

The passive is formed when the object of the sentence becomes the subject.

| | |
|---|---|
| **L'uomo ha costruito la casa.** | The man built the house. |
| **La casa è stata costruita dall' uomo.** | The house was built by the man. |

The object of the first sentence 'the house' has become the subject of the second.

### (i) *The passive with* ***essere***

In Italian the passive is usually formed by using an appropriate tense of the verb **essere** and the past participle of the verb. Here are the first person singular forms of the verb **lodare** 'praise' in the passive [➤ **lodare 1** for full passive forms].

***PRESENT INDICATIVE***
**sono lodato/a**

***IMPERFECT***
**ero lodato/a**

***PAST DEFINITE***
**fui lodato/a**

***FUTURE***
**sarò lodato/a**

***PRESENT CONDITIONAL***
**sarei lodato/a**

***PRESENT SUBJUNCTIVE***
**sia lodato/a**

***IMPERFECT SUBJUNCTIVE***
**fossi lodato/a**

***PRESENT PERFECT***
**sono stato/a lodato/a**

***PLUPERFECT***
**ero stato/a lodato/a**

***PAST ANTERIOR***
**fui stato/a lodato/a**

***FUTURE PERFECT***
**sarò stato/a lodato/a**

***CONDITIONAL PERFECT***
**sarei stato/a lodato/a**

***PERFECT SUBJUNCTIVE***
**sia stato/a lodato/a**

***PLUPERFECT SUBJUNCTIVE***
**fossi stato/a lodato/a**

***Note:*** The past participle always agrees in number and gender with the subject of the sentence, as in the following examples:

| | |
|---|---|
| **Il pranzo è servito.** | Dinner / lunch is (being) served. |
| **La cena è servita.** | Supper is (being) served. |
| **La finestra fu rotta ieri.** | The window was broken yesterday. |
| **I ladri sono stati visti in città.** | The thieves have been seen in town. |

### *(ii)* *The use of* ***venire***

With verbs of action **venire** very often replaces **essere** as an auxiliary verb.

| | |
|---|---|
| **La porta era chiusa.** | The door was closed. (*state*) |
| **La porta venne chiusa.** | The door was (had just been) closed. (*action*) |

**Venire** can act as an auxiliary verb in place of **essere** only in simple tenses, not compound ones.

| | |
|---|---|
| **Io vengo lodato / io sono lodato.** | I am praised. |
| But | |
| **Sono stato lodato.** | I have been praised. |

***Note:*** Since **sono stato lodato** is a compound tense, **venire** cannot be used.

### *(iii)* *The use of* ***andare***

With verbs of losing, wasting, destroying, **andare** can be used to form the passive.

| | |
|---|---|
| **Una buona parola non va mai sprecata.** | A good word is never wasted. |
| **Andarono perduti dei documenti importantissimi.** | Important documents were lost / went missing. |

However, **andare** is more often used to indicate obligation.

| | |
|---|---|
| **Quella sedia va messa nell'angolo.** | That chair should be put in the corner. |
| **Costruirò la scuola come va costruita.** | I shall build the school as it should be built. |

## *9b Alternatives to the Passive*

There are several ways of avoiding the passive.

- By using a reflexive verb.

| | |
|---|---|
| **Come si scrive il tuo nome?** | How do you write your name? |

- By using the indefinite pronoun **si.**

| | |
|---|---|
| **Si dice che sia fuggito.** | It is said (They say) that he has fled. |

- By using the third person plural form of the verb.

| | |
|---|---|
| **Dicono che la bottega sia aperta oggi.** | They say that the shop is open today. |

# 10 Reflexive Verbs

In section 2f you have encountered a general explanation of reflexive verbs. Many verbs can be used both reflexively and as ordinary transitive verbs.

## 10a Reflexive Pronouns

The full set of reflexive pronouns can be seen in the present tense of this reflexive verb.

| | |
|---|---|
| ***lavarsi*** | 'to wash oneself' / 'get washed' |
| **mi lavo** | I wash myself |
| **ti lavi** | you wash yourself (*informal*) |
| **si lava** | he / she washes her- / himself |
| | you wash yourself (*formal*) |
| **ci laviamo** | we wash ourselves |
| **vi lavate** | you wash yourselves |
| **si lavano** | they wash themselves |

***Note:*** The pronouns can be contracted to **m'**, **t'**, **s'**, in front of a vowel, although this is not obligatory.

## 10b Position of Reflexive Pronouns

Reflexive pronouns obey the same rules as other pronouns:

- they come *before* the verb in all tenses of the indicative and subjunctive.
- they come after the verb with the infinitive; and with the **tu, noi,** and **voi** forms of the imperative.

| | |
|---|---|
| **Mi alzo alle sette ogni mattina.** | I get up at seven every morning. |
| **Bisogna alzarsi quando entra il maestro.** | You need (It is necessary) to stand up when the teacher comes in. |
| **Siediti qui accanto a me!** | Sit down here next to me! |
| **Sedetevi, ragazzi!** | Sit down, boys! |

## 10c Reflexive Verbs and Ne

Some verbs are not only reflexive, but they also take **ne** — for example:

***andarsene*** 'to go away' / 'leave'

| | | |
|---|---|---|
| **me** | **ne** | **vado** |
| **te** | **ne** | **vai** |
| **se** | **ne** | **va** |
| **ce** | **ne** | **andiamo** |
| **ve** | **ne** | **andate** |
| **se** | **ne** | **vanno** |

Note how the **-i** of the reflexive pronoun becomes an **-e** when followed by **ne.**

Verbs with **ne** are very often used colloquially.

**scapparsene** slip away **starsene seduto / a** sit

| | |
|---|---|
| **Sono stanca, me ne vado adesso!** | I am tired, I am going now! |
| **Se ne sta seduta senza aiutare la mamma!** | She just sits there without helping mom/mum! |

## *10d Other Uses of the Reflexive*

***(i)*** The reflexive is often used in Italian when a possessive adjective would be used in English.

| | |
|---|---|
| **Si lavano le mani.** | They wash their hands. |
| **Vi asciugate i capelli.** | You dry your hair. |

***(ii)*** Plural reflexive verbs can be used to describe actions done to 'each other.'

| | |
|---|---|
| **Si amano tanto.** | They love each other so much. |
| **Si scrivono ogni giorno.** | They write to each other every day. |

***(iii)*** A number of idiomatic phrases are formed with the reflexive verb and the feminine pronoun **la:**

| | |
|---|---|
| **Quel professore se la prende con tutti.** | That teacher argues with everyone. |
| **Ce la godiamo sempre qui alla spiaggia.** | We always enjoy (it) here at the beach. |

# 11 Types of Verb in Italian

## 11a Predictability

Within each tense in Italian there are six different forms of the verb, each one corresponding to a particular person, as follows:

| | | |
|---|---|---|
| first person singular | **io** | I |
| second person singular | **tu** | you (*informal singular*) |
| third person singular | **lui** | he |
| | **lei** | she |
| | **Lei** | you (*formal singular*) |
| first person plural | **noi** | we |
| second person plural | **voi** | you (*informal / formal plural*) |
| third person plural | **loro** | they |
| | **Loro** | you (*formal plural*) |

***Note:*** 'He,' 'she,' and 'you' (*formal singular*) share the same verb form. **Loro** is rarely found nowadays and is frequently replaced by **voi.**

## 11b Regular Verbs

Regular verbs are those verbs for which you can predict any part of any tense from the spelling of the infinitive. Infinitives in Italian end in **-are, -ere,** and **-ire.** Verbs in which some parts cannot be predicted in this way are said to be *irregular.* Many common **-ere** verbs are irregular in Italian, but often only in their past participle and definite past forms. Some verbs also have an irregular, shortened future stem and an irregular present subjunctive / formal imperative form.

## 11c Spelling-Change Verbs

Some verbs make spelling changes in certain tenses.

***(i)*** Verbs ending in **-care** and **-gare** insert an **h** after the **c** and the **g** when these letters are followed by **e** or **i.**

| | |
|---|---|
| **dimenticare** | **dimentichi, dimentichiamo, dimenticherò,** etc. |
| **pregare** | **preghi, preghiamo, pregherò,** etc. |

***(ii)*** Verbs ending in **-ciare** and **-giare** drop the **i** before another **i** or an **e.**

| | |
|---|---|
| **lasciare** | **lasci, lascerò,** etc. |
| **mangiare** | **mangi, mangerò,** etc. |
| **viaggiare** | **viaggi, viaggerò,** etc. |

***(iii)*** Other verbs in **-iare** that have an unstressed **i** in the first person singular drop the **i** before another **i.**

| | |
|---|---|
| **fischiare** | **fischi, fischiamo,** etc. |
| **studiare** | **studi, studiamo,** etc. |
| **imbrogliare** | **imbrogli, imbrogliamo,** etc. |

***(iv)*** Verbs in **-iare** that have an unstressed **i** in the first person singular keep the **i** before another **i** when it is stressed.

| | |
|---|---|
| **rinviare** | **rinvii,** but **rinviamo,** etc. |
| **sciare** | **scii,** but **sciamo,** etc. |

***(v)*** Verbs ending in **-scere** insert an **i** before the **u** of the past participle only.

| | |
|---|---|
| **conoscere** | **conosciuto,** but **conoscono,** etc. |
| **mescere** | **mesciuto,** but **mescono,** etc. |
| **pascere** | **pasciuto,** but **pascono,** etc. |

***(vi)*** Some verbs change their stem vowels in certain persons of the present tense, in order to facilitate pronunciation.

| | |
|---|---|
| **sedersi** | **mi siedo, ti siedi, si siede,** ci sediamo, vi sedete, **si siedono** |
| **muoversi** | mi muovo, ti muovi, si muove, **ci moviamo, vi movete,** si muovono |

## *11d Compound Verbs*

Prefixes can be added to any verb as long as it makes sense.

***(i)*** The following are the most common prefixes:

- **ri-** can be used to indicate repetition, like 're-' in English.

| | | | |
|---|---|---|---|
| **cominciare** | begin | **ricominciare** | begin again |
| **fare** | do | **rifare** | redo |
| **leggere** | read | **rileggere** | reread |

• **s-** can sometimes be added to create the opposite meaning.

| | | | |
|---|---|---|---|
| **chiudere** | close | **schiudere** | open |
| **coprire** | cover | **scoprire** | uncover, discover |
| **gelare** | freeze | **sgelare** | thaw |

• **mal-** gives the meaning of 'bad,' 'badly,' or 'evil'.

| | | | |
|---|---|---|---|
| **trattare** | treat | **maltrattare** | mistreat |
| **intendere** | understand | **malintendere** | misunderstand |

***(ii)*** Some common base verbs have a variety of prefixes, which often correspond to similar prefixes in English.

• The verb **porre** 'place,' 'put,' has many compounds.

| | | | |
|---|---|---|---|
| **comporre** | compose | **posporre** | postpone |
| **decomporre** | decompose | **presupporre** | presuppose |
| **disporre** | dispose | **proporre** | propose |
| **imporre** | impose | **supporre** | suppose |
| **opporre** | oppose | | |

• The verb **tenere** 'hold' has many compounds that correspond to the English ending '-tain.'

| | | | |
|---|---|---|---|
| **contenere** | contain | **ritenere** | retain |
| **detenere** | detain | **sostenere** | sustain |
| **mantenere** | maintain | **trattenere** | detain |

• Similarly, the verb **venire** 'come' has a number of compounds.

| | | | |
|---|---|---|---|
| **avvenire** | happen | **provenire** | come from, originate from |
| **convenire** | agree, suit | | |
| **divenire** | become | **sopravvenire** | arrive, happen |
| **intervenire** | intervene | **svenire** | faint |

***(iii)*** Finally, there are a number of verbs ending in **-durre.**

| | | | |
|---|---|---|---|
| **condurre** | lead, drive | **ridurre** | reduce |
| **dedurre** | deduce | **riprodurre** | reproduce |
| **indurre** | induce | **sedurre** | seduce |
| **introdurre** | introduce | **tradurre** | translate |
| **produrre** | produce | | |

# B

# MODEL VERBS

Index of Model Verbs

The Complete System of Tenses in Italian

Model Regular Verbs

Regular Verbs

Verbs with Obsolete Infinitives

Spelling-Change Verbs

Irregular Verbs

# Index of Model Verbs

An * before a verb indicates that this verb takes **essere.**

A † before a verb indicates that this verb takes **essere** when intransitive, but **avere** when transitive.

If the verb is usually used impersonally, this is indicated by (*Imp.*)

***THE COMPLETE SYSTEM OF TENSES IN ITALIAN***


| ***Model Regular Verbs*** | | ***Number*** |
|---|---|---|
| **lodare** | praise | 1 |
| ***entrare** | enter, come in; get in | 2 |
| ***Regular Verbs*** | | |
| **parlare** | speak | 3 |
| **vendere** | sell | 4 |
| **dormire** | sleep | 5 |
| **finire** | finish | 6 |
| ***lavarsi** | wash oneself | 7 |
| ***Verbs with Obsolete Infinitives*** | | |
| **bere** | drink | 8 |
| **dire** | say | 9 |
| **fare** | do | 10 |
| ***Spelling-Change Verbs*** | | |
| **dimenticare** | forget | 11 |
| **mangiare** | eat | 12 |
| **fischiare** | whistle | 13 |
| ***sedersi** | sit down | 14 |
| **muovere** | move | 15 |
| **nuocere** | be bad for, harm | 16 |
| ***Irregular Verbs*** | | |
| **accendere** | turn on, light | 17 |
| **affiggere** | post / put (up), attach; fix | 18 |
| **affliggere** | suffer from, afflict | 19 |
| **alludere** | allude | 20 |
| ***andare** | go | 21 |
| **annettere** | attach, add, annex | 22 |

| | | |
|---|---|---|
| ***apparire** | appear, seem | 23 |
| **aprire** | open | 24 |
| **assistere** | assist; attend | 25 |
| **assumere** | assume; hire | 26 |
| **avere** | have | 27 |
| ***cadere** | fall | 28 |
| **chiedere** | ask; ask for | 29 |
| **chiudere** | close | 30 |
| **cogliere** | gather | 31 |
| **comprimere** | compress | 32 |
| **concedere** | grant; concede | 33 |
| **conoscere** | know a person / place | 34 |
| **†correre** | run | 35 |
| **crescere** | grow, grow up | 36 |
| **cuocere** | cook | 37 |
| **dare** | give | 38 |
| **decidere** | decide | 39 |
| **dirigere** | direct | 40 |
| **discutere** | discuss | 41 |
| **distinguere** | distinguish | 42 |
| **dividere** | divide | 43 |
| ***dolere** | ache, hurt | 44 |
| **†dovere** | have to, must | 45 |
| **espellere** | expel | 46 |
| **esplodere** | explode | 47 |
| ***essere** | be | 48 |
| ***evadere** | evade, escape | 49 |
| **fondere** | melt | 50 |
| ***giacere** | lie | 51 |
| ***giungere** | arrive at, reach | 52 |
| **leggere** | read | 53 |
| **mettere** | put | 54 |
| **mordere** | bite | 55 |
| ***morire** | die | 56 |
| ***nascere** | be born | 57 |
| ***parere** | appear, seem (to) | 58 |
| **perdere** | lose | 59 |
| **persuadere** | persuade | 60 |
| ***piacere** | please, like | 61 |
| **piangere** | cry | 62 |
| **†piovere** (*Imp.*) | rain | 63 |
| **porre** | place, put | 64 |
| **†potere** | can, be able to | 65 |
| **prendere** | take | 66 |
| **proteggere** | protect | 67 |
| **pungere** | prick, sting | 68 |
| **radere** | shave; skim; raze | 69 |
| **reggere** | bear; hold; rule; stand | 70 |
| **rendere** | give back; render | 71 |
| **ridere** | laugh | 72 |
| ***rimanere** | remain | 73 |
| **risolvere** | resolve, solve | 74 |
| **rispondere** | reply | 75 |
| **rompere** | break | 76 |
| **†salire** | go up, climb | 77 |
| **sapere** | know (a fact), know how to | 78 |
| **†scendere** | go / get / come down | 79 |
| **scorgere** | notice, perceive | 80 |
| **scrivere** | write | 81 |
| **scuotere** | shake | 82 |
| ***solere** | be used/accustomed to | 83 |
| **spargere** | scatter | 84 |
| **spegnere** | turn off, extinguish | 85 |
| **spingere** | push | 86 |
| ***stare** | stay; stand; be | 87 |
| **stringere** | squeeze | 88 |
| **struggere** | melt, consume | 89 |
| **tacere** | be silent | 90 |
| **tendere** | stretch out; tend | 91 |
| **tenere** | hold, keep | 92 |
| **tingere** | dye, tint | 93 |
| **torcere** | twist | 94 |
| **tradurre** | translate | 95 |
| **trarre** | draw, pull | 96 |
| **uccidere** | kill | 97 |
| **udire** | hear | 98 |
| ***uscire** | go / get / come out | 99 |
| ***valere** | be worth | 100 |
| **vedere** | see | 101 |
| ***venire** | come | 102 |
| **vincere** | win | 103 |
| **†vivere** | live | 104 |
| **†volere** | want to, wish, like | 105 |
| **volgere** | turn | 106 |

### *ACTIVE VOICE*

Example of a verb using **avere** in the compound tenses

| *PRESENT GERUND* | *PAST PARTICIPLE* |
|---|---|
| lodando | lodato |

| *PRESENT INDICATIVE* | *PRESENT PERFECT* |
|---|---|
| lodo | ho lodato |
| lodi | hai lodato |
| loda | ha lodato |
| lodiamo | abbiamo lodato |
| lodate | avete lodato |
| lodano | hanno lodato |

| *PRESENT PROGRESSIVE* | *IMPERFECT PROGRESSIVE* |
|---|---|
| sto lodando | stavo lodando |
| stai lodando | stavi lodando |
| sta lodando | stava lodando |
| stiamo lodando | stavamo lodando |
| state lodando | stavate lodando |
| stanno lodando | stavano lodando |

| *IMPERFECT* | *PAST DEFINITE* |
|---|---|
| lodavo | lodai |
| lodavi | lodasti |
| lodava | lodò |
| lodavamo | lodammo |
| lodavate | lodaste |
| lodavano | lodarono |

| *PLUPERFECT* | *PAST ANTERIOR* |
|---|---|
| avevo lodato | ebbi lodato |
| avevi lodato | avesti lodato |
| aveva lodato | ebbe lodato |
| avevamo lodato | avemmo lodato |
| avevate lodato | aveste lodato |
| avevano lodato | ebbero lodato |

***IMPERATIVE***
loda (tu) lodi (Lei) lodiamo (noi) lodate (voi) lodino (Loro)

***FUTURE***
loderò
loderai
loderà
loderemo
loderete
loderanno

***FUTURE PERFECT***
avrò lodato
avrai lodato
avrà lodato
avremo lodato
avrete lodato
avranno lodato

***PRESENT CONDITIONAL***
loderei
loderesti
loderebbe
loderemmo
lodereste
loderebbero

***CONDITIONAL PERFECT***
avrei lodato
avresti lodato
avrebbe lodato
avremmo lodato
avreste lodato
avrebbero lodato

***PRESENT SUBJUNCTIVE***
lodi
lodi
lodi
lodiamo
lodiate
lodino

***PERFECT SUBJUNCTIVE***
abbia lodato
abbia lodato
abbia lodato
abbiamo lodato
abbiate lodato
abbiano lodato

***IMPERFECT SUBJUNCTIVE***
lodassi
lodassi
lodasse
lodassimo
lodaste
lodassero

***PLUPERFECT SUBJUNCTIVE***
avessi lodato
avessi lodato
avesse lodato
avessimo lodato
aveste lodato
avessero lodato

### *PASSIVE VOICE*

For notes on other ways of expressing the passive ➤9b The Verb System in Italian.

***PRESENT INDICATIVE***
sono lodato / a
sei lodato / a
è lodato / a
siamo lodati / e
siete lodati / e
sono lodati / e

***PRESENT PERFECT***
sono stato / a lodato / a
sei stato / a lodato / a
è stato / a lodato / a
siamo stati / e lodati / e
siete stati / e lodati / e
sono stati / e lodati / e

***IMPERFECT***
ero lodato / a
eri lodato / a
era lodato / a
eravamo lodati / e
eravate lodati / e
erano lodati / e

***PAST DEFINITE***
fui lodato / a
fosti lodato / a
fu lodato / a
fummo lodati / e
foste lodati / e
furono lodati / e

***PLUPERFECT***
ero stato / a lodato / a
eri stato / a lodato / a
era stato / a lodato / a
eravamo stati / e lodati / e
eravate stati / e lodati / e
erano stati / e lodati / e

***PAST ANTERIOR***
fui stato / a lodato / a
fosti stato / a lodato / a
fu stato / a lodato / a
fummo stati / e lodati / e
foste stati / e lodati / e
furono stati / e lodati / e

***Note:*** ➤The Verb System in Italian for explanations of the tenses. It is important to remember that all forms have the basic part or stem **lod-**, which contains the meaning of the verb. Many tenses are simple tenses, in which endings are added to this stem to form one word; other tenses are compound tenses, in which an auxiliary verb is used in the appropriate tense and form in front of the appropriate gerund or past participle of the verb.

***FUTURE***
sarò lodato / a
sarai lodato / a
sarà lodato / a
saremo lodati / e
sarete lodati / e
saranno lodati / e

***FUTURE PERFECT***
sarò stato / a lodato / a
sarai stato / a lodato / a
sarà stato / a lodato / a
saremo stati / e lodati / e
sarete stati / e lodati / e
saranno stati / e lodati / e

***PRESENT CONDITIONAL***
sarei lodato / a
saresti lodato / a
sarebbe lodato / a
saremmo lodati / e
sareste lodati / e
sarebbero lodati / e

***CONDITIONAL PERFECT***
sarei stato / a lodato / a
saresti stato / a lodato / a
sarebbe stato / a lodato / a
saremmo stati / e lodati / e
sareste stati / e lodati / e
sarebbero stati / e lodati / e

***PRESENT SUBJUNCTIVE***
sia lodato / a
sia lodato / a
sia lodato / a
siamo lodati / e
siate lodati / e
siano lodati / e

***PERFECT SUBJUNCTIVE***
sia stato / a lodato / a
sia stato / a lodato / a
sia stato / a lodato / a
siamo stati / e lodati / e
siate stati / e lodati / e
siano stati / e lodati / e

***IMPERFECT SUBJUNCTIVE***
fossi lodato / a
fossi lodato / a
fosse lodato / a
fossimo lodati / e
foste lodati / e
fossero lodati / e

***PLUPERFECT SUBJUNCTIVE***
fossi stato / a lodato / a
fossi stato / a lodato / a
fosse stato / a lodato / a
fossimo stati / e lodati / e
foste stati / e lodati / e
fossero stati / e lodati / e

Remember that in Italian, the subject pronouns (**io, tu,** etc.) are not normally needed because the verb endings which are very clear in both spoken and written forms, tell you who the subject of the verb is. Pronouns are only used for emphasis, contrast, or clarity.

For notes on other ways of expressing the passive ➤9b The Verb System in Italian.

Example of a verb using **essere** in the compound tenses

| ***PRESENT GERUND*** | ***PAST PARTICIPLE*** |
|---|---|
| entrando | entrato |

| ***PRESENT INDICATIVE*** | ***PRESENT PERFECT*** |
|---|---|
| entro | sono entrato / a |
| entri | sei entrato / a |
| entra | è entrato / a |
| entriamo | siamo entrati / e |
| entrate | siete entrati / e |
| entrano | sono entrati / e |

| ***PRESENT PROGRESSIVE*** | ***IMPERFECT PROGRESSIVE*** |
|---|---|
| sto entrando | stavo entrando |
| stai entrando | stavi entrando |
| sta entrando | stava entrando |
| stiamo entrando | stavamo entrando |
| state entrando | stavate entrando |
| stanno entrando | stavano entrando |

| ***IMPERFECT*** | ***PAST DEFINITE*** |
|---|---|
| entravo | entrai |
| entravi | entrasti |
| entrava | entrò |
| entravamo | entrammo |
| entravate | entraste |
| entravano | entrarono |

| ***PLUPERFECT*** | ***PAST ANTERIOR*** |
|---|---|
| ero entrato / a | fui entrato / a |
| eri entrato / a | fosti entrato / a |
| era entrato / a | fu entrato / a |
| eravamo entrati / e | fummo entrati / e |
| eravate entrati / e | foste entrati / e |
| erano entrati / e | furono entrati / e |

***Note:*** 1) Verbs taking **essere** are marked with an * in all the notes to the model verb pages and in the Verb Index.
2) All compound tenses using **essere** require gender agreements of the past participle—this may be masculine singular (**-o**), feminine singular (**-a**), feminine plural (**-e**), or masculine plural (**-i**).

***IMPERATIVE***

entra (tu) entri (Lei) entriamo (noi) entrate (voi) entrino (Loro)

***FUTURE***

entrerò
entrerai
entrerà
entreremo
entrerete
entreranno

***FUTURE PERFECT***

sarò entrato / a
sarai entrato / a
sarà entrato / a
saremo entrati / e
sarete entrati / e
saranno entrati / e

***PRESENT CONDITIONAL***

entrerei
entreresti
entrerebbe
entreremmo
entrereste
entrerebbero

***CONDITIONAL PERFECT***

sarei entrato / a
saresti entrato / a
sarebbe entrato / a
saremmo entrati / e
sareste entrati / e
sarebbero entrati / e

***PRESENT SUBJUNCTIVE***

entri
entri
entri
entriamo
entriate
entrino

***PERFECT SUBJUNCTIVE***

sia entrato / a
sia entrato / a
sia entrato / a
siamo entrati / e
siate entrati / e
siano entrati / e

***IMPERFECT SUBJUNCTIVE***

entrassi
entrassi
entrasse
entrassimo
entraste
entrassero

***PLUPERFECT SUBJUNCTIVE***

fossi entrato / a
fossi entrato / a
fosse entrato / a
fossimo entrati / e
foste entrati / e
fossero entrati / e

| | |
|---|---|
| **Dubito che Gianna *sia* ancora *entrata.*** | I doubt that Gianna *has come in* yet. |
| **Le ragazze *sono entrate* in macchina.** | The girls *got into* the car. |

## 3 parlare — speak

First conjugation, regular **-are** verb

| ***PRESENT GERUND*** | ***PAST PARTICIPLE*** |
|---|---|
| parlando | parlato |

| ***PRESENT INDICATIVE*** | ***PRESENT PERFECT*** |
|---|---|
| parlo | ho parlato |
| parli | hai parlato |
| parla | ha parlato |
| parliamo | abbiamo parlato |
| parlate | avete parlato |
| parlano | hanno parlato |

| ***PRESENT PROGRESSIVE*** | ***IMPERFECT PROGRESSIVE*** |
|---|---|
| sto parlando | stavo parlando |

| ***IMPERFECT*** | ***PAST DEFINITE*** |
|---|---|
| parlavo | parlai |
| parlavi | parlasti |
| parlava | parlò |
| parlavamo | parlammo |
| parlavate | parlaste |
| parlavano | parlarono |

### *Similar verbs*

| | | | |
|---|---|---|---|
| **accompagnare** | accompany | **guardare** | look, watch |
| **aiutare** | help | **lavare** | wash |
| ***arrivare** | arrive | **lavorare** | work |
| **chiamare** | call | **portare** | carry; wear |
| ***entrare** | enter | **trovare** | find |

***Note:*** The regular **-are** verb conjugation is very large. As most regular verbs belong to this conjugation, only a small selection of the most useful verbs of the group are given above. In the Verb Index the main meanings of each verb are given. Several can also be found in the reflexive form, e.g., **lavare** 'to wash,' **lavarsi** 'to get washed.'

The only **-are** verbs that are irregular are **andare, dare, fare, stare.** These are dealt with in the Irregular Verbs section.

***IMPERATIVE***
parla (tu) parli (Lei) parliamo (noi) parlate (voi) parlino (Loro)

***PLUPERFECT***
avevo parlato

***PAST ANTERIOR***
ebbi parlato

***FUTURE***
parlerò

***FUTURE PERFECT***
avrò parlato

***PRESENT CONDITIONAL***
parlerei

***CONDITIONAL PERFECT***
avrei parlato

***PRESENT SUBJUNCTIVE***
parli

***PERFECT SUBJUNCTIVE***
abbia parlato

***IMPERFECT SUBJUNCTIVE***
parlassi

***PLUPERFECT SUBJUNCTIVE***
avessi parlato

| | |
|---|---|
| **— Con chi *stai parlando?*** | — Whom *are you speaking* with? |
| **— *Stavo parlando* con Gianni. Adesso *sto parlando* con Antonia.** | — *I was speaking* with Gianni. Now *I am speaking* with Antonia. |
| **— *Hai parlato* con Giuseppe?** | — *Have you spoken* with Giuseppe? |
| **— No, ma gli *parlerò* domani.** | — No, but *I'll speak* with him tomorrow. |
| **— Dubito che Giuseppe *abbia parlato* con tuo fratello.** | — I doubt that Giuseppe *has spoken* with your brother. |
| **— Guarda, *porta* una valigia molto pesante.** | — Look, *he is carrying* a very heavy suitcase. |
| **— Lo *chiamerò* ... Ti possiamo *aiutare?*** | — *I'll call* him. . . . Can we *help* you? |
| **— Sì, grazie, mi *accompagnerete* a casa?** | — Yes, please, *will you accompany* me home? |

Second conjugation, regular **-ere** verb

| ***PRESENT GERUND*** | ***PAST PARTICIPLE*** |
|---|---|
| vendendo | venduto |

| ***PRESENT INDICATIVE*** | ***PRESENT PERFECT*** |
|---|---|
| vendo | ho venduto |
| vendi | hai venduto |
| vende | ha venduto |
| vendiamo | abbiamo venduto |
| vendete | avete venduto |
| vendono | hanno venduto |

| ***PRESENT PROGRESSIVE*** | ***IMPERFECT PROGRESSIVE*** |
|---|---|
| sto vendendo | stavo vendendo |

| ***IMPERFECT*** | ***PAST DEFINITE*** |
|---|---|
| vendevo | vendei / vendetti |
| vendevi | vendesti |
| vendeva | vendé / vendette |
| vendevamo | vendemmo |
| vendevate | vendeste |
| vendevano | venderono / vendettero |

## *Similar verbs*

The following **-ere** verbs are regular and follow the pattern of **vendere**.

| | | | |
|---|---|---|---|
| **battere** | beat | **ripetere** | repeat |
| **credere** | believe | **temere** | fear |
| **ricevere** | receive | | |

***Note:*** Many verbs of the **-ere** conjugation are either irregular, often in the past participle and past definite forms, or subject to spelling variations. The three verbs **bere, dire, fare,** which are given in full later [➤8, 9, 10], also belong to this conjugation.

***IMPERATIVE***
vendi (tu) venda (Lei) vendiamo (noi) vendete (voi) vendano (Loro)

***PLUPERFECT***
avevo venduto

***PAST ANTERIOR***
ebbi venduto

***FUTURE***
venderò

***FUTURE PERFECT***
avrò venduto

***PRESENT CONDITIONAL***
venderei

***CONDITIONAL PERFECT***
avrei venduto

***PRESENT SUBJUNCTIVE***
venda
venda
venda
vendiamo
vendiate
vendano

***PERFECT SUBJUNCTIVE***
abbia venduto

***IMPERFECT SUBJUNCTIVE***
vendessi
vendessi
vendesse
vendessimo
vendeste
vendessero

***PLUPERFECT SUBJUNCTIVE***
avessi venduto

In addition, many **-ere** verbs can have both a reflexive and a nonreflexive form.

Note that the following present tense endings are the same as those of the **-are** verbs:

- the first person singular and plural
- the second person singular

## 5 dormire — sleep

Third conjugation, regular **-ire** verb

| ***PRESENT GERUND*** | ***PAST PARTICIPLE*** |
|---|---|
| dormendo | dormito |

| ***PRESENT INDICATIVE*** | ***PRESENT PERFECT*** |
|---|---|
| dormo | ho dormito |
| dormi | hai dormito |
| dorme | ha dormito |
| dormiamo | abbiamo dormito |
| dormite | avete dormito |
| dormono | hanno dormito |

| ***PRESENT PROGRESSIVE*** | ***IMPERFECT PROGRESSIVE*** |
|---|---|
| sto dormendo | stavo dormendo |

| ***IMPERFECT*** | ***PAST DEFINITE*** |
|---|---|
| dormivo | dormii |
| dormivi | dormisti |
| dormiva | dormí |
| dormivamo | dormimmo |
| dormivate | dormiste |
| dormivano | dormirono |

| ***PLUPERFECT*** | ***PAST ANTERIOR*** |
|---|---|
| avevo dormito | ebbi dormito |

### *Similar verbs*

Some **-ire** verbs conjugate like **dormire,** others like **finire** [➤6]. A few are irregular, and you will find these in the Verb Index.

The most commonly used verbs like **dormire** are:

| | | | |
|---|---|---|---|
| **bollire** | boil | ***pentirsi** | repent |
| **consentire** | consent | **seguire** | follow |
| ***divertirsi** | amuse oneself | **sentire** | feel, hear |
| **†fuggire** | flee | **servire** | serve |
| ***partire** | leave | **soffrire** | suffer |

***Note:*** 1) The gerund and the following present tense endings are the same as those of the **-ere** verbs:

***IMPERATIVE***
dormi (tu) dorma (Lei) dormiamo (noi) dormite (voi) dormano (Loro)

***FUTURE***
dormirò

***FUTURE PERFECT***
avrò dormito

***PRESENT CONDITIONAL***
dormirei

***CONDITIONAL PERFECT***
avrei dormito

***PRESENT SUBJUNCTIVE***
dorma
dorma
dorma
dormiamo
dormiate
dormano

***PERFECT SUBJUNCTIVE***
abbia dormito

***IMPERFECT SUBJUNCTIVE***
dormissi
dormissi
dormisse
dormissimo
dormiste
dormissero

***PLUPERFECT SUBJUNCTIVE***
avessi dormito

- the first person singular and plural
- the second person singular
- the third person singular and plural

2) The verb **riempire,** 'fill,' follows the **dormire** pattern, with the exception of the gerund **riempiendo** and the present tense, where it adds an **i** before the endings of the first and third person singular and the third person plural: riem**pi**o, riempi, riemp**ie**, riempiamo, riempite, riemp**io**no.

| | |
|---|---|
| **— Ti *senti* meglio oggi?** | — *Do you feel* better today? |
| **— Si, *ho dormito* molto bene stanotte.** | — Yes, *I slept* very well last night. |
| ***Riempie* le tasche di caramelle.** | *He is filling* his pockets with candies. |

Third conjugation, regular **-ire** verb adding **-isc-**

| ***PRESENT GERUND*** | ***PAST PARTICIPLE*** |
|---|---|
| finendo | finito |

| ***PRESENT INDICATIVE*** | ***PRESENT PERFECT*** |
|---|---|
| fini**isc**o | ho finito |
| fini**isc**i | hai finito |
| fini**isc**e | ha finito |
| finiamo | abbiamo finito |
| finite | avete finito |
| fini**isc**ono | hanno finito |

| ***PRESENT PROGRESSIVE*** | ***IMPERFECT PROGRESSIVE*** |
|---|---|
| sto finendo | stavo finendo |

| ***IMPERFECT*** | ***PAST DEFINITE*** |
|---|---|
| finivo | finii |
| finivi | finisti |
| finiva | finí |
| finivamo | finimmo |
| finivate | finisti |
| finivano | finirono |

## *Similar verbs*

Some **-ire** verbs insert **-isc-** between the stem and the ending in the singular and in the third person plural of the present indicative and of the present subjunctive. These are indicated in the Verb Index by 6.

Some **-ire** verbs can follow the pattern of either **dormire** or **finire.** The most common are:

| | | | |
|---|---|---|---|
| **applaudire** | applaud | **preferire** | prefer |
| **assorbire** | absorb | **smentire** | deny |
| **capire** | understand; realize | **spedire** | send, dispatch |
| **inghiottire** | swallow | **suggerire** | suggest |
| **mentire** | lie | **tossire** | cough |
| **nutrire** | nourish | | |

***IMPERATIVE***
finisci (tu) finisca (Lei) finiamo (noi) finite (voi) finiscano (Loro)

***PLUPERFECT***
avevo finito

***PAST ANTERIOR***
ebbi finito

***FUTURE***
finirò

***FUTURE PERFECT***
avrò finito

***PRESENT CONDITIONAL***
finirei

***CONDITIONAL PERFECT***
avrei finito

***PRESENT SUBJUNCTIVE***
fini**sc**a
fini**sc**a
fini**sc**a
finiamo
finiate
fini**sc**ano

***PERFECT SUBJUNCTIVE***
abbia finito

***IMPERFECT SUBJUNCTIVE***
finissi
finissi
finisse
finissimo
finiste
finissero

***PLUPERFECT SUBJUNCTIVE***
avessi finito

| | |
|---|---|
| ***Finisco* i compiti e usciamo.** | *I finish* my homework, and we go out. |
| **— *Capisci* quando parla il tuo corrispondente?** | — *Do you understand* your pen pal when he speaks? |
| **— Sì, ma *preferisco* quando mi *spedisce* una lettera!** | — Yes, but *I prefer* it when *he sends* me a letter! |
| **— Il mio corrispondente *ha suggerito* un buon dizionario.** | — My pen pal *has suggested* a good dictionary. |
| **— *Preferirei* un buon traduttore. Sarebbe meno lavoro per me!** | — *I would prefer* a good translator. It would be less work for me. |

## 7 lavarsi — wash oneself

Reflexive, regular **-are** verb

| ***PRESENT GERUND*** | ***PAST PARTICIPLE*** |
|---|---|
| lavandosi | lavato |

| ***PRESENT INDICATIVE*** | ***PRESENT PERFECT*** |
|---|---|
| mi lavo | mi sono lavato / a |
| ti lavi | ti sei lavato / a |
| si lava | si è lavato / a |
| ci laviamo | ci siamo lavati / e |
| vi lavate | vi siete lavati / e |
| si lavano | si sono lavati / e |

| ***PRESENT PROGRESSIVE*** | ***IMPERFECT PROGRESSIVE*** |
|---|---|
| mi sto lavando | mi stavo lavando |

| ***IMPERFECT*** | ***PAST DEFINITE*** |
|---|---|
| mi lavavo | mi lavai |

***Note:*** Reflexive verbs can be either **-arsi, -ersi,** or **-irsi** verbs. As such, they follow the conjugation of the corresponding nonreflexive verbs — i.e., **-are, -ere,** or **-ire** verbs — whether regular or irregular.

In all cases the pronouns **mi, ti, si, ci, vi, si,** will be used. In front of a vowel these can be contracted to **m', t', s', c', v', s'.** Before another pronoun they change to: **me, te, se, ce, ve, se.**

These pronouns normally precede the verb. However, they follow the verb in the following cases:

- in the **tu, noi,** and **voi** imperative forms
- with the past participle
- with the infinitive
- with the gerund

N.B. All reflexive verbs use **essere** in their compound tenses.

***IMPERATIVE***
lavati (tu) si lavi (Lei) laviamoci (noi) lavatevi (voi) si lavino (Loro)

***PLUPERFECT***
mi ero lavato / a

***PAST ANTERIOR***
mi fui lavato / a

***FUTURE***
mi laverò

***FUTURE PERFECT***
mi sarò lavato / a

***PRESENT CONDITIONAL***
mi laverei

***CONDITIONAL PERFECT***
mi sarei lavato / a

***PRESENT SUBJUNCTIVE***
mi lavi

***PERFECT SUBJUNCTIVE***
mi sia lavato / a

***IMPERFECT SUBJUNCTIVE***
mi lavassi

***PLUPERFECT SUBJUNCTIVE***
mi fossi lavato / a

## *Similar verbs*

There are many reflexive verbs. Only some of the most common are listed here:

| | | | |
|---|---|---|---|
| ***abbronzarsi** | tan | ***interessarsi a / di** | take an interest in |
| ***abituarsi** | get used to | ***perdersi** | get lost |
| ***accomodarsi** | come in; sit down | ***pettinarsi** | comb one's hair |
| ***alzarsi** | get up, stand up | ***preoccuparsi** | worry |
| ***arrabbiarsi** | get angry | ***sbrigarsi** | hurry up |
| ***avvicinarsi a** | approach | ***scusarsi** | apologize |
| ***chiamarsi** | be called | ***sentirsi** | feel |
| ***divertirsi** | enjoy oneself | ***svegliarsi** | wake up |
| ***fermarsi** | stop | ***vergognarsi** | be ashamed |
| ***incontrarsi** | meet | ***vestirsi** | get dressed |

| | |
|---|---|
| **— *Svegliati,* Paolo, sono già le sette!** | — *Wake up,* Paolo, it's seven o'clock already. |
| **— Ma, mamma, non voglio *alzarmi!*** | — But mom / mum, I don't want *to get up.* |
| **— *Vergognati, lavati* e *vestiti* subito!** | — *You should be ashamed — wash up* and *get dressed* immediately! |
| **— *Mi alzerò* alle sette e mezzo.** | — *I'll get up* at seven-thirty. |

Obsolete infinitive **bevere**

***PRESENT GERUND***
bevendo

***PAST PARTICIPLE***
bevuto

***IMPERATIVE***
bevi (tu) beva (Lei) beviamo (noi) bevete (voi) bevano (Loro)

***PRESENT INDICATIVE***
bevo

***PRESENT PERFECT***
ho bevuto

***PRESENT PROGRESSIVE***
sto bevendo

***IMPERFECT PROGRESSIVE***
stavo bevendo

***IMPERFECT***
bevevo

***PAST DEFINITE***
**bevvi** / bevetti / bevei
bevesti
**bevve**
bevemmo
beveste
**bevvero**

***PLUPERFECT***
avevo bevuto

***PAST ANTERIOR***
ebbi bevuto

***FUTURE***
**berrò**

***FUTURE PERFECT***
avrò bevuto

***PRESENT CONDITIONAL***
**berrei**

***CONDITIONAL PERFECT***
avrei bevuto

***PRESENT SUBJUNCTIVE***
beva

***PERFECT SUBJUNCTIVE***
abbia bevuto

***IMPERFECT SUBJUNCTIVE***
bevessi

***PLUPERFECT SUBJUNCTIVE***
avessi bevuto

***Note:*** ➤10 **fare** for notes on verbs with obsolete infinitives.

Obsolete infinitive **dicere**

***PRESENT GERUND***
dicendo

***PAST PARTICIPLE***
**detto**

***IMPERATIVE***
**di'** (tu) dica (Lei) diciamo (noi) **dite** (voi) dicano (Loro)

***PRESENT INDICATIVE***
dico
dici
dice
diciamo
**dite**
dicono

***PRESENT PERFECT***
ho detto

***PRESENT PROGRESSIVE***
sto dicendo

***IMPERFECT PROGRESSIVE***
stavo dicendo

***IMPERFECT***
dicevo

***PAST DEFINITE***
**dissi**
dicesti
**disse**
dicemmo
diceste
**dissero**

***PLUPERFECT***
avevo detto

***PAST ANTERIOR***
ebbi detto

***FUTURE***
**dirò**

***FUTURE PERFECT***
avrò detto

***PRESENT CONDITIONAL***
**direi**

***CONDITIONAL PERFECT***
avrei detto

***PRESENT SUBJUNCTIVE***
dica

***PERFECT SUBJUNCTIVE***
abbia detto

***IMPERFECT SUBJUNCTIVE***
dicessi

***PLUPERFECT SUBJUNCTIVE***
avessi detto

## 10 fare — do

Obsolete infinitive **facere**

| ***PRESENT GERUND*** | ***PAST PARTICIPLE*** |
|---|---|
| facendo | **fatto** |

| ***PRESENT INDICATIVE*** | ***PRESENT PERFECT*** |
|---|---|
| **faccio**<br>**fai**<br>**fa**<br>**facciamo**<br>**fate**<br>**fanno** | ho fatto |
| ***PRESENT PROGRESSIVE*** | ***IMPERFECT PROGRESSIVE*** |
| sto facendo | stavo facendo |
| ***IMPERFECT*** | ***PAST DEFINITE*** |
| facevo | **feci**<br>facesti<br>**fece**<br>facemmo<br>faceste<br>**fecero** |

### *Similar verbs*

| | |
|---|---|
| **contraffare** | counterfeit |
| **disfare** | undo; unpack |
| **soddisfare** | satisfy |

***Note:*** The three verbs with obsolete infinitives (**bere** 8, **dire** 9, and **fare** 10) are exceptions. As can be seen above, sometimes the stem returns to the obsolete infinitive; other times it doesn't, thus being shorter.

| | |
|---|---|
| **— Dimmi, cosa *hai fatto* ieri sera?** | — Tell me, what *did you do* last night? |
| **— *Ho detto* a Stefano di venire a trovarmi.** | — *I told* Stefano to come and see me. |
| **— E cosa *avete fatto?*** | — And what *did you do?* |
| **— *Abbiamo bevuto* una birra e abbiamo mangiato una pizza.** | — *We drank* a beer and ate a pizza. |

***IMPERATIVE***
**fa** (tu) faccia (Lei) facciamo (noi) **fate** (voi) facciano (Loro)

***PLUPERFECT***
avevo fatto

***PAST ANTERIOR***
ebbi fatto

***FUTURE***
**farò**

***FUTURE PERFECT***
avrò fatto

***PRESENT CONDITIONAL***
**farei**

***CONDITIONAL PERFECT***
avrei fatto

***PRESENT SUBJUNCTIVE***
**faccia**
**faccia**
**faccia**
**facciamo**
**facciate**
**facciano**

***PERFECT SUBJUNCTIVE***
abbia fatto

***IMPERFECT SUBJUNCTIVE***
facessi

***PLUPERFECT SUBJUNCTIVE***
avessi fatto

To say you are having or getting something done, you use **fare** immediately followed by the infinitive. Note the use of **fare** in the following examples:

| | |
|---|---|
| ***Ho fatto* riparare la macchina.** | *I have had* the car repaired. |
| ***Hai fatto* tradurre quella lettera?** | *Have you had* that letter translated? |
| **Gianni mi *ha fatto* aspettare un'ora!** | Gianni *made* me wait one hour. |
| ***Fammi* vedere!** | *Let me* see! |
| **Le *faccio* entrare?** | *Shall I let* them in? |

Verbs ending in **-care** / **-gare**

| ***PRESENT GERUND*** | ***PAST PARTICIPLE*** |
|---|---|
| dimenticando | dimenticato |

| ***PRESENT INDICATIVE*** | ***PRESENT PERFECT*** |
|---|---|
| dimentico | ho dimenticato |
| dimentic**hi** | |
| dimentica | |
| dimentic**hiamo** | |
| dimenticate | |
| dimenticano | |

| ***PRESENT PROGRESSIVE*** | ***IMPERFECT PROGRESSIVE*** |
|---|---|
| sto dimenticando | stavo dimenticando |

| ***IMPERFECT*** | ***PAST DEFINITE*** |
|---|---|
| dimenticavo | dimenticai |

## *Similar verbs*

| | | | |
|---|---|---|---|
| **cercare** | search, look for | **pagare** | pay |
| **leccare** | lick | **pregare** | pray |

***Note:*** Verbs ending in **-care** or **-gare** insert an **h** after the **c** and the **g** when these letters are followed by **e** or **i.** In all other respects these verbs are regular.

***IMPERATIVE***

dimentica (tu) dimentic**hi** (Lei) dimentic**hiamo** (noi)
dimenticate (voi) dimentic**hino** (Loro)

***PLUPERFECT***
avevo dimenticato

***PAST ANTERIOR***
ebbi dimenticato

***FUTURE***
dimentic**herò**

***FUTURE PERFECT***
avrò dimenticato

***PRESENT CONDITIONAL***
dimentic**herei**

***CONDITIONAL PERFECT***
avrei dimenticato

***PRESENT SUBJUNCTIVE***
dimentic**hi**

***PERFECT SUBJUNCTIVE***
abbia dimenticato

***IMPERFECT SUBJUNCTIVE***
dimenticassi

***PLUPERFECT SUBJUNCTIVE***
avessi dimenticato

| | |
|---|---|
| ***Ho dimenticato* dove ho messo la penna.** | *I have forgotten* where I put my pen. |
| ***Ho cercato* dappertutto.** | *I have searched* everywhere. |
| **Chi mi *pagherà* una nuova se l'ho persa?** | Who *will pay* for a new one for me if I lost it? |
| **Adesso *pregherò*.** | Now *I shall pray.* |

Verbs ending in **-ciare** / **-giare**

| ***PRESENT GERUND*** | ***PAST PARTICIPLE*** |
|---|---|
| mangiando | mangiato |

| ***PRESENT INDICATIVE*** | ***PRESENT PERFECT*** |
|---|---|
| mangio | ho mangiato |
| mang**i** | |
| mangia | |
| mang**iamo** | |
| mangiate | |
| mangiano | |

| ***PRESENT PROGRESSIVE*** | ***IMPERFECT PROGRESSIVE*** |
|---|---|
| sto mangiando | stavo mangiando |

| ***IMPERFECT*** | ***PAST DEFINITE*** |
|---|---|
| mangiavo | mangiai |

*Similar verbs*

| | | | |
|---|---|---|---|
| **cominciare** | begin | **pronunciare** | pronounce |
| **lasciare** | leave; allow | **viaggiare** | travel |

***Note:*** Verbs ending in **-ciare** or **-giare** drop the **i** before another **i** or before an **e**.

***IMPERATIVE***
mangia (tu) mang**i** (Lei) mang**iamo** (noi) mangiate (voi) mang**ino** (Loro)

***PLUPERFECT***
avevo mangiato

***PAST ANTERIOR***
ebbi mangiato

***FUTURE***
mang**erò**

***FUTURE PERFECT***
avrò mangiato

***PRESENT CONDITIONAL***
mang**erei**

***CONDITIONAL PERFECT***
avrei mangiato

***PRESENT SUBJUNCTIVE***
mang**i**

***PERFECT SUBJUNCTIVE***
abbia mangiato

***IMPERFECT SUBJUNCTIVE***
mangiassi

***PLUPERFECT SUBJUNCTIVE***
avessi mangiato

| | |
|---|---|
| **— *Viaggi* spesso in Italia?** | — *Do you travel* to Italy often? |
| **— Sì, so che ci *mangerò* molto bene.** | — Yes, I know that *I will eat* very well there. |
| **— *Lasci* i figli a casa?** | — *Do you leave* your children at home? |
| **— No, *viaggiamo* tutti insieme.** | — No, *we* all *travel* together. |

## 13 fischiare — whistle

Verbs ending in **-iare**

| ***PRESENT GERUND*** | ***PAST PARTICIPLE*** |
|---|---|
| fischiando | fischiato |

| ***PRESENT INDICATIVE*** | ***PRESENT PERFECT*** |
|---|---|
| fischio | ho fischiato |
| fisch**i** | |
| fischia | |
| fisch**iamo** | |
| fischiate | |
| fischiano | |

| ***PRESENT PROGRESSIVE*** | ***IMPERFECT PROGRESSIVE*** |
|---|---|
| sto fischiando | stavo fischiando |

| ***IMPERFECT*** | ***PAST DEFINITE*** |
|---|---|
| fischiavo | fischiai |

*Similar verb*

**pigliare** take, catch

***Note:*** Verbs in **-iare** drop the **i** before another **i.**

***IMPERATIVE***
fischia (tu) fischi (Lei) fischiamo (noi) fischiate (voi) fischino (Loro)

***PLUPERFECT***
avevo fischiato

***PAST ANTERIOR***
ebbi fischiato

***FUTURE***
fischierò

***FUTURE PERFECT***
avrò fischiato

***PRESENT CONDITIONAL***
fischierei

***CONDITIONAL PERFECT***
avrei fischiato

***PRESENT SUBJUNCTIVE***
fischi

***PERFECT SUBJUNCTIVE***
abbia fischiato

***IMPERFECT SUBJUNCTIVE***
fischiassi

***PLUPERFECT SUBJUNCTIVE***
avessi fischiato

| | |
|---|---|
| **Perché *fischi?*** | Why *are you whistling?* |
| **Chi dorme non *piglia* pesci. (*Proverbio*)** | The early bird *catches* the worm. (*Lit.* He who sleeps *catches* no fish.) (*Proverb*) |

## 14 sedersi — sit down

Verb ending in **-ersi** with a change of vowel in the present indicative and present subjunctive

| ***PRESENT GERUND*** | ***PAST PARTICIPLE*** |
|---|---|
| sedendosi | seduto |

***PRESENT INDICATIVE***
**mi siedo / seggo**
**ti siedi**
**si siede**
ci sediamo
vi sedete
**si siedono / seggono**

***PRESENT PERFECT***
mi sono seduto / a

***PRESENT PROGRESSIVE***
mi sto sedendo

***IMPERFECT PROGRESSIVE***
mi stavo sedendo

***IMPERFECT***
mi sedevo

***PAST DEFINITE***
mi sedei / sedetti

### *Similar verbs*

**possedere** possess, have
**sedere** be seated, sit

***Note:*** The main irregular features of the verb are

- the present indicative and the present subjunctive tenses

***IMPERATIVE***
**siediti** (tu) **si sieda** (Lei) sediamoci (noi) sedetevi (voi) **si siedano** (Loro)

***PLUPERFECT***
mi ero seduto / a

***PAST ANTERIOR***
mi fui seduto / a

***FUTURE***
mi sederò

***FUTURE PERFECT***
mi sarò seduto / a

***PRESENT CONDITIONAL***
mi sederei

***CONDITIONAL PERFECT***
mi sarei seduto / a

***PRESENT SUBJUNCTIVE***
**mi sieda / segga**
**ti sieda / segga**
**si sieda / segga**
ci sediamo
vi sediate
**si siedano / seggano**

***PERFECT SUBJUNCTIVE***
mi sia seduto / a

***IMPERFECT SUBJUNCTIVE***
mi sedessi

***PLUPERFECT SUBJUNCTIVE***
mi fossi seduto / a

| | |
|---|---|
| **— *Siediti* qui accanto a me!** | — *Sit* here next to me! |
| **— No, grazie, non *mi siedo,* ho fretta.** | — No thank you, *I'll* not *sit down,* I'm in a hurry. |
| **— Mi dispiace che non *ti sieda,* ho tanto da dirti.** | — I am sorry that *you won't sit down*, I have a lot to tell you. |
| ***Possiede* una memoria prodigiosa.** | *He has* an exceptional memory. |
| **Giovanni *sedeva* in una poltrona vicino alla finestra.** | Giovanni *was sitting* in an armchair near the window. |

## 15 muovere — move

Verb ending in **-ere** with a change of vowel in the present indicative, past definite, present subjunctive, and past participle

| ***PRESENT GERUND*** | ***PAST PARTICIPLE*** |
|---|---|
| muovendo | **mosso** |

***PRESENT INDICATIVE***
muovo
muovi
muove
**moviamo**
**movete**
muovono

***PRESENT PERFECT***
ho mosso

***PRESENT PROGRESSIVE***
sto muovendo

***IMPERFECT PROGRESSIVE***
stavo muovendo

***IMPERFECT***
muovevo

***PAST DEFINITE***
**mossi**
movesti
**mosse**
movemmo
moveste
**mossero**

### *Similar verbs*

**commuovere** move, affect
**promuovere** promote, pass (*exams*)
**smuovere** shift; dissuade

***Note:*** A few verbs change their vowels like **muovere.** These are indicated in the Verb Index by 15.

***IMPERATIVE***
muovi (tu) muova (Lei) **moviamo** (noi) **movete** (voi) muovano (Loro)

***PLUPERFECT***
avevo mosso

***PAST ANTERIOR***
ebbi mosso

***FUTURE***
muoverò

***FUTURE PERFECT***
avrò mosso

***PRESENT CONDITIONAL***
muoverei

***CONDITIONAL PERFECT***
avrei mosso

***PRESENT SUBJUNCTIVE***
muova
muova
muova
**moviamo**
**moviate**
muovano

***PERFECT SUBJUNCTIVE***
abbia mosso

***IMPERFECT SUBJUNCTIVE***
muovessi

***PLUPERFECT SUBJUNCTIVE***
avessi mosso

| | |
|---|---|
| **Ci *moviamo?*** | *Shall we move?* |
| **Nessuno *si è mosso.*** | No one *moved.* |
| ***Mosse* la sedia.** | *He moved* the chair. |
| ***Era* veramente *commossa.*** | *She was* really *moved.* |
| **Non *fu promosso* quest'anno.** | *He did* not *pass* this year. |
| ***Promosse* il nuovo progetto.** | *He promoted* the new project. |
| **Se Stefano ha deciso è difficile *smuoverlo.*** | If Stefano has decided, it is difficult to *dissuade him.* |

## 16 nuocere — be bad for, harm

Verb ending in **-ere** with a change of vowel in the present indicative, past definite, and present subjunctive

***PRESENT GERUND***
nocendo / nuocendo

***PAST PARTICIPLE***
**nociuto** / nuociuto

***PRESENT INDICATIVE***
**noccio** / nuoccio
nuoci
nuoce
**nociamo** / nuociamo
**nocete** / nuocete
**nocciono** / nuocciono

***PRESENT PERFECT***
ho nociuto / nuociuto

***PRESENT PROGRESSIVE***
sto nuocendo

***IMPERFECT PROGRESSIVE***
stavo nuocendo

***IMPERFECT***
nocevo / nuocevo

***PAST DEFINITE***
**nocqui**
nocesti / nuocesti
**nocque**
nocemmo
noceste
**nocquero**

***IMPERATIVE***
nuoci (tu) **noccia** (Lei) **nociamo** (noi) **nocete** (voi) **nocciano** (Loro)

***PLUPERFECT***
avevo nociuto / nuociuto

***PAST ANTERIOR***
ebbi nociuto / nuociuto

***FUTURE***
nocerò / nuocerò

***FUTURE PERFECT***
avrò nociuto / nuociuto

***PRESENT CONDITIONAL***
nocerei / nuocerei

***CONDITIONAL PERFECT***
avrei nociuto / nuociuto

***PRESENT SUBJUNCTIVE***
**noccia** / nuoccia
**noccia**
**noccia**
**nociamo**
**nociate**
**nocciano**

***PERFECT SUBJUNCTIVE***
abbia nociuto / nuociuto

***IMPERFECT SUBJUNCTIVE***
nocessi / nuocessi

***PLUPERFECT SUBJUNCTIVE***
avessi nociuto / nuociuto

| | |
|---|---|
| **Dubito che il gelato *noccia* al bambino.** | I doubt that the ice cream *will be bad for* the child. |
| **Non *nuoce* a nessuno.** | *He harms* no one. |
| **Non gli *nocerei.*** | *I would* not *harm* him. |
| **Non *nuocerà* ripeterglielo.** | *It won't hurt* to tell him again. |

Verbs ending in **-endere**

| ***PRESENT GERUND*** | ***PAST PARTICIPLE*** |
|---|---|
| accendendo | **acceso** |

***PRESENT INDICATIVE***
accendo

***PRESENT PERFECT***
ho acceso

***PRESENT PROGRESSIVE***
sto accendendo

***IMPERFECT PROGRESSIVE***
stavo accendendo

***IMPERFECT***
accendevo

***PAST DEFINITE***
**accesi**
accendesti
**accese**
accendemmo
accendeste
**accesero**

## *Similar verbs*

| | | | |
|---|---|---|---|
| **appendere** | hang | **offendere** | offend |
| **difendere** | defend | **sospendere** | suspend |
| **dipendere** | depend on | **spendere** | spend |
| **intendere** | intend | | |

For **prendere, rendere, scendere,** and their compounds ➤Model Verbs 66, 71, and 79.

***Note:*** The main irregular features of the verb are

- the past definite tense
- the past participle

***IMPERATIVE***

| | | |
|---|---|---|
| accendi (tu) | accenda (Lei) | accendiamo (noi) |
| accendete (voi) | accendano (Loro) | |

***PLUPERFECT***
avevo acceso

***PAST ANTERIOR***
ebbi acceso

***FUTURE***
accenderò

***FUTURE PERFECT***
avrò acceso

***PRESENT CONDITIONAL***
accenderei

***CONDITIONAL PERFECT***
avrei acceso

***PRESENT SUBJUNCTIVE***
accenda

***PERFECT SUBJUNCTIVE***
abbia acceso

***IMPERFECT SUBJUNCTIVE***
accendessi

***PLUPERFECT SUBJUNCTIVE***
avessi acceso

| | |
|---|---|
| ***Accese* la luce.** | *He turned on* the light. |
| ***Hai acceso* il gas?** | *Have you turned on* the gas? |
| ***Difesero* la patria dal nemico.** | *They defended* their country from the enemy. |
| **Sa *difendere* la sua opinione.** | He knows how to *hold his own.* |
| ***Ho difeso* la causa del ragazzo ferito.** | *I pleaded* the case for the injured boy. |
| **Non credo che *abbiano difeso* la città.** | I don't think that *they defended* the city. |
| ***Ho speso* 50.000 lire oggi.** | *I spent* 50,000 lire today. |
| ***Spese* 80.000 lire per quella collana.** | *He spent* 80,000 lire on that necklace. |
| ***Sospesi* la lampada al soffitto.** | *I hung* the lamp from the ceiling. |
| **L'affare *fu sospeso* a causa della sua partenza.** | The business *was adjourned* because of his departure. |

| *PRESENT GERUND* | *PAST PARTICIPLE* |
|---|---|
| affiggendo | **affisso** |

| *PRESENT INDICATIVE* | *PRESENT PERFECT* |
|---|---|
| affiggo | ho affisso |
| *PRESENT PROGRESSIVE* | *IMPERFECT PROGRESSIVE* |
| sto affiggendo | stavo affiggendo |
| *IMPERFECT* | *PAST DEFINITE* |
| affiggevo | **affissi** |
| | affiggesti |
| | **affisse** |
| | affiggemmo |
| | affiggeste |
| | **affissero** |

***Note:*** The main irregular features of the verb are

- the past definite tense
- the past participle

***IMPERATIVE***
affiggi (tu) affigga (Lei) affiggiamo (noi) affiggete (voi) affiggano (Loro)

***PLUPERFECT***
avevo affisso

***PAST ANTERIOR***
ebbi affisso

***FUTURE***
affiggerò

***FUTURE PERFECT***
avrò affisso

***PRESENT CONDITIONAL***
affiggerei

***CONDITIONAL PERFECT***
avrei affisso

***PRESENT SUBJUNCTIVE***
affigga

***PERFECT SUBJUNCTIVE***
abbia affisso

***IMPERFECT SUBJUNCTIVE***
affiggessi

***PLUPERFECT SUBJUNCTIVE***
avessi affisso

| | |
|---|---|
| ***Affisse* lo sguardo sul cane.** | *He fixed* his gaze on the dog. |
| **Cosa ha *affisso?*** | What did *he put up?* |
| **— *Affiggo* il poster qui?** | — *Should I put up* the poster here? |
| **— Lo *affiggerei* laggiù.** | — *I would put it up* down there. |

***PRESENT GERUND***
affliggendo

***PAST PARTICIPLE***
**afflitto**

***PRESENT INDICATIVE***
affliggo

***PRESENT PERFECT***
ho afflitto

***PRESENT PROGRESSIVE***
sto affliggendo

***IMPERFECT PROGRESSIVE***
stavo affliggendo

***IMPERFECT***
affliggevo

***PAST DEFINITE***
**afflissi**
affliggesti
**afflisse**
affliggemmo
affliggeste
**afflissero**

*Similar verbs*

| | | | |
|---|---|---|---|
| **friggere** | fry | **soffriggere** | fry lightly |
| **infliggere** | inflict | **trafiggere** | run through, pierce |
| **sconfiggere** | defeat | | |

***Note:*** The main irregular features of the verb are

- the past definite tense
- the past participle

***IMPERATIVE***
affliggi (tu) affliggiamo (noi) affliggete (voi) affligga (Lei) affliggano (Loro)

***PLUPERFECT***
avevo afflitto

***PAST ANTERIOR***
ebbi afflitto

***FUTURE***
affliggerò

***FUTURE PERFECT***
avrò afflitto

***PRESENT CONDITIONAL***
affliggerei

***CONDITIONAL PERFECT***
avrei afflitto

***PRESENT SUBJUNCTIVE***
affligga

***PERFECT SUBJUNCTIVE***
abbia afflitto

***IMPERFECT SUBJUNCTIVE***
affliggessi

***PLUPERFECT SUBJUNCTIVE***
avessi afflitto

| | |
|---|---|
| **Dubito che *sia afflitto* dai reumatismi.** | I doubt that *he suffers from* rheumatism. |
| ***Sono afflitta* dalla sinusite.** | *I suffer from* sinusitis. |
| ***Inflisse* una pena al colpevole.** | *He inflicted* a penalty on the guilty man. |
| **Gli *ha inflitto* un colpo.** | *He inflicted* a blow on him. |
| ***Ho soffritto* l'olio nella padella.** | *I fried* the oil lightly in the pan. |
| **L'olio *frigge* nella padella.** | The oil *is frying* in the pan. |
| **Il nemico lo *trafisse* con la spada.** | The enemy *pierced* him with a sword. |
| **Le parole le *trafissero* il cuore.** | The words *pierced* her heart. |

| *PRESENT GERUND* | *PAST PARTICIPLE* |
|---|---|
| alludendo | **alluso** |

| *PRESENT INDICATIVE* | *PRESENT PERFECT* |
|---|---|
| alludo | ho alluso |
| *PRESENT PROGRESSIVE* | *IMPERFECT PROGRESSIVE* |
| sto alludendo | stavo alludendo |
| *IMPERFECT* | *PAST DEFINITE* |
| alludevo | **allusi** |
| | alludesti |
| | **alluse** |
| | alludemmo |
| | alludeste |
| | **allusero** |

*Similar verbs*

| | | | |
|---|---|---|---|
| **accludere** | enclose, attach | **eludere** | elude, evade |
| **concludere** | conclude, achieve | **escludere** | exclude |
| **deludere** | disappoint, frustrate | **illudere** | deceive, delude, fool |
| **disilludere** | disillusion | **includere** | include |

***Note:*** The main irregular features of the verb are

- the past definite tense
- the past participle

***IMPERATIVE***
alludi (tu) alluda (Lei) alludiamo (noi) alludete (voi) alludano (Loro)

***PLUFERFECT***
avevo alluso

***PAST ANTERIOR***
ebbi alluso

***FUTURE***
alluderò

***FUTURE PERFECT***
avrò alluso

***PRESENT CONDITIONAL***
alluderei

***CONDITIONAL PERFECT***
avrei alluso

***PRESENT SUBJUNCTIVE***
alluda

***PERFECT SUBJUNCTIVE***
abbia alluso

***IMPERFECT SUBJUNCTIVE***
alludessi

***PLUPERFECT SUBJUNCTIVE***
avessi alluso

| | |
|---|---|
| ***Si alludeva* a questo durante la discussione ieri.** | This *was alluded to* during the discussion yesterday. |
| ***Accludiamo* un listino prezzi.** | *We enclose* a price list. |
| ***Inclusi* Giovanni nel numero degli invitati.** | *I included* Giovanni in the guest list. |
| ***Ho escluso* alcuni nomi.** | *I excluded* some names. |
| ***Fu escluso* dall'elenco.** | *He was excluded* from the list. |
| **Non *abbiamo concluso* niente oggi.** | *We haven't achieved* anything today. |
| **La faccenda *fu conclusa*.** | The matter *was concluded.* |

***PRESENT GERUND***
andando

***PAST PARTICIPLE***
andato

***PRESENT INDICATIVE***
**vado**
**vai**
**va**
andiamo
andate
**vanno**

***PRESENT PERFECT***
sono andato / a
sei andato / a
è andato / a
siamo andati / e
siete andati / e
sono andati / e

***PRESENT PROGRESSIVE***
sto andando

***IMPERFECT PROGRESSIVE***
stavo andando

***IMPERFECT***
andavo

***PAST DEFINITE***
andai

***Note:*** **andare** is the only verb of this type. The main irregular features of the verb are

- the present indicative and the present subjunctive tenses
- the future stem

***IMPERATIVE***
**va** (tu) **vada** (Lei) andiamo (noi) andate (voi) **vadano** (Loro)

***PLUPERFECT***
ero andato

***PAST ANTERIOR***
fui andato / a

***FUTURE***
**andrò**

***FUTURE PERFECT***
sarò andato / a

***PRESENT CONDITIONAL***
**andrei**

***CONDITIONAL PERFECT***
sarei andato / a

***PRESENT SUBJUNCTIVE***
**vada**
**vada**
**vada**
andiamo
andiate
**vadano**

***PERFECT SUBJUNCTIVE***
sia andato / a

***IMPERFECT SUBJUNCTIVE***
andassi

***PLUPERFECT SUBJUNCTIVE***
fossi andato / a

**— *Vado* in città, vuoi venire anche tu?**
**— Grazie no, *sono* già *andata* ieri.**
**— *Va', andiamoci* insieme.**
**— Certo è un peccato che *tu vada* da sola.**
**— Penso che Gianna *sia andata* oggi in città.**
**— Sarà *andata* senz'altro al mercato.**

— *I'm going* to town, do you want to come too?
— No thanks, *I* already *went* yesterday.
— *Go on, let's go* together.
— It's certainly a pity that *you are going* alone.
— I think Gianna *went* to town today.
— *She must have gone* to the market for sure.

***PRESENT GERUND***
annettendo

***PAST PARTICIPLE***
**annesso**

***PRESENT INDICATIVE***
annetto

***PRESENT PERFECT***
ho annesso

***PRESENT PROGRESSIVE***
sto annettendo

***IMPERFECT PROGRESSIVE***
stavo annettendo

***IMPERFECT***
annettevo

***PAST DEFINITE***
annettei / **annessi**
annettesti
annetté / **annesse**
annettemmo
annetteste
annetterono / **annessero**

*Similar verb*

**connettere** connect

***Note:*** The main irregular features of the verb are

- the past definite tense
- the past participle

***IMPERATIVE***
annetti (tu) annetta (Lei) annettiamo (noi) annettete (voi) annettano (Loro)

***PLUPERFECT***
avevo annesso

***PAST ANTERIOR***
ebbi annesso

***FUTURE***
annetterò

***FUTURE PERFECT***
avrò annesso

***PRESENT CONDITIONAL***
annetterei

***CONDITIONAL PERFECT***
avrei annesso

***PRESENT SUBJUNCTIVE***
annetta

***PERFECT SUBJUNCTIVE***
abbia annesso

***IMPERFECT SUBJUNCTIVE***
annettessi

***PLUPERFECT SUBJUNCTIVE***
avessi annesso

| | |
|---|---|
| ***Annettiamo* un pieghevole.** | *We attach* a brochure. |
| **Dubito che *sia stato annesso.*** | I doubt that *it has been annexed.* |
| **Questi fatti *sono* strettamente *connessi.*** | These facts *are* closely *linked.* |
| **Giovanni *connesse* i due fili.** | Giovanni *connected* the two wires. |

***PRESENT GERUND***
apparendo

***PAST PARTICIPLE***
**apparso**

***PRESENT INDICATIVE***
**appaio** / apparisco
**appari** / apparisci
**appare** / apparisce
appariamo
apparite
**appaiono** / appariscono

***PRESENT PERFECT***
sono apparso / a

***PRESENT PROGRESSIVE***
sto apparendo

***IMPERFECT PROGRESSIVE***
stavo apparendo

***IMPERFECT***
apparivo

***PAST DEFINITE***
**apparvi** / apparii / apparsi
apparisti
**apparve** / apparí / apparse
apparimmo
appariste
**apparvero** / apparirono / apparsero

## *Similar verbs*

| | |
|---|---|
| ***comparire** | appear |
| ***scomparire** | disappear, die; to cut a poor figure |
| ***trasparire** | shine through |

***Note:*** The verb **apparire** follows a similar pattern to the verb **finire**, but is irregular in the past participle and past definite tenses as well as having optional spelling changes in the present indicative and present subjunctive tenses.

***IMPERATIVE***

apparisci / **appari** (tu) apparisca / **appaia** (Lei) appariamo (noi)
apparite (voi) appariscano / **appaiano** (Loro)

***PLUPERFECT***
avevo apparso

***PAST ANTERIOR***
fui apparso / a

***FUTURE***
apparirò

***FUTURE PERFECT***
sarò apparso / a

***PRESENT CONDITIONAL***
apparirei

***CONDITIONAL PERFECT***
sarei apparso / a

***PRESENT SUBJUNCTIVE***
**appaia** / apparisca
**appaia** / apparisca
**appaia** / apparisca
appariamo
appariate
**appaiano** / appariscano

***PERFECT SUBJUNCTIVE***
sia apparso / a

***IMPERFECT SUBJUNCTIVE***
apparissi

***PLUPERFECT SUBJUNCTIVE***
fossi apparso / a

| | |
|---|---|
| **Gli studenti *appaiono* intelligenti.** | The students *appear* to be intelligent. |
| **Dubito che i cantanti *appaiano* in televisione questa sera.** | I doubt that the singers *will appear* on television tonight. |
| **Non credo che *appaiano* pigri.** | I don't think *they appear* lazy. |
| ***Apparvero* alla riunione.** | *They appeared* at the reunion. |
| **Giovanni *è scomparso* due giorni fa.** | Giovanni *disappeared / died* two days ago. |
| **La luce *traspariva* dalla finestra.** | The light *shone* through the window. |

| ***PRESENT GERUND*** | ***PAST PARTICIPLE*** |
|---|---|
| aprendo | **aperto** |

| | |
|---|---|
| ***PRESENT INDICATIVE*** | ***PRESENT PERFECT*** |
| apro | ho aperto |
| ***PRESENT PROGRESSIVE*** | ***IMPERFECT PROGRESSIVE*** |
| sto aprendo | stavo aprendo |
| ***IMPERFECT*** | ***PAST DEFINITE*** |
| aprivo | aprii / **apersi**<br>apristi<br>aprí / **aperse**<br>aprimmo<br>apriste<br>aprirono / **apersero** |

## *Similar verbs*

| | | | |
|---|---|---|---|
| **coprire** | cover | **scoprire** | discover, uncover |
| **offrire** | offer | **soffrire** | suffer |
| **ricoprire** | cover, cover again | | |

***Note:*** **aprire** and the similar verbs follow the pattern of **dormire** except for the irregular past participle and optional past definite forms.

***IMPERATIVE***
apri (tu) apra (Lei) apriamo (noi) aprite (voi) aprano (Loro)

***PLUPERFECT***
avevo aperto

***PAST ANTERIOR***
ebbi aperto

***FUTURE***
aprirò

***FUTURE PERFECT***
avrò aperto

***PRESENT CONDITIONAL***
aprirei

***CONDITIONAL PERFECT***
avrei aperto

***PRESENT SUBJUNCTIVE***
apra

***PERFECT SUBJUNCTIVE***
abbia aperto

***IMPERFECT SUBJUNCTIVE***
aprissi

***PLUPERFECT SUBJUNCTIVE***
avessi aperto

| | |
|---|---|
| **— *Apri* la finestra, per piacere.** | — *Open* the window please. |
| **— Perché? *Ho* già *aperto* la porta.** | — Why? *I have* already *opened* the door. |
| **— *Copri* il bambino, per piacere.** | — *Cover* the baby, please. |
| **— Perché? Chi l'*ha scoperto?*** | — Why? Who *uncovered* him? |
| ***Hai scoperto* l'America!** | Aren't you clever! (*Lit. You have discovered* America.) |
| **La neve *ricopriva* la cima delle montagne.** | The snow *covered* the mountain tops. |
| **Quell'uomo *ha sofferto* tanto.** | That man *has suffered* so much. |
| **— Gianni ti *ha offerto* da mangiare?** | — *Did* Gianni *offer* you something to eat? |
| **— Penso che mi *abbia offerto* da mangiare.** | — I think *he offered* me something to eat. |
| **— Beh, *io* ti *offrirei* da mangiare e da bere.** | — Well, *I would offer* you something to eat and drink. |

Verbs with irregular past participles

| ***PRESENT GERUND*** | ***PAST PARTICIPLE*** |
|---|---|
| assistendo | **assistito** |

| ***PRESENT INDICATIVE*** | ***PRESENT PERFECT*** |
|---|---|
| assisto | ho assistito |
| ***PRESENT PROGRESSIVE*** | ***IMPERFECT PROGRESSIVE*** |
| sto assistendo | stavo assistendo |
| ***IMPERFECT*** | ***PAST DEFINITE*** |
| assistevo | assistetti / **assistei**<br>assistesti<br>assistette / **assisté**<br>assistemmo<br>assisteste<br>assistettero / **assisterono** |

## *Similar verbs*

**25A** All verbs ending in **-istere**

| | | | |
|---|---|---|---|
| ***consistere di** | consist | **insistere su** | insist (on) |
| **esistere** | exist | | |

***Note:*** The main irregular features of these verbs are in the past participle and the past definite.

**25B** In addition to verbs ending in **-istere**, there are a number of other verbs that are irregular only in the past participle. These verbs are marked **25B** in the Verb Index:

| | | |
|---|---|---|
| **devolvere** | **(devoluto)** | transfer |
| **esigere** | **(esatto)** | demand, require |
| **evolvere** | **(evoluto)** | evolve |
| **flettere** | **(flesso)** | bend |
| **redigere** | **(redatto)** | write, compile |
| **riflettere** | **(riflesso)** | reflect |
| **seppellire** | **(sepolto)** | bury [➤6 **finire**] |
| **spandere** | **(spanto)** | spread, spill |
| **transigere** | **(transatto)** | compromise |

***IMPERATIVE***
assisti (tu) assista (Lei) assistiamo (noi) assistete (voi) assistano (Loro)

***PLUPERFECT***
avevo assistito

***PAST ANTERIOR***
ebbi assistito

***FUTURE***
assisterò

***FUTURE PERFECT***
avrò assistito

***PRESENT CONDITIONAL***
assisterei

***CONDITIONAL PERFECT***
avrei assistito

***PRESENT SUBJUNCTIVE***
assista

***PERFECT SUBJUNCTIVE***
abbia assistito

***IMPERFECT SUBJUNCTIVE***
assistessi

***PLUPERFECT SUBJUNCTIVE***
avessi assistito

| | |
|---|---|
| ***Vi assisterò* come posso.** | *I will help* you as best I can. |
| **Giovanni *ha assistito ad* una partita di calcio.** | Giovanni *attended* a soccer match. |
| ***Di* che cosa *è consistito?*** | What *did it consist of?* |
| ***Insisti* perché lei venga!** | *Insist* that she come! |
| ***Ho insistito sulla* necessità di leggere il libro prima di vedere il film.** | *I insisted on* the necessity of reading the book before seeing the movie / film. |

| *PRESENT GERUND* | *PAST PARTICIPLE* |
|---|---|
| assumendo | **assunto** |

| | |
|---|---|
| ***PRESENT INDICATIVE*** | ***PRESENT PERFECT*** |
| assumo | ho assunto |
| ***PRESENT PROGRESSIVE*** | ***IMPERFECT PROGRESSIVE*** |
| sto assumendo | stavo assumendo |
| ***IMPERFECT*** | ***PAST DEFINITE*** |
| assumevo | **assunsi** |
| | assumesti |
| | **assunse** |
| | assumemmo |
| | assumeste |
| | **assunsero** |

## *Similar verbs*

**desumere** infer, deduce; gather
**presumere** presume; rely

***Note:*** The main irregular features of the verb are

- the past definite tense
- the past participle

***IMPERATIVE***
assumi (tu) assuma (Lei) assumiamo (noi) assumete (voi) assumino (Loro)

***PLUPERFECT***
avevo assunto

***PAST ANTERIOR***
ebbi assunto

***FUTURE***
assumerò

***FUTURE PERFECT***
avrò assunto

***PRESENT CONDITIONAL***
assumerei

***CONDITIONAL PERFECT***
avrei assunto

***PRESENT SUBJUNCTIVE***
assuma

***PERFECT SUBJUNCTIVE***
abbia assunto

***IMPERFECT SUBJUNCTIVE***
assumessi

***PLUPERFECT SUBJUNCTIVE***
avessi assunto

| | |
|---|---|
| ***Assunse* un'aria da innocente.** | *He assumed* an air of innocence. |
| ***Ho assunto* un impiegato ieri.** | *I hired* a clerk yesterday. |
| ***Fu assunto* al Pontificato.** | *He was raised* to the Papacy. |
| **Penso che *sia assunto* in cielo.** | I think that *he was raised* to Heaven. |
| **Da quanto mi dite *desumo* che siete rientrati tardi ieri sera.** | From what you tell me, *I gather* that you came home late last night. |
| ***Presumevo* che Stefano fosse ricco.** | *I presumed* that Stefano was rich. |
| ***Presume* troppo dalle sue forze.** | *He relies* too much on his strength. |

| *PRESENT GERUND* | *PAST PARTICIPLE* |
|---|---|
| avendo | avuto |

| *PRESENT INDICATIVE* | *PRESENT PERFECT* |
|---|---|
| **ho** | ho avuto |
| **hai** | |
| **ha** | |
| **abbiamo** | |
| avete | |
| **hanno** | |

| *PRESENT PROGRESSIVE* | *IMPERFECT PROGRESSIVE* |
|---|---|
| sto avendo | stavo avendo |

| *IMPERFECT* | *PAST DEFINITE* |
|---|---|
| avevo | **ebbi** |
| avevi | avesti |
| aveva | **ebbe** |
| avevamo | avemmo |
| avevate | aveste |
| avevano | **ebbero** |

***Note:*** **avere** is both a full verb unto itself — meaning 'have,' 'own,' 'possess' — and an auxiliary verb. As an auxiliary verb, it is used to form compound tenses of verbs conjugated with **avere** [▶1b and 1c].

| | |
|---|---|
| ***Ho* un fratello e due sorelle.** | *I have* one brother and two sisters. |
| ***Ho* ventidue anni.** | *I am* twenty-two years old. (*Lit. I have* twenty-two years.) |
| ***Ho* due paia di scarpe.** | *I have* two pairs of shoes. |

***IMPERATIVE***
**abbi** (tu) **abbia** (Lei) abbiamo (noi) **abbiate** (voi) **abbiano** (Loro)

***PLUPERFECT***
avevo avuto

***PAST ANTERIOR***
ebbi avuto

***FUTURE***
avrò

***FUTURE PERFECT***
avrò avuto

***PRESENT CONDITIONAL***
avrei

***CONDITIONAL PERFECT***
avrei avuto

***PRESENT SUBJUNCTIVE***
**abbia**
**abbia**
**abbia**
**abbiamo**
**abbiate**
**abbiano**

***PERFECT SUBJUNCTIVE***
abbia avuto

***IMPERFECT SUBJUNCTIVE***
avessi

***PLUPERFECT SUBJUNCTIVE***
avessi avuto

| | |
|---|---|
| **— Dubito che Carlo *abbia spedito* quella lettera.** | — I doubt whether Carlo *has sent* that letter. |
| **— Penso che *tu abbia ragione.*** | — I think *you are right.* |
| **— Comunque *ha detto* che viene domani.** | — However, *he said* he is coming tomorrow. |
| **— *Avremo tempo a* convincerlo allora.** | — *We'll have time to* convince him, then. |
| **— *Hai intenzione di* spiegargli tutto?** | — *Do you intend to* explain everything to him? |
| **— *Ho paura di* dirgli la verità.** | — *I am afraid of* telling him the truth. |
| **— Ma non *aveva il diritto di* agire così.** | — But *he did* not *have the right to* act like that. |

***PRESENT GERUND***
cadendo

***PAST PARTICIPLE***
caduto

***PRESENT INDICATIVE***
cado

***PRESENT PERFECT***
sono caduto / a

***PRESENT PROGRESSIVE***
sto cadendo

***IMPERFECT PROGRESSIVE***
stavo cadendo

***IMPERFECT***
cadevo

***PAST DEFINITE***
**caddi**
cadesti
**cadde**
cademmo
cadeste
**caddero**

## *Similar verbs*

***accadere** happen
***ricadere** fall again
***scadere** be due, expire

***Note:*** The main irregular features of the verb are

- the past definite tense
- the future stem

***IMPERATIVE***
cadi (tu) cada (Lei) cadiamo (noi) cadete (voi) cadano (Loro)

***PLUPERFECT***
ero caduto / a

***PAST ANTERIOR***
fui caduto / a

***FUTURE***
**cadrò**

***FUTURE PERFECT***
sarò caduto / a

***PRESENT CONDITIONAL***
**cadrei**

***CONDITIONAL PERFECT***
sarei caduto / a

***PRESENT SUBJUNCTIVE***
cada

***PERFECT SUBJUNCTIVE***
sia caduto / a

***IMPERFECT SUBJUNCTIVE***
cadessi

***PLUPERFECT SUBJUNCTIVE***
fossi caduto / a

| | |
|---|---|
| **I prezzi *cadevano* rapidamente.** | The prices *were falling* quickly. |
| **Gli *sono caduti* i capelli.** | *He has lost* his hair. |
| **—Cosa *è accaduto?*** | —What *has happened?* |
| **—Ho paura che Chiara *sia ricaduta*.** | —I am afraid that Chiara *might have fallen again.* |
| **Ho paura che la fattura *scada* domani.** | I am afraid that the invoice *is due* tomorrow. |

| *PRESENT GERUND* | *PAST PARTICIPLE* |
|---|---|
| chiedendo | **chiesto** |

| | |
|---|---|
| ***PRESENT INDICATIVE***<br>chiedo | ***PRESENT PERFECT***<br>ho chiesto |
| ***PRESENT PROGRESSIVE***<br>sto chiedendo | ***IMPERFECT PROGRESSIVE***<br>stavo chiedendo |
| ***IMPERFECT***<br>chiedevo | ***PAST DEFINITE***<br>**chiesi**<br>chiedesti<br>**chiese**<br>chiedemmo<br>chiedeste<br>**chiesero** |

*Similar verb*

**richiedere** request, ask for

***Note:*** The main irregular features of the verb are

- the past definite tense
- the past participle

***IMPERATIVE***
chiedi (tu) chieda (Lei) chiediamo (noi) chiedete (voi) chiedano (Loro)

***PLUPERFECT***
avevo chiesto

***PAST ANTERIOR***
ebbi chiesto

***FUTURE***
chiederò

***FUTURE PERFECT***
avrò chiesto

***PRESENT CONDITIONAL***
chiederei

***CONDITIONAL PERFECT***
avrei chiesto

***PRESENT SUBJUNCTIVE***
chieda

***PERFECT SUBJUNCTIVE***
abbia chiesto

***IMPERFECT SUBJUNCTIVE***
chiedessi

***PLUPERFECT SUBJUNCTIVE***
avessi chiesto

| | |
|---|---|
| **Cosa *ha chiesto* Luigi?** | What *did* Luigi *ask?* |
| **Mi *chiese* di uscire con loro.** | *He asked* me to go out with them. |
| ***Chiederò* al professore domani.** | *I shall ask* the teacher tomorrow. |
| **Ho paura che Carlo *abbia richiesto* l'impossibile.** | I am afraid that Carlo *has asked for* the impossible. |

***PRESENT GERUND***
chiudendo

***PAST PARTICIPLE***
**chiuso**

***PRESENT INDICATIVE***
chiudo

***PRESENT PERFECT***
ho chiuso

***PRESENT PROGRESSIVE***
sto chiudendo

***IMPERFECT PROGRESSIVE***
stavo chiudendo

***IMPERFECT***
chiudevo

***PAST DEFINITE***
**chiusi**
chiudesti
**chiuse**
chiudemmo
chiudeste
**chiusero**

## *Similar verbs*

**dischiudere** disclose; open
**racchiudere** contain; imply
**richiudere** close again
**rinchiudere** shut in, shut up
**schiudere** open, disclose
**socchiudere** half-close, leave . . . ajar

***Note:*** The main irregular features of the verb are

- the past definite tense
- the past participle

***IMPERATIVE***
chiudi (tu) chiuda (Lei) chiudiamo (noi) chiudete (voi) chiudano (Loro)

***PLUPERFECT***
avevo chiuso

***PAST ANTERIOR***
ebbi chiuso

***FUTURE***
chiuderò

***FUTURE PERFECT***
avrò chiuso

***PRESENT CONDITIONAL***
chiuderei

***CONDITIONAL PERFECT***
avrei chiuso

***PRESENT SUBJUNCTIVE***
chiuda

***PERFECT SUBJUNCTIVE***
abbia chiuso

***IMPERFECT SUBJUNCTIVE***
chiudessi

***PLUPERFECT SUBJUNCTIVE***
avessi chiuso

| | |
|---|---|
| **Ho paura che Antonio *abbia chiuso* a chiave.** | I am afraid that Antonio *has locked* up. |
| **Cosa *ha chiuso?*** | What *did he close?* |
| ***Socchiuse* la porta** | *He half closed* the door. |
| ***Chiuderei* alle otto.** | *I would close* at eight. |
| **Quella domanda *racchiude* già la risposta.** | That question already *implies* the answer. |
| **Elena *fu rinchiusa* nella casa.** | Elena *was shut up* in the house. |

**-iere** verbs

| *PRESENT GERUND* | *PAST PARTICIPLE* |
|---|---|
| cogliendo | **colto** |

| *PRESENT INDICATIVE* | *PRESENT PERFECT* |
|---|---|
| **colgo**<br>**cogli**<br>coglie<br>cogliamo<br>cogliete<br>**colgono** | ho colto |

| *PRESENT PROGRESSIVE* | *IMPERFECT PROGRESSIVE* |
|---|---|
| sto cogliendo | stavo cogliendo |

| *IMPERFECT* | *PAST DEFINITE* |
|---|---|
| coglievo | **colsi**<br>cogliesti<br>**colse**<br>cogliemmo<br>coglieste<br>**colsero** |

## *Similar verbs*

| | |
|---|---|
| **accogliere** | welcome |
| **disciogliere** | dissolve |
| **distogliere** | dissuade, distract |
| **prescegliere** | choose from |
| **raccogliere** | gather, pick |
| **scegliere** | choose |
| **sciogliere** | untie; dissolve |
| **togliere** | remove |

***Note:*** The main irregular features of these verbs are

- the present indicative and subjunctive tenses
- the past definite tense
- the past participle

***IMPERATIVE***
**cogli** (tu) **colga** (Lei) **cogliamo** (noi) cogliete (voi)

***PLUPERFECT***
avevo colto

***PAST ANTERIOR***
ebbi colto

***FUTURE***
coglierò

***FUTURE PERFECT***
avrò colto

***PRESENT CONDITIONAL***
coglierei

***CONDITIONAL PERFECT***
avrei colto

***PRESENT SUBJUNCTIVE***
**colga**
**colga**
**colga**
cogliamo
cogliate
**colgano**

***PERFECT SUBJUNCTIVE***
abbia colto

***IMPERFECT SUBJUNCTIVE***
cogliessi

***PLUPERFECT SUBJUNCTIVE***
avessi colto

| | |
|---|---|
| ***Colgono*** **i fiori.** | *They are gathering* flowers. |
| **Lo *colsi* sul fatto.** | *I caught* him in the act / red-handed. |
| **Anna *sciolse* la corda.** | Anna *untied* the rope. |
| **— Aspetta, ti *sciolgo* subito.** | — Wait, *I'll untie* you right away. |
| **— Grazie, è molto meglio *sciolto!*** | — Thank you, it is much better *untied.* |
| **— Quale camicia *scegliete?*** | — Which shirt are you *choosing*? |
| **— *Scegliamo* quella blu, è carina.** | — *We're choosing* the blue one, it's nice. |
| **— Io *avrei scelto* quella rossa!** | — I *would have chosen* the red one! |
| **— Adesso non sappiamo quale *scegliere*!** | — Now I don't know which *to choose.* |

| *PRESENT GERUND* | *PAST PARTICIPLE* |
|---|---|
| comprimendo | **compresso** |

| | |
|---|---|
| ***PRESENT INDICATIVE*** | ***PRESENT PERFECT*** |
| comprimo | ho compresso |
| ***PRESENT PROGRESSIVE*** | ***IMPERFECT PROGRESSIVE*** |
| sto comprimendo | stavo comprimendo |
| ***IMPERFECT*** | ***PAST DEFINITE*** |
| comprimevo | **compressi** |
| | comprimesti |
| | **compresse** |
| | comprimemmo |
| | comprimeste |
| | **compressero** |

## *Similar verbs*

| | | | |
|---|---|---|---|
| **deprimere** | depress | ***imprimersi** | remain impressed |
| ***deprimersi** | become depressed | **opprimere** | oppress |
| **esprimere** | express | **reprimere** | repress |
| **imprimere** | impress; stamp | **sopprimere** | abolish; eliminate; suppress |

***Note:*** The main irregular features of the verb are

- the past definite tense
- the past participle

| | |
|---|---|
| **La macchina l'*ha compresso.*** | The machine *compressed* it. |
| **Vorrei *esprimerti* quanto siamo grati.** | I would like to *express to you* how grateful we are. |

***IMPERATIVE***

| | | |
|---|---|---|
| comprimi (tu) | comprima (Lei) | comprimiamo (noi) |
| comprimete (voi) | comprimano (Loro) | |

***PLUPERFECT***
avevo compresso

***PAST ANTERIOR***
ebbi compresso

***FUTURE***
comprimerò

***FUTURE PERFECT***
avrò compresso

***PRESENT CONDITIONAL***
comprimerei

***CONDITIONAL PERFECT***
avrei compresso

***PRESENT SUBJUNCTIVE***
comprima

***PERFECT SUBJUNCTIVE***
abbia compresso

***IMPERFECT SUBJUNCTIVE***
comprimessi

***PLUPERFECT SUBJUNCTIVE***
avessi compresso

| | |
|---|---|
| **Il governo *soppresse* il giornale.** | The government *suppressed* the newspaper. |
| **L'avvocato *ha soppresso* quella clausola.** | The lawyer *eliminated* that clause. |
| **Questo tempo lo *deprime.*** | This weather is *depressing* him. |
| **Laura *si è* tanto *depressa* oggi.** | Laura *has become* so *depressed* today. |
| **Il tiranno *oppresse* il popolo.** | The tyrant *oppressed* the people. |
| **Il lavoro mi *opprimeva.*** | Work *was getting* me *down.* |
| ***Ha impresso* un timbro sul foglio.** | *He put* a stamp *on* the paper. |
| **Le sue parole *si impressero* nella sua mente.** | His words *remained impressed* in her mind. |

| ***PRESENT GERUND*** | ***PAST PARTICIPLE*** |
|---|---|
| concedendo | **concesso** / conceduto |

***PRESENT INDICATIVE***
concedo

***PRESENT PERFECT***
ho concesso

***PRESENT PROGRESSIVE***
sto concedendo

***IMPERFECT PROGRESSIVE***
stavo concedendo

***IMPERFECT***
concedevo

***PAST DEFINITE***
**concessi** / concedei / concedetti
concedesti
**concesse** / concedé / concedette
concedemmo
concedeste
**concessero**/ concederono / concedettero

*Similar verbs*

***accedere** approach; access; comply with
***succedere** happen; succeed

***Note:*** The main irregular features of the verb are

- the past definite tense
- the past participle

***IMPERATIVE***

| | | |
|---|---|---|
| concedi (tu) | conceda (Lei) | concediamo (noi) |
| concedete (voi) | concedano (Loro) | |

***PLUPERFECT***
avevo concesso

***PAST ANTERIOR***
ebbi concesso

***FUTURE***
concederò

***FUTURE PERFECT***
avrò concesso

***PRESENT CONDITIONAL***
concederei

***CONDITIONAL PERFECT***
avrei concesso

***PRESENT SUBJUNCTIVE***
conceda

***PERFECT SUBJUNCTIVE***
abbia concesso

***IMPERFECT SUBJUNCTIVE***
concedessi

***PLUPERFECT SUBJUNCTIVE***
avessi concesso

| | |
|---|---|
| **— Cosa ti è *successo?*** | — What *happened* to you? |
| **— Non mi è *successo* niente.** | — Nothing *happened* (to me). |
| **— *Concedi* tutto?** | — *Do you concede* everything? |
| **— *Concederei* tutto per amore.** | — *I would concede* all for love. |

| *PRESENT GERUND* | *PAST PARTICIPLE* |
|---|---|
| conoscendo | conos**ci**uto |

| | |
|---|---|
| ***PRESENT INDICATIVE***<br>conosco | ***PRESENT PERFECT***<br>ho conosciuto |
| ***PRESENT PROGRESSIVE***<br>sto conoscendo | ***IMPERFECT PROGRESSIVE***<br>stavo conoscendo |
| ***IMPERFECT***<br>conoscevo | ***PAST DEFINITE***<br>**conobbi**<br>conoscesti<br>**conobbe**<br>conoscemmo<br>conosceste<br>**conobbero** |

## *Similar verb*

**riconoscere** recognize

***Note:*** It is important to distinguish between the verbs **conoscere** and **sapere**. **Conoscere** means to know a person or a place, whereas **sapere** means to know a fact or to know how to do something.

The main irregular feature of the verb is

- the past definite tense
- the spelling change in the past participle [➤11c(v)]

***IMPERATIVE***

| | | |
|---|---|---|
| conosci (tu) | conosca (Lei) | conosciamo (noi) |
| conoscete (voi) | conoscano (Loro) | |

***PLUPERFECT***
avevo conosciuto

***PAST ANTERIOR***
ebbi conosciuto

***FUTURE***
conoscerò

***FUTURE PERFECT***
avrò conosciuto

***PRESENT CONDITIONAL***
conoscerei

***CONDITIONAL PERFECT***
avrei conosciuto

***PRESENT SUBJUNCTIVE***
conosca

***PERFECT SUBJUNCTIVE***
abbia conosciuto

***IMPERFECT SUBJUNCTIVE***
conoscessi

***PLUPERFECT SUBJUNCTIVE***
avessi conosciuto

| | |
|---|---|
| **— *Conosci* Roma?** | — *Do you know* Rome? |
| **— *Conosco* Roma molto bene.** | — *I know* Rome very well. |
| **— *Conoscevo* una vecchia signora a Roma.** | — *I used to know* an old lady in Rome. |
| **— Non so se la signora abiti ancora a Roma.** | — I do not know whether the lady still lives in Rome. |

***Note:*** In the last example the verb **sapere** is used because the meaning is 'to know a fact.'

| *PRESENT GERUND* | *PAST PARTICIPLE* |
|---|---|
| correndo | **corso** |

| *PRESENT INDICATIVE* | *PRESENT PERFECT* |
|---|---|
| corro | ho corso / sono corso / a |
| *PRESENT PROGRESSIVE* | *IMPERFECT PROGRESSIVE* |
| sto correndo | stavo correndo |
| *IMPERFECT* | *PAST DEFINITE* |
| correvo | **corsi**<br>corresti<br>**corse**<br>corremmo<br>correste<br>**corsero** |

## *Similar verbs*

| | | | |
|---|---|---|---|
| **†accorrere** | run, rush | **†ricorrere** | resort to, turn to |
| **†discorrere** | talk, discuss | **†scorrere** | flow |
| **†incorrere** | incur | **†soccorrere** | aid, assist |
| **†occorrere** | be necessary (*impersonal*) | **†trascorrere** | spend (*time*) |
| **†percorrere** | cover, go along, scour | | |

***Note:*** The main irregular features of the verb are

- the past definite tense
- the past participle

When used transitively, **correre** takes **avere** in its compound tenses; otherwise it takes **essere.**

***IMPERATIVE***
corri (tu) corra (Lei) corriamo (noi) correte (voi) corrano (Loro)

***PLUPERFECT***
avevo corso / ero corso / a

***PAST ANTERIOR***
ebbi corso / fui corso / a

***FUTURE***
correrò

***FUTURE PERFECT***
avrò corso / sarò corso / a

***PRESENT CONDITIONAL***
correrei

***CONDITIONAL PERFECT***
avrei corso / sarei corso / a

***PRESENT SUBJUNCTIVE***
corra

***PERFECT SUBJUNCTIVE***
abbia corso / sia corso / a

***IMPERFECT SUBJUNCTIVE***
corressi

***PLUPERFECT SUBJUNCTIVE***
avessi corso / fossi corso / a

| | |
|---|---|
| **Ho paura che Antonia *sia corsa* troppo velocemente.** | I am afraid that Antonia *ran* too fast. |
| ***Corri* ad avvisarlo!** | *Run* to warn him! |
| **La strada *corre* lungo il fiume.** | The road *runs* alongside the river. |
| **Il fiume *scorre* vicino alla casa.** | The river *flows* near the house. |
| ***Corrono* voci poco rassicuranti sul tuo conto.** | *There are* some less-than-reassuring rumors about you. |
| ***Abbiamo corso* il rischio di morire.** | *We ran* the risk of dying. |
| ***Abbiamo percorso* tutti gli Stati Uniti.** | *We have traveled* all over the United States. |
| **La polizia *percorse* la città in cerca dei ladri.** | The police *scoured* the town in search of the thieves. |
| **Ne *discorreremo* dopo cena.** | *We shall discuss* it after dinner. |

***PRESENT GERUND***
crescendo

***PAST PARTICIPLE***
cresciuto

***PRESENT INDICATIVE***
cresco

***PRESENT PERFECT***
sono cresciuto / a

***PRESENT PROGRESSIVE***
sto crescendo

***IMPERFECT PROGRESSIVE***
stavo crescendo

***IMPERFECT***
crescevo

***PAST DEFINITE***
**crebbi**
crescesti
**crebbe**
crescemmo
cresceste
**crebbero**

## *Similar verbs*

***accrescere** increase
***decrescere** decrease, go down
***rincrescere** regret, be sorry; mind

***Note:*** The main irregular features of the verb are

- the past definite tense
- the spelling change in the past participle [➤11c(v)]

***IMPERATIVE***
cresci (tu) cresca (Lei) cresciamo (noi) crescete (voi) crescano (Loro)

***PLUPERFECT***
ero cresciuto / a

***PAST ANTERIOR***
fui cresciuto / a

***FUTURE***
crescerò

***FUTURE PERFECT***
saròcresciuto / a

***PRESENT CONDITIONAL***
crescerei

***CONDITIONAL PERFECT***
sarei cresciuto / a

***PRESENT SUBJUNCTIVE***
cresca

***PERFECT SUBJUNCTIVE***
sia cresciuto / a

***IMPERFECT SUBJUNCTIVE***
crescessi

***PLUPERFECT SUBJUNCTIVE***
fossi cresciuto / a

| | |
|---|---|
| **I miei capelli non *crescono* molto.** | My hair *does* not *grow* much. |
| **Antonio *è cresciuto* molto!** | Antonio *has grown* a lot. |
| **L'albero *è cresciuto* poco.** | The tree *has grown* very little. |
| **Antonella *è cresciuta* in Sardegna.** | Antonella *grew up* in Sardinia. |
| **I prezzi non *decrescono* mai!** | Prices never *go down*! |
| ***Le rincresce* di non potervi aiutare.** | *She regrets* not being able to help you. |
| ***Ti rincrescerebbe* aprire la porta?** | *Would you mind* opening the door? |

***PRESENT GERUND***
cocendo

***PAST PARTICIPLE***
**cotto**

***PRESENT INDICATIVE***
**cuocio**
**cuoci**
**cuoce**
**cociamo**
**cocete**
**cuociono**

***PRESENT PERFECT***
ho cotto

***PRESENT PROGRESSIVE***
sto cuocendo / cocendo

***IMPERFECT PROGRESSIVE***
stavo cuocendo / cocendo

***IMPERFECT***
cocevo

***PAST DEFINITE***
**cossi**
**cocesti**
**cosse**
**cocemmo**
**coceste**
**cossero**

***Note:*** The main irregular features of the verb are

- the present indicative and subjunctive tenses
- the past definite tense
- the past participle
- the gerund

***IMPERATIVE***
cuoci (tu) **cuocia** (Lei) **cociamo** (noi) **cocete** (voi) cuociano (Loro)

***PLUPERFECT***
avevo cotto

***PAST ANTERIOR***
ebbi cotto

***FUTURE***
cocerò

***FUTURE PERFECT***
avrò cotto

***PRESENT CONDITIONAL***
cocerei

***CONDITIONAL PERFECT***
avrei cotto

***PRESENT SUBJUNCTIVE***
**cuocia**
**cuocia**
**cuocia**
**cociamo**
**cociate**
**cuociano**

***PERFECT SUBJUNCTIVE***
abbia cotto

***IMPERFECT SUBJUNCTIVE***
cocessi

***PLUPERFECT SUBJUNCTIVE***
avessi cotto

| | |
|---|---|
| **—Che cosa *hai cotto?*** | —What *have you cooked?* |
| **—Il sugo *è cotto,* ma *sto* ancora *cocendo* la pasta.** | —The sauce *is cooked,* but *I am* still *cooking* the pasta. |
| **—Ma questa pasta *è stracotta!*** | —But this pasta *is overcooked.* |

| *PRESENT GERUND* | *PAST PARTICIPLE* |
|---|---|
| dando | dato |

| *PRESENT INDICATIVE* | *PRESENT PERFECT* |
|---|---|
| **do**<br>**dài**<br>**dà**<br>**diamo**<br>**date**<br>**dànno** | ho dato |

| *PRESENT PROGRESSIVE* | *IMPERFECT PROGRESSIVE* |
|---|---|
| sto dando | stavo dando |

| *IMPERFECT* | *PAST DEFINITE* |
|---|---|
| davo | **diedi / detti**<br>**desti**<br>**diede / dette**<br>**demmo**<br>**deste**<br>**diedero / dettero** |

***Note:*** The main irregular features of the verb are

- the present indicative and subjunctive tenses
- the past definite tense
- the future stem

***IMPERATIVE***
**dà** / **dai** (tu) **dia** (Lei) diamo (noi) date (voi) **díano** / díeno (Loro)

***PLUPERFECT***
avevo dato

***PAST ANTERIOR***
ebbi dato

***FUTURE***
**darò**

***FUTURE PERFECT***
avrò dato

***PRESENT CONDITIONAL***
**darei**

***CONDITIONAL PERFECT***
avrei dato

***PRESENT SUBJUNCTIVE***
**dia**
**dia**
**dia**
**diamo**
**diate**
**díano** / **díeno**

***PERFECT SUBJUNCTIVE***
abbia dato

***IMPERFECT SUBJUNCTIVE***
**dessi**

***PLUPERFECT SUBJUNCTIVE***
avessi dato

| | |
|---|---|
| **— *Dammi* un po' di pane, per favore.** | — *Would you give* me some bread please. |
| **— Mah, ti *ho* già *dato* il pane.** | — But *I have* already *given* you the bread. |
| **— Io te ne *darei* senza tante storie!** | — *I would give* you some without all this fuss. |
| **— Va bene, te lo *do,* basta che stai zitto.** | — O.K., *I'll give* it to you, as long as you keep quiet. |

| *PRESENT GERUND* | *PAST PARTICIPLE* |
|---|---|
| decidendo | **deciso** |

| | |
|---|---|
| ***PRESENT INDICATIVE***<br>decido | ***PRESENT PERFECT***<br>ho deciso |
| ***PRESENT PROGRESSIVE***<br>sto decidendo | ***IMPERFECT PROGRESSIVE***<br>stavo decidendo |
| ***IMPERFECT***<br>decidevo | ***PAST DEFINITE***<br>**decisi**<br>decidesti<br>**decise**<br>decidemmo<br>decideste<br>**decisero** |

## *Similar verbs*

| | |
|---|---|
| **coincidere** | coincide |
| **incidere** | cut, carve |
| **recidere** | cut off, amputate |

***Note:*** The main irregular features of the verb are

- the past definite tense
- the past participle

***IMPERATIVE***
decidi (tu) decida (Lei) decidiamo (noi) decidete (voi) decidano (Loro)

***PLUPERFECT***
avevo deciso

***PAST ANTERIOR***
ebbi deciso

***FUTURE***
deciderò

***FUTURE PERFECT***
avrò deciso

***PRESENT CONDITIONAL***
deciderei

***CONDITIONAL PERFECT***
avrei deciso

***PRESENT SUBJUNCTIVE***
decida

***PERFECT SUBJUNCTIVE***
abbia deciso

***IMPERFECT SUBJUNCTIVE***
decidessi

***PLUPERFECT SUBJUNCTIVE***
avessi deciso

| | |
|---|---|
| **Dubito che Marco *abbia* già *deciso.*** | I doubt whether Marco *has decided* yet. |
| **Cosa *ha deciso* Carla?** | What *has* Carla *decided?* |
| ***Decise* di partire subito.** | *He decided* to leave immediately. |
| ***Decisi* sul rosso.** | *I decided on* the red. |
| ***Incise* il nome di Maria sull'albero.** | *He carved* Maria's name on the tree. |
| ***Incisi* un disco molti anni fa.** | *I cut* a record many years ago. |

***PRESENT GERUND***
dirigendo

***PAST PARTICIPLE***
**diretto**

***PRESENT INDICATIVE***
dirigo

***PRESENT PERFECT***
ho diretto

***PRESENT PROGRESSIVE***
sto dirigendo

***IMPERFECT PROGRESSIVE***
stavo dirigendo

***IMPERFECT***
dirigevo

***PAST DEFINITE***
**diressi**
dirigesti
**diresse**
dirigemmo
dirigeste
**diressero**

## *Similar verbs*

***dirigersi** make one's way towards, head (for)
**erigere** erect

***Note:*** The main irregular features of the verb are

- the past definite tense
- the past participle

***IMPERATIVE***
dirigi (tu) diriga (Lei) dirigiamo (noi) dirigete (voi) dirigano (Loro)

***PLUPERFECT***
avevo diretto

***PAST ANTERIOR***
ebbi diretto

***FUTURE***
dirigerò

***FUTURE PERFECT***
avrò diretto

***PRESENT CONDITIONAL***
dirigerei

***CONDITIONAL PERFECT***
avrei diretto

***PRESENT SUBJUNCTIVE***
diriga

***PERFECT SUBJUNCTIVE***
abbia diretto

***IMPERFECT SUBJUNCTIVE***
dirigessi

***PLUPERFECT SUBJUNCTIVE***
avessi diretto

| | |
|---|---|
| ***Diresse* la nave verso il porto.** | *He steered* the boat towards the port. |
| **La nave *era diretta* a Livorno.** | The ship *was headed* for Livorno. |
| **La lettera *era diretta* a mio padre.** | The letter *was addressed* to my father. |
| ***Ho diretto* lo sguardo verso il mare.** | *I turned* my gaze towards the sea. |
| **Lucia *dirige* un'orchestra.** | Lucia *conducts* an orchestra. |
| **Mio padre *dirige* una grande società.** | My father *manages* a large company. |
| ***Eresse* un gran monumento.** | *He erected* a large monument. |
| ***Si diresse* verso il paese.** | *He headed* towards the village. |

| *PRESENT GERUND* | *PAST PARTICIPLE* |
|---|---|
| discutendo | **discusso** |

| | |
|---|---|
| ***PRESENT INDICATIVE***<br>discuto | ***PRESENT PERFECT***<br>ho discusso |
| ***PRESENT PROGRESSIVE***<br>sto discutendo | ***IMPERFECT PROGRESSIVE***<br>stavo discutendo |
| ***IMPERFECT***<br>discutevo | ***PAST DEFINITE***<br>**discussi** / discutéi<br>discutesti<br>**discusse** / discuté<br>discutemmo<br>discuteste<br>**discussero** / discuterono |

## *Similar verb*

**incutere** strike, rouse

***Note:*** The main irregular features of the verb are

- the past definite tense
- the past participle

***IMPERATIVE***
discuti (tu) discuta (Lei) discutiamo (noi) discutete (voi) discutano (Loro)

***PLUPERFECT***
avevo discusso

***PAST ANTERIOR***
ebbi discusso

***FUTURE***
discuterò

***FUTURE PERFECT***
avrò discusso

***PRESENT CONDITIONAL***
discuterei

***CONDITIONAL PERFECT***
avrei discusso

***PRESENT SUBJUNCTIVE***
discuta

***PERFECT SUBJUNCTIVE***
abbia discusso

***IMPERFECT SUBJUNCTIVE***
discutessi

***PLUPERFECT SUBJUNCTIVE***
avessi discusso

| | |
|---|---|
| **—Ho paura che Carlo *abbia discusso* il problema con Carla.** | —I am afraid that Carlo *has discussed* the problem with Carla. |
| **—Cosa *hanno discusso* Carlo e Carla?** | —What *did* Carlo and Carla *discuss?* |
| **—*Discussero* l'inquinamento.** | —*They discussed* pollution. |
| ***Discuterò* il tema domani.** | *I shall discuss* the essay tomorrow. |
| ***Incusse* terrore nell'anima di Giovanni.** | *He struck* terror into Giovanni. |

| *PRESENT GERUND* | *PAST PARTICIPLE* |
|---|---|
| distinguendo | **distinto** |

| *PRESENT INDICATIVE* | *PRESENT PERFECT* |
|---|---|
| distinguo | ho distinto |
| *PRESENT PROGRESSIVE* | *IMPERFECT PROGRESSIVE* |
| sto distinguendo | stavo distinguendo |
| *IMPERFECT* | *PAST DEFINITE* |
| distinguevo | **distinsi** |
| | distinguesti |
| | **distinse** |
| | distinguemmo |
| | distingueste |
| | **distinsero** |

*Similar verb*

**estinguere** extinguish

***Note:*** The main irregular features of the verb are

- the past definite tense
- the past participle

***IMPERATIVE***

| | | |
|---|---|---|
| distingui (tu) | distingua (Lei) | distinguiamo (noi) |
| distinguete (voi) | distinguano (Loro) | |

***PLUPERFECT***
avevo distinto

***PAST ANTERIOR***
ebbi distinto

***FUTURE***
distinguerò

***FUTURE PERFECT***
avrò distinto

***PRESENT CONDITIONAL***
distinguerei

***CONDITIONAL PERFECT***
avrei distinto

***PRESENT SUBJUNCTIVE***
distingua

***PERFECT SUBJUNCTIVE***
abbia distinto

***IMPERFECT SUBJUNCTIVE***
distinguessi

***PLUPERFECT SUBJUNCTIVE***
avessi distinto

| | |
|---|---|
| **Al telefono non *distinguo* la tua voce da quella di tua madre.** | On the telephone *I can't tell the difference* between your voice and your mother's. |
| **Non riuscivo a *distinguere* chi c'era.** | I was not able *to make out* who was there. |
| **I vigili del fuoco *estinsero* le fiamme.** | The firemen *put out* the flames. |
| ***Distinse* un uomo all'orizzonte.** | *He made out* a man on the horizon. |
| **Le porgo i miei più *distinti* saluti.** | Yours truly. |

| *PRESENT GERUND* | *PAST PARTICIPLE* |
|---|---|
| dividendo | **diviso** |

| | |
|---|---|
| ***PRESENT INDICATIVE***<br>divido | ***PRESENT PERFECT***<br>ho diviso |
| ***PRESENT PROGRESSIVE***<br>sto dividendo | ***IMPERFECT PROGRESSIVE***<br>stavo dividendo |
| ***IMPERFECT***<br>dividevo | ***PAST DEFINITE***<br>**divisi**<br>dividesti<br>**divise**<br>dividemmo<br>divideste<br>**divisero** |

## *Similar verbs*

**condividere** share
**dividersi** separate

***Note:*** The main irregular features of the verb are

- the past definite tense
- the past participle

***IMPERATIVE***
dividi (tu) divida (Lei) dividiamo (noi) dividete (voi) dividano (Loro)

***PLUPERFECT***
avevo diviso

***PAST ANTERIOR***
ebbi diviso

***FUTURE***
dividerò

***FUTURE PERFECT***
avrò diviso

***PRESENT CONDITIONAL***
dividerei

***CONDITIONAL PERFECT***
avrei diviso

***PRESENT SUBJUNCTIVE***
divida

***PERFECT SUBJUNCTIVE***
abbia diviso

***IMPERFECT SUBJUNCTIVE***
dividessi

***PLUPERFECT SUBJUNCTIVE***
avessi diviso

| | |
|---|---|
| ***Dividete* la torta fra di voi!** | *Divide* the cake among you! |
| **Il marmo si *divise* in tre parti.** | The marble *broke up* into three parts. |
| **Il Po *si divide* alla foce.** | The Po *divides* at its mouth. |
| **Le lotte interne *dividono* il partito.** | Internal disputes *are tearing* the party *apart.* |
| **I bambini *condividevano* le caramelle.** | The children *shared* the candies. |

***PRESENT GERUND***
dolendo

***PAST PARTICIPLE***
doluto

***PRESENT INDICATIVE***
**dolgo**
**duoli**
**duole**
doliamo / dogliamo
dolete
**dolgono**

***PRESENT PERFECT***
sono doluto / a

***PRESENT PROGRESSIVE***
sto dolendo

***IMPERFECT PROGRESSIVE***
stavo dolendo

***IMPERFECT***
dolevo

***PAST DEFINITE***
**dolsi**
dolesti
**dolse**
dolemmo
doleste
**dolsero**

*Similar verb*

***condolersi** sympathize, condole with

***Note:*** The main irregular features of the verb are

- the present indicative and subjunctive tenses
- the past definite tense
- the future stem

***IMPERATIVE***
duoli (tu) dolga (Lei) dogliamo / doliamo (noi) dolete (voi) dolgano (Loro)

***PLUPERFECT***
ero doluto / a

***PAST ANTERIOR***
fui doluto / a

***FUTURE***
**dorrò**

***FUTURE PERFECT***
sarò doluto / a

***PRESENT CONDITIONAL***
**dorrei**

***CONDITIONAL PERFECT***
sarei doluto / a

***PRESENT SUBJUNCTIVE***
**dolga**
**dolga**
**dolga**
doliamo / dogliamo
doliate / dogliate
**dolgano**

***PERFECT SUBJUNCTIVE***
sia doluto / a

***IMPERFECT SUBJUNCTIVE***
dolessi

***PLUPERFECT SUBJUNCTIVE***
fossi doluto / a

| | |
|---|---|
| **— Mi *duole* molto la testa.** | — My head *is hurting* a lot. |
| **— Mi dispiace che ti *dolga* tanto.** | — I am sorry that *it is hurting* you so much. |
| **— Mi *doleva* anche ieri sera.** | — *It was* also *aching* yesterday evening. |
| ***Si condolsero* con lui.** | *They sympathized* with him. |

| ***PRESENT GERUND*** | ***PAST PARTICIPLE*** |
|---|---|
| dovendo | dovuto |

| ***PRESENT INDICATIVE*** | ***PRESENT PERFECT*** |
|---|---|
| **devo / debbo**<br>**devi**<br>**deve**<br>**dobbiamo**<br>**dovete**<br>**devono / debbono** | ho dovuto / sono dovuto / a |
| ***PRESENT PROGRESSIVE*** | ***IMPERFECT PROGRESSIVE*** |
| sto dovendo | stavo dovendo |
| ***IMPERFECT*** | ***PAST DEFINITE*** |
| dovevo | dovei / dovetti |

***Note:*** The main irregular features of this modal verb are

- the present indicative and subjunctive tenses
- the future stem

**dovere** takes **avere** or **essere** according to which one the dependent infinitive takes. However, in practice the auxiliary **avere** is frequently used in speech, when the emphasis is on obligation.

***IMPERATIVE***
(There is none.)

***PLUPERFECT***
avevo dovuto / ero dovuto / a

***PAST ANTERIOR***
ebbi dovuto / fui dovuto / a

***FUTURE***
**dovrò**

***FUTURE PERFECT***
**avrò dovuto / sarò dovuto / a**

***PRESENT CONDITIONAL***
**dovrei**

***CONDITIONAL PERFECT***
**avrei dovuto / sarei dovuto / a**

***PRESENT SUBJUNCTIVE***
**deva / debba**
**deva / debba**
**deva / debba**
**dobbiamo**
**dobbiate**
**devano / debbano**

***PERFECT SUBJUNCTIVE***
abbia dovuto / sia dovuto / a

***IMPERFECT SUBJUNCTIVE***
dovessi

***PLUPERFECT SUBJUNCTIVE***
ebbi dovuto / fossi dovuto / a

| | |
|---|---|
| ***Devono*** **essere le otto.** | *It must* be eight. |
| **Il treno *deve* arrivare tra poco.** | The train *should* arrive soon. |
| ***Avrei dovuto*** **parlare con la mamma prima di partire.** | *I should have spoken* with my mother before leaving. |
| ***Dovrei*** **tornare a casa ora.** | *I should* go home now. |
| **Antonio *è dovuto* andare a casa presto.** | Antonio *had* to go home early. |

***PRESENT GERUND***
espellendo

***PAST PARTICIPLE***
**espulso**

***PRESENT INDICATIVE***
espello

***PRESENT PERFECT***
ho espulso

***PRESENT PROGRESSIVE***
sto espellendo

***IMPERFECT PROGRESSIVE***
stavo espellendo

***IMPERFECT***
espellevo

***PAST DEFINITE***
**espulsi**
espellesti
**espulse**
espellemmo
espelleste
**espulsero**

***Note:*** The main irregular features of the verb are

- the past definite tense
- the past participle

***IMPERATIVE***
espelli (tu) espella (Lei) espelliamo (noi) espellete (voi) espellano (Loro)

***PLUPERFECT***
avevo espulso

***PAST ANTERIOR***
ebbi espulso

***FUTURE***
espellerò

***FUTURE PERFECT***
avrò espulso

***PRESENT CONDITIONAL***
espellerei

***CONDITIONAL PERFECT***
avrei espulso

***PRESENT SUBJUNCTIVE***
espella

***PERFECT SUBJUNCTIVE***
abbia espulso

***IMPERFECT SUBJUNCTIVE***
espellessi

***PLUPERFECT SUBJUNCTIVE***
avessi espulso

| | |
|---|---|
| **— *Hanno espulso* quel ragazzo?** | — *Have they expelled* that boy? |
| **— *Fu espulso* dalla scuola ieri.** | — *He was expelled* from the school yesterday. |
| **— Io l'*avrei espulso* l'anno scorso!** | — *I would have expelled* him last year. |
| **— Sì, ma non è facile *espellere* alunni.** | — Yes, but it is not easy *to expel* pupils / students. |

***PRESENT GERUND***
esplodendo

***PAST PARTICIPLE***
**esploso**

***PRESENT INDICATIVE***
esplodo

***PRESENT PERFECT***
sono esploso / a

***PRESENT PROGRESSIVE***
sto esplodendo

***IMPERFECT PROGRESSIVE***
stavo esplodendo

***IMPERFECT***
esplodevo

***PAST DEFINITE***
**esplosi**
esplodesti
**esplose**
esplodemmo
esplodeste
**esplosero**

*Similar verbs*

| | |
|---|---|
| **ardere** | burn |
| **corrodere** | corrode |
| **rodere** | gnaw |

***Note:*** The main irregular features of the verb are

- the past participle
- the past definite tense

***IMPERATIVE***
esplodi (tu) esploda (Lei) esplodiamo (noi) esplodete (voi) esplodano (Loro)

***PLUPERFECT***
ero esploso

***PAST ANTERIOR***
fui esploso / a

***FUTURE***
esploderò

***FUTURE PERFECT***
sarò esploso / a

***PRESENT CONDITIONAL***
esploderei

***CONDITIONAL PERFECT***
sarei esploso / a

***PRESENT SUBJUNCTIVE***
esploda

***PERFECT SUBJUNCTIVE***
sia esploso / a

***IMPERFECT SUBJUNCTIVE***
esplodessi

***PLUPERFECT SUBJUNCTIVE***
fossi esploso / a

| | |
|---|---|
| **—La bomba *sarà esplosa* al mercato.** | —The bomb *must have exploded* at the market. |
| **—No, è *esplosa* nel negozio.** | —No, *it went off* in the shop. |
| ***Esplosi* in una risata.** | *I burst out* laughing. |
| **Poi la sua ira *esplose.*** | Then his anger *exploded.* |
| ***Ardevano* i lumi.** | The lights *were shining.* |
| **Il sole *ha arso* la terra.** | The sun *has burned* the ground. |
| **I topi *hanno roso* il libro.** | The mice *have gnawed* at the book. |

| *PRESENT GERUND* | *PAST PARTICIPLE* |
|---|---|
| essendo | **stato** |

| *PRESENT INDICATIVE* | *PRESENT PERFECT* |
|---|---|
| **sono** | sono stato / a |
| **sei** | sei stato / a |
| **è** | è stato / a |
| **siamo** | siamo stati / e |
| **siete** | siete stati / e |
| **sono** | sono stati / e |

| *PRESENT PROGRESSIVE* | *IMPERFECT PROGRESSIVE* |
|---|---|
| sto | stavo |

| *IMPERFECT* | *PAST DEFINITE* |
|---|---|
| **ero** | **fui** |
| **eri** | **fosti** |
| **era** | **fu** |
| **eravamo** | **fummo** |
| **eravate** | **foste** |
| **erano** | **furono** |

***Note:*** It is important that you learn all tenses of **essere** as it is used in so many compound tenses.

***IMPERATIVE***
**sii** (tu) **sia** (Lei) **siamo** (noi) **siate** (voi) **siano** (Loro)

***PLUPERFECT***
ero stato

***PAST ANTERIOR***
fui stato / a

***FUTURE***
**sarò**

***FUTURE PERFECT***
sarò stato / a

***PRESENT CONDITIONAL***
**sarei**

***CONDITIONAL PERFECT***
sarei stato / a

***PRESENT SUBJUNCTIVE***
**sia**
**sia**
**sia**
**siamo**
**siate**
**siano**

***PERFECT SUBJUNCTIVE***
sia stato / a

***IMPERFECT SUBJUNCTIVE***
**fossi**
**fossi**
**fosse**
**fossimo**
**foste**
**fossero**

***PLUPERFECT SUBJUNCTIVE***
fossi stato / a

| | |
|---|---|
| **Oggi *è* difficile trovare lavoro.** | Nowadays *it is* difficult to find work. |
| **— Cosa c'*è*?** | — What *is* the matter? |
| **— *Sono* disoccupata.** | — *I am* unemployed. |
| **— *Sarà* più facile in un'altra città?** | — *Might it be* easier in another town? |
| **— Non credo che *sia* così facile.** | — I do not think *it is* so easy. |
| **— *Sei* sempre così pessimista?** | — *Are you* always such a pessimist? |

| *PRESENT GERUND* | *PAST PARTICIPLE* |
|---|---|
| evadendo | **evaso** |

| *PRESENT INDICATIVE* | *PRESENT PERFECT* |
|---|---|
| evado | sono evaso / a |
| *PRESENT PROGRESSIVE* | *IMPERFECT PROGRESSIVE* |
| sto evadendo | stavo evadendo |
| *IMPERFECT* | *PAST DEFINITE* |
| evadevo | **evasi** |
| | evadesti |
| | **evase** |
| | evademmo |
| | evadeste |
| | **evasero** |

*Similar verb*

**invadere** invade

***Note:*** The main irregular features of the verb are

- the past participle
- the past definite tense

***IMPERATIVE***
evadi (tu) evada (Lei) evadiamo (noi) evadete (voi) evadano (Loro)

***PLUPERFECT***
ero evaso

***PAST ANTERIOR***
fui evaso / a

***FUTURE***
evaderò

***FUTURE PERFECT***
sarò evaso / a

***PRESENT CONDITIONAL***
evaderei

***CONDITIONAL PERFECT***
sarei evaso / a

***PRESENT SUBJUNCTIVE***
evada

***PERFECT SUBJUNCTIVE***
sia evaso / a

***IMPERFECT SUBJUNCTIVE***
evadessi

***PLUPERFECT SUBJUNCTIVE***
fossi evaso / a

| | |
|---|---|
| **Ho paura che l'uomo *sia* già *evaso* dalla prigione.** | I am afraid the man *might have* already *escaped* from the prison / jail. |
| **Purtroppo i ladri *evasero*.** | Unfortunately the robbers *escaped*. |
| **Le erbacce *invasero* il mio giardino.** | My garden *was overrun* with weeds. |
| **Il fiume *invase* i campi.** | The river *flooded* the fields. |
| **Hanno *invaso* il campo.** | They *invaded* the field / pitch. |
| **L'imperatore *invase* il paese.** | The emperor *invaded* the country. |

| *PRESENT GERUND* | *PAST PARTICIPLE* |
|---|---|
| fondendo | **fuso** |

| | |
|---|---|
| ***PRESENT INDICATIVE***<br>fondo | ***PRESENT PERFECT***<br>ho fuso |
| ***PRESENT PROGRESSIVE***<br>sto fondendo | ***IMPERFECT PROGRESSIVE***<br>stavo fondendo |
| ***IMPERFECT***<br>fondevo | ***PAST DEFINITE***<br>**fusi**<br>fondesti<br>**fuse**<br>fondemmo<br>fondeste<br>**fusero** |

## *Similar verbs*

| | |
|---|---|
| **diffondere** | give out, broadcast, diffuse |
| **infondere** | instill |
| **profondere** | squander |
| ***profondersi in** | be profuse in |

***Note:*** The main irregular features of the verb are

- the past definite tense
- the past participle

***IMPERATIVE***
fondi (tu) fonda (Lei) fondiamo (noi) fondete (voi) fondano (Loro)

***PLUPERFECT***
avevo fuso

***PAST ANTERIOR***
ebbi fuso

***FUTURE***
fonderò

***FUTURE PERFECT***
avrò fuso

***PRESENT CONDITIONAL***
fonderei

***CONDITIONAL PERFECT***
avrei fuso

***PRESENT SUBJUNCTIVE***
fonda

***PERFECT SUBJUNCTIVE***
abbia fuso

***IMPERFECT SUBJUNCTIVE***
fondessi

***PLUPERFECT SUBJUNCTIVE***
avessi fuso

| | |
|---|---|
| **Il vetraio *ha fuso* il vetro nella fornace.** | The glassmaker *melted* the glass in the furnace. |
| **L'artista *fuse* i due colori.** | The artist *blended* the two colors / colours. |
| **La notizia *è stata diffusa* per radio.** | The news *was broadcast* on the radio. |
| **Claudio *ha infuso* il coraggio a Luigi.** | Claudio *instilled* Luigi with courage. |
| **Antonio *profuse il* denaro in divertimenti.** | Antonio *squandered* the money on entertainment. |
| **La signora *si profondeva* sempre in lodi.** | The lady *was* always *lavish* in her praise. |

***PRESENT GERUND***
giacendo

***PAST PARTICIPLE***
**giaciuto**

***PRESENT INDICATIVE***
**giaccio**
giaci
giace
**giacciamo** / giaciamo
giacete
**giacciono**

***PRESENT PERFECT***
sono giaciuto / a

***PRESENT PROGRESSIVE***
sto giacendo

***IMPERFECT PROGRESSIVE***
stavo giacendo

***IMPERFECT***
giacevo

***PAST DEFINITE***
**giacqui**
giacesti
**giacque**
giacemmo
giaceste
**giacquero**

***Note:*** The main irregular features of the verb are

- the present indicative and subjunctive tenses
- the past definite tense
- the insertion of the **-i** in the past participle

***IMPERATIVE***

giaci (tu) **giaccia** (Lei) **giacciamo** / giaciamo (noi)
giacete (voi) **giacciano** (Loro)

***PLUPERFECT***
ero giaciuto / a

***PAST ANTERIOR***
fui giaciuto / a

***FUTURE***
giacerò

***FUTURE PERFECT***
sarò giaciuto / a

***PRESENT CONDITIONAL***
giacerei

***CONDITIONAL PERFECT***
sarei giaciuto / a

***PRESENT SUBJUNCTIVE***
**giaccia**

***PERFECT SUBJUNCTIVE***
sia giaciuto / a

***IMPERFECT SUBJUNCTIVE***
giacessi

***PLUPERFECT SUBJUNCTIVE***
fossi giaciuto / a

**— *Giacque* sulla spiaggia.**
**— *Giacevano* sull'erba quando siamo arrivati.**
**— *Giacerei* al sole tutta la giornata!**

— *He lay* on the beach.
— *They were lying* in the grass when we arrived.
— *I would lie* in the sun all day long!

| *PRESENT GERUND* | *PAST PARTICIPLE* |
|---|---|
| giungendo | **giunto** |

| | |
|---|---|
| ***PRESENT INDICATIVE***<br>giungo | ***PRESENT PERFECT***<br>sono giunto / a |
| ***PRESENT PROGRESSIVE***<br>sto giungendo | ***IMPERFECT PROGRESSIVE***<br>stavo giungendo |
| ***IMPERFECT***<br>giungevo | ***PAST DEFINITE***<br>**giunsi**<br>giungesti<br>**giunse**<br>giungemmo<br>giungeste<br>**giunsero** |

## *Similar verbs*

| | |
|---|---|
| † **aggiungere** | add |
| † **congiungere** | join, match |
| † **disgiungere** | separate |
| † **raggiungere** | catch up with, reach, attain |
| † **soggiungere** | add |

verbs marked † can take **essere** when used intransitively or **avere** when used transitively

***Note:*** The main irregular features of the verb are

- the past definite tense
- the past participle

***IMPERATIVE***
giungi (tu) giunga (Lei) giungiamo (noi) giungete (voi) giungano (Loro)

***PLUPERFECT***
ero giunto / a

***PAST ANTERIOR***
fui giunto / a

***FUTURE***
giungerò

***FUTURE PERFECT***
sarò giunto / a

***PRESENT CONDITIONAL***
giungerei

***CONDITIONAL PERFECT***
sarei giunto / a

***PRESENT SUBJUNCTIVE***
giunga

***PERFECT SUBJUNCTIVE***
sia giunto / a

***IMPERFECT SUBJUNCTIVE***
giungessi

***PLUPERFECT SUBJUNCTIVE***
fossi giunto / a

| | |
|---|---|
| ***Giunsi* in Italia all'inizio di giugno.** | I *arrived* in Italy at the beginning of June. |
| **Nessun suono *giungeva* al mio orecchio.** | No sound *reached* my ears. |
| **Dopo aver parlato a lungo del problema, *siamo giunti* alla conclusione che non valeva la pena querelare.** | After talking about the problem at length, *we reached* the conclusion that it wasn't worth our suing. |
| **Il nonno *è giunto* all'età di novant'anni.** | Grandad *has reached* the age of ninety. |
| **Va' avanti, ti *raggiungo* presto.** | Go on ahead, *I'll catch up* soon. |
| **Il prezzo *raggiunge* i tre milioni di lire.** | The price *comes to* three million lire. |
| ***Congiunsero* le mani per pregare.** | *They joined* their hands to pray. |

***PRESENT GERUND***
leggendo

***PAST PARTICIPLE***
**letto**

***PRESENT INDICATIVE***
leggo

***PRESENT PERFECT***
ho letto

***PRESENT PROGRESSIVE***
sto leggendo

***IMPERFECT PROGRESSIVE***
stavo leggendo

***IMPERFECT***
leggevo

***PAST DEFINITE***
**lessi**
leggesti
**lesse**
leggemmo
leggeste
**lessero**

*Similar verb*

**eleggere** elect

***Note:*** The main irregular features of the verb are

- the past definite tense
- the past participle

***IMPERATIVE***
leggi (tu) legga (Lei) leggiamo (noi) leggete (voi) leggano (Loro)

***PLUPERFECT***
avevo letto

***PAST ANTERIOR***
ebbi letto

***FUTURE***
leggerò

***FUTURE PERFECT***
avrò letto

***PRESENT CONDITIONAL***
leggerei

***CONDITIONAL PERFECT***
avrei letto

***PRESENT SUBJUNCTIVE***
legga

***PERFECT SUBJUNCTIVE***
abbia letto

***IMPERFECT SUBJUNCTIVE***
leggessi

***PLUPERFECT SUBJUNCTIVE***
avessi letto

| | |
|---|---|
| **Lo *leggo* nei tuoi occhi.** | *I can read* it in your eyes. |
| ***Legga* attentamente questa lettera.** | *Read* this letter carefully. |
| **La *lesse* a voce alta.** | *He read* it out aloud. |
| **Sa *leggere* la musica *a prima vista.*** | He knows how to *sight-read* music. |
| ***Ho letto* fra le righe.** | *I read* between the lines. |
| **Quando non riuscivo a dormire, *leggevo.*** | When I could not sleep, *I used to read.* |
| **È stato *eletto* ieri.** | He was *elected* yesterday. |

| ***PRESENT GERUND*** | ***PAST PARTICIPLE*** |
|---|---|
| mettendo | **messo** |

| | |
|---|---|
| ***PRESENT INDICATIVE*** | ***PRESENT PERFECT*** |
| metto | ho messo |
| ***PRESENT PROGRESSIVE*** | ***IMPERFECT PROGRESSIVE*** |
| sto mettendo | stavo mettendo |
| ***IMPERFECT*** | ***PAST DEFINITE*** |
| mettevo | **misi** |
| | mettesti |
| | **mise** |
| | mettemmo |
| | metteste |
| | **misero** |

## *Similar verbs*

| | | | |
|---|---|---|---|
| **ammettere** | admit | **permettere** | permit |
| **commettere** | commit | **promettere** | promise |
| **compromettere** | compromise | **rimettere** | replace |
| **emettere** | emit | **scommettere** | bet |
| **frammettere** | interpose, insert | **smettere** | stop |
| **immettere** | admit, let in | **trasmettere** | transmit |
| **omettere** | omit | | |

***Note:*** The main irregular features of the verb are

- the past definite tense
- the past participle

| | |
|---|---|
| ***Abbiamo messo*** **il riscaldamento centrale.** | *We put in* central heating. |
| ***Mise*** **il fazzoletto in tasca.** | *He put* the handkerchief in his pocket. |

***IMPERATIVE***
metti (tu) metta (Lei) mettiamo (noi) mettete (voi) mettano (Loro)

***PLUPERFECT***
avevo messo

***PAST ANTERIOR***
ebbi messo

***FUTURE***
metterò

***FUTURE PERFECT***
avrò messo

***PRESENT CONDITIONAL***
metterei

***CONDITIONAL PERFECT***
avrei messo

***PRESENT SUBJUNCTIVE***
metta

***PERFECT SUBJUNCTIVE***
abbia messo

***IMPERFECT SUBJUNCTIVE***
mettessi

***PLUPERFECT SUBJUNCTIVE***
avessi messo

| | |
|---|---|
| **Dubito che *abbia messo* da parte quei soldi.** | I doubt whether *he has put* that money aside. |
| ***Ho messo* la tavola all'asta.** | *I put* the table up for auction. |
| ***Ha messo* indietro l'orologio.** | *He put* his watch back. |
| **Quanto tempo *ci hai messo* a farlo?** | How long *did it take you* to do it? |
| ***Ammettiamo* pure che tu abbia ragione.** | *Let's suppose* (*admit*) that you are right. |
| **Luigi *emise* un grido forte.** | Luigi *let out* a loud cry. |
| **Mi *promise* un bel regalo!** | *He promised* me a beautiful present. |
| ***Ho smesso* di fumare!** | *I've stopped* smoking! |
| ***Scommetto* che non lo sa!** | *I bet* he does not know it! |
| ***Trasmettevo* alla radio ogni domenica pomeriggio.** | *I used to broadcast* on the radio every Sunday afternoon. |

***PRESENT GERUND***
mordendo

***PAST PARTICIPLE***
**morso**

***PRESENT INDICATIVE***
mordo

***PRESENT PERFECT***
ho morso

***PRESENT PROGRESSIVE***
sto mordendo

***IMPERFECT PROGRESSIVE***
stavo mordendo

***IMPERFECT***
mordevo

***PAST DEFINITE***
**morsi**
mordesti
**morse**
mordemmo
mordeste
**morsero**

*Similar verbs*

***mordersi** bite oneself
**rimordere** bite back; prick

***Note:*** The main irregular features of the verb are

- the past definite tense
- the past participle

***IMPERATIVE***
mordi (tu) morda (Lei) mordiamo (noi) mordete (voi) mordano (Loro)

***PLUPERFECT***
avevo morso

***PAST ANTERIOR***
ebbi morso

***FUTURE***
morderò

***FUTURE PERFECT***
avrò morso

***PRESENT CONDITIONAL***
morderei

***CONDITIONAL PERFECT***
avrei morso

***PRESENT SUBJUNCTIVE***
morda

***PERFECT SUBJUNCTIVE***
abbia morso

***IMPERFECT SUBJUNCTIVE***
mordessi

***PLUPERFECT SUBJUNCTIVE***
avessi morso

| | |
|---|---|
| **Il cane mi *ha morso* il braccio.** | The dog *bit* my arm. |
| **Pulci e zanzare *mordono*.** | Fleas and mosquitoes *bite*. |
| **Sentiva un vento gelido *mordergli* il viso.** | *He felt* an icy wind on his face. |
| ***Mordeva* il freno.** | He was *champing* at the bit. |
| ***Morsero* la polvere.** | *They bit* the dust. |
| ***Mi sono morsa* la lingua.** | *I bit* my tongue. |
| ***Mi sarei morsa* la lingua.** | *I could have* kicked myself. |
| ***Gli rimorse* la coscienza.** | His conscience *pricked* him. |

| *PRESENT GERUND* | *PAST PARTICIPLE* |
|---|---|
| morendo | **morto** |

| *PRESENT INDICATIVE* | *PRESENT PERFECT* |
|---|---|
| **muoio**<br>**muori**<br>**muore**<br>moriamo<br>morite<br>**muoiono** | sono morto / a |

| *PRESENT PROGRESSIVE* | *IMPERFECT PROGRESSIVE* |
|---|---|
| sto morendo | stavo morendo |

| *IMPERFECT* | *PAST DEFINITE* |
|---|---|
| morivo | morii |

***Note:*** The main irregular features are

- the present indicative and subjunctive tenses
- the past participle

***IMPERATIVE***
muori (tu) **muoia** (Lei) moriamo (noi) morite (voi) **muoiano** (Loro)

***PLUPERFECT***
ero morto / a

***PAST ANTERIOR***
fui morto / a

***FUTURE***
morrò / morirò

***FUTURE PERFECT***
sarò morto / a

***PRESENT CONDITIONAL***
morrei / morirei

***CONDITIONAL PERFECT***
sarei morto / a

***PRESENT SUBJUNCTIVE***
**muoia**
**muoia**
**muoia**
moriamo
moriate
**muoiano**

***PERFECT SUBJUNCTIVE***
sia morto / a

***IMPERFECT SUBJUNCTIVE***
morissi

***PLUPERFECT SUBJUNCTIVE***
fossi morto / a

| | |
|---|---|
| **— *Muoio* dal caldo!** | — *I'm dying* from the heat. |
| **— Dubito che *tu muoia* dal caldo!** | — I doubt that *you'll die* from the heat. |
| **Dopo una giornata di lavoro, sono stanca *morta!*** | After a day's work, I am *dead* tired. |

***PRESENT GERUND***
nascendo

***PAST PARTICIPLE***
**nato**

***PRESENT INDICATIVE***
nasco

***PRESENT PERFECT***
sono nato / a

***PRESENT PROGRESSIVE***
sto nascendo

***IMPERFECT PROGRESSIVE***
stavo nascendo

***IMPERFECT***
nascevo

***PAST DEFINITE***
**nacqui**
nascesti
**nacque**
nascemmo
nasceste
**nacquero**

*Similar verb*

**rinascere** be born again

***Note:*** The main irregular features of the verb are

- the past definite tense
- the past participle

***IMPERATIVE***
nasci (tu) nasca (Lei) nasciamo (noi) nascete (voi) nascano (Loro)

***PLUPERFECT***
ero nato / a

***PAST ANTERIOR***
fui nato / a

***FUTURE***
nascerò

***FUTURE PERFECT***
sarò nato / a

***PRESENT CONDITIONAL***
nascerei

***CONDITIONAL PERFECT***
sarei nato / a

***PRESENT SUBJUNCTIVE***
nasca

***PERFECT SUBJUNCTIVE***
sia nato / a

***IMPERFECT SUBJUNCTIVE***
nascessi

***PLUPERFECT SUBJUNCTIVE***
fossi nato / a

| | |
|---|---|
| **La bambina *è nata* stamattina.** | The baby girl *was born* this morning. |
| **Il morto *era nato* ottantatré anni fa.** | The dead man *was born* eighty-three years ago. |
| **Boccaccio *nacque* secoli fa.** | Boccaccio *was born* centuries ago. |
| **Deve ancora *nascere* chi saprà risolvere tali problemi.** | The man who can solve such problems is yet *to be born*. |
| **Mi sento *rinascere*.** | I feel like a new person (*reborn*). |
| **Quando lo rividi, mi *rinacque* l'odio.** | When I saw him, my feelings of hatred *began again*. |
| **Gli *nascono* i denti.** | *He is cutting* his first teeth. |
| **Il Po *nasce* dal Monviso.** | The river Po *has its source* on Monviso. |

| *PRESENT GERUND* | *PAST PARTICIPLE* |
|---|---|
| parendo | **parso** |

| *PRESENT INDICATIVE* | *PRESENT PERFECT* |
|---|---|
| **paio**<br>pari<br>pare<br>**paiamo**<br>parete<br>**paiono** | sono parso / a |

| *PRESENT PROGRESSIVE* | *IMPERFECT PROGRESSIVE* |
|---|---|
| sto parendo | stavo parendo |

| *IMPERFECT* | *PAST DEFINITE* |
|---|---|
| parevo | **parvi**<br>paresti<br>**parve**<br>paremmo<br>pareste<br>**parvero** |

***Note:*** The verb **parere** is mostly used impersonally and is consequently rare except for the third persons.

The main irregular features of the verb are

- the present indicative and subjunctive tenses
- the future stem
- the past definite tense
- the past participle

There are also some similarities with the verb **apparire** [➤23].

***IMPERATIVE***
(There is none.)

***PLUPERFECT***
ero parso / a

***PAST ANTERIOR***
fui parso / a

***FUTURE***
**parrò**

***FUTURE PERFECT***
sarò parso / a

***PRESENT CONDITIONAL***
**parrei**

***CONDITIONAL PERFECT***
sarei parso / a

***PRESENT SUBJUNCTIVE***
**paia**
**paia**
**paia**
**paiamo**
pariate
**paiano**

***PERFECT SUBJUNCTIVE***
sia parso / a

***IMPERFECT SUBJUNCTIVE***
paressi

***PLUPERFECT SUBJUNCTIVE***
fossi parso / a

| | |
|---|---|
| **Mi *pare* importante.** | It *seems* important to me. |
| **Non mi *pareva* semplice.** | It *did* not *seem* easy to me. |
| **Gli *paiono* grandi.** | *They seem* big to him. |
| ***Ti parevano* stretti?** | *Did you think* they were narrow? |

***PRESENT GERUND***
perdendo

***PAST PARTICIPLE***
**perso** / perduto

***PRESENT INDICATIVE***
perdo

***PRESENT PERFECT***
ho perso

***PRESENT PROGRESSIVE***
sto perdendo

***IMPERFECT PROGRESSIVE***
stavo perdendo

***IMPERFECT***
perdevo

***PAST DEFINITE***
**persi** / perdei / perdetti
perdesti
**perse** / perdé / perdette
perdemmo
perdeste
**persero** / perderono / perdettero

## *Similar verb*

***perdersi** get lost

***Note:*** The main irregular features of the verb are

- the past definite tense
- the past participle (although it is possible to use the regular past participle)

***IMPERATIVE***
perdi (tu) perda (Lei) perdiamo (noi) perdete (voi) perdano (Loro)

***PLUPERFECT***
avevo perso

***PAST ANTERIOR***
ebbi perso

***FUTURE***
perderò

***FUTURE PERFECT***
avrò perso

***PRESENT CONDITIONAL***
perderei

***CONDITIONAL PERFECT***
avrei perso

***PRESENT SUBJUNCTIVE***
perda

***PERFECT SUBJUNCTIVE***
abbia perso

***IMPERFECT SUBJUNCTIVE***
perdessi

***PLUPERFECT SUBJUNCTIVE***
avessi perso

| | |
|---|---|
| ***Ho perso* la penna.** | *I lost* the pen. |
| **L'*ho persa* ieri.** | *I lost* it (the pen) yesterday. |
| **Gianna *ha perso* un figlio.** | Gianna *has lost* a son (through death). |
| **L'anno scorso *ha perso* un anno perché era ammalata.** | Last year *she fell* a year behind because she was sick. |
| **Antonio *ha perso* il treno.** | Antonio *has missed* the train. |
| **Questo secchio *perde* acqua.** | This bucket *is leaking* water. |
| ***Mi sono perso* a Firenze.** | *I got lost* in Florence. |
| **È inutile spiegarmi queste cose, *mi* ci *perdo*.** | It's no use explaining these things to me, *I can't make head or tail of* them. |

| *PRESENT GERUND* | *PAST PARTICIPLE* |
|---|---|
| persuadendo | **persuaso** |

| | |
|---|---|
| ***PRESENT INDICATIVE*** | ***PRESENT PERFECT*** |
| persuado | ho persuaso |
| ***PRESENT PROGRESSIVE*** | ***IMPERFECT PROGRESSIVE*** |
| sto persuadendo | stavo persuadendo |
| ***IMPERFECT*** | ***PAST DEFINITE*** |
| persuadevo | **persuasi** |
| | persuadesti |
| | **persuase** |
| | persuademmo |
| | persuadeste |
| | **persuasero** |

## *Similar verb*

**dissuadere** dissuade

***Note:*** The main irregular features of the verb are

- the past definite tense
- the past participle

***IMPERATIVE***

persuadi (tu) persuada (Lei) persuadiamo (noi)
persuadete (voi) persuadano (Loro)

***PLUPERFECT***
avevo persuaso

***PAST ANTERIOR***
ebbi persuaso

***FUTURE***
persuaderò

***FUTURE PERFECT***
avrò persuaso

***PRESENT CONDITIONAL***
persuaderei

***CONDITIONAL PERFECT***
avrei persuaso

***PRESENT SUBJUNCTIVE***
persuada

***PERFECT SUBJUNCTIVE***
abbia persuaso

***IMPERFECT SUBJUNCTIVE***
persuadessi

***PLUPERFECT SUBJUNCTIVE***
avessi persuaso

| | |
|---|---|
| **Ho avuto difficoltà a *persuader*la.** | I had difficulty in *persuading* her. |
| **Finii per *persuader*la a farlo.** | *I* finally *persuaded* her to do it. |
| **La *persuasi* che aveva torto.** | *I persuaded* her that she was wrong. |
| **L'*ho persuaso* dell'innocenza di Gianni.** | *I convinced* him of Gianni's innocence. |
| ***Dissuadi*la dal venire!** | *Dissuade* her from coming! |
| **Nulla la *dissuaderà* dal provare ancora una volta.** | Nothing *will dissuade* her from trying one more time. |

| *PRESENT GERUND* | *PAST PARTICIPLE* |
|---|---|
| piacendo | **piaciuto** |

| *PRESENT INDICATIVE* | *PRESENT PERFECT* |
|---|---|
| **piaccio** | sono piaciuto / a |
| **piaci** | |
| **piace** | **è piaciuto / a** |
| **piacciamo / piaciamo** | |
| **piacete** | |
| **piacciono** | **sono piaciuti / e** |

| *PRESENT PROGRESSIVE* | *IMPERFECT PROGRESSIVE* |
|---|---|
| sto piacendo | stavo piacendo |

| *IMPERFECT* | *PAST DEFINITE* |
|---|---|
| piacevo | **piacqui** |
| | piacesti |
| | **piacque** |
| | piacemmo |
| | piaceste |
| | **piacquero** |

## *Similar verbs*

***compiacere** please
***dispiacere** displease

***Note:*** The verb **piacere** is mostly used impersonally and is consequently mainly found in the third person singular or plural. The main irregular features of the verb are

- the present indicative and subjunctive tenses
- the past definite tense
- the addition of the **i** in the past participle

***IMPERATIVE***
piaci (tu) **piaccia** (Lei) piaciamo (noi) piacete (voi) **piacciano** (Loro)

***PLUPERFECT***
ero piaciuto / a

***PAST ANTERIOR***
fui piaciuto / a

***FUTURE***
piacerò

***FUTURE PERFECT***
sarò piaciuto / a

***PRESENT CONDITIONAL***
piacerei

***CONDITIONAL PERFECT***
sarei piaciuto / a

***PRESENT SUBJUNCTIVE***
**piaccia**
**piaccia**
**piaccia**
**piacciamo** / piaciamo
**piacciate** / piaciate
**piacciano**

***PERFECT SUBJUNCTIVE***
sia piaciuto / a

***IMPERFECT SUBJUNCTIVE***
piacessi

***PLUPERFECT SUBJUNCTIVE***
fossi piaciuto / a

| | |
|---|---|
| **— *Ti piace* la pasta?** | — *Do you like* pasta? |
| **— Si, molto, e *mi piacciono* soprattutto gli spaghetti.** | — Yes, a lot, and *I* particularly *like* spaghetti. |
| **— *Piacciono* anche a Giovanni?** | — *Does* Giovanni *like* it (spaghetti) too? |
| **— Beh, penso che non gli *dispiacciano.*** | — Well, I don't think *he dislikes* it (spaghetti). |
| **— So che gli *piacciono di più* i tortellini.** | — I know *he prefers* tortellini. |
| **Mi *dispiace,* ma non posso venire stasera.** | *I am sorry*, but I cannot come this evening. |
| **L'*ho compiaciuto* nei suoi capricci.** | *I humored* his whims. |

| *PRESENT GERUND* | *PAST PARTICIPLE* |
|---|---|
| piangendo | **pianto** |

| | |
|---|---|
| ***PRESENT INDICATIVE***<br>piango | ***PRESENT PERFECT***<br>ho pianto |
| ***PRESENT PROGRESSIVE***<br>sto piangendo | ***IMPERFECT PROGRESSIVE***<br>stavo piangendo |
| ***IMPERFECT***<br>piangevo | ***PAST DEFINITE***<br>**piansi**<br>piangesti<br>**pianse**<br>piangemmo<br>piangeste<br>**piansero** |

## *Similar verbs*

**compiangere** pity, sympathize
**rimpiangere** regret

***Note:*** The main irregular features of the verb are

- the past definite tense
- the past participle

***IMPERATIVE***
piangi (tu) pianga (Lei) piangiamo (noi) piangete (voi) piangano (Loro)

***PLUPERFECT***
avevo pianto

***PAST ANTERIOR***
ebbi pianto

***FUTURE***
piangerò

***FUTURE PERFECT***
avrò pianto

***PRESENT CONDITIONAL***
piangerei

***CONDITIONAL PERFECT***
avrei pianto

***PRESENT SUBJUNCTIVE***
pianga

***PERFECT SUBJUNCTIVE***
abbia pianto

***IMPERFECT SUBJUNCTIVE***
piangessi

***PLUPERFECT SUBJUNCTIVE***
avessi pianto

| | |
|---|---|
| **Luisa *pianse* dal dolore.** | Luisa *cried* with pain. |
| **Mi *piangono* gli occhi per il fumo.** | My eyes *are watering* because of the smoke. |
| ***Rimpiango* di non esserci andata.** | *I regret* not having gone. |
| ***Compiango* il tuo dolore.** | *I sympathize* with you in your grief. |
| ***Piansi* di rabbia.** | *I cried* with anger. |
| ***Piange* la giovinezza perduta.** | *He weeps* for his lost youth. |
| **Beati quelli che *piangono*.** | Blessed are those that *mourn.* |
| **Chi è causa del suo mal, *pianga* se stesso. (*Proverb*)** | You have made your bed, now lie in it. *(Proverb)* |

***PRESENT GERUND***
piovendo

***PAST PARTICIPLE***
piovuto

***PRESENT INDICATIVE***
piove
piovono

***PRESENT PERFECT***
ha piovuto / è piovuto/a
hanno piovuto / sono piovuti/e

***PRESENT PROGRESSIVE***
sta piovendo
stanno piovendo

***IMPERFECT PROGRESSIVE***
stava piovendo
stavano piovendo

***IMPERFECT***
pioveva
piovevano

***PAST DEFINITE***
**piovvi**
**piovesti**
**piovve**
**piovemmo**
**pioveste**
**piovvero**

***Note:*** **piovere** and all impersonal verbs associated with weather terms take either **avere** or **essere** almost indifferently. In addition, **piovere** takes **essere** when it is used figuratively to mean 'to pour in' or 'to turn up unexpectedly.' It is irregular only in the past definite tense.

***PLUPERFECT***
aveva piovuto / era piovuto / a
avevano piovuto / erano piovuti / e

***PAST ANTERIOR***
ebbe piovuto / fu piovuto / a
ebbero piovuto / furono piovuti / e

***FUTURE***
pioverà
pioveranno

***FUTURE PERFECT***
avrà piovuto / sarà piovuto / a
avranno piovuto / saranno piovuti / e

***PRESENT CONDITIONAL***
pioverebbe
pioverebbero

***CONDITIONAL PERFECT***
avrebbe piovuto / sarebbe piovuto / a
avrebbero piovuto / sarebbero piovuti / e

***PRESENT SUBJUNCTIVE***
piova

***PERFECT SUBJUNCTIVE***
abbia piovuto / sia piovuto / a

***IMPERFECT SUBJUNCTIVE***
piovesse

***PLUPERFECT SUBJUNCTIVE***
ebbe piovuto / fosse piovuto / a

| | |
|---|---|
| ***Ha piovuto. / È piovuto.*** | *It has rained.* |
| ***Piovve* a catinelle.** | *It rained* buckets. |
| **Non ci *piove* sopra.** | There's no doubt about it. |
| **Le *piovvero* inviti da ogni parte.** | Invitations *showered* upon her from all sides. |
| **La luce *pioveva* nella stanza dalla finestra aperta.** | The light *poured into* the room through the open window. |
| **Lettere gli *piovevano* da ogni lato.** | Letters *poured in* for him from all sides. |

| *PRESENT GERUND* | *PAST PARTICIPLE* |
|---|---|
| ponendo | **posto** |

| *PRESENT INDICATIVE* | *PRESENT PERFECT* |
|---|---|
| **pongo**<br>**poni**<br>**pone**<br>**poniamo**<br>**ponete**<br>**pongono** | ho posto |

| *PRESENT PROGRESSIVE* | *IMPERFECT PROGRESSIVE* |
|---|---|
| sto ponendo | stavo ponendo |

| *IMPERFECT* | *PAST DEFINITE* |
|---|---|
| ponevo | **posi**<br>ponesti<br>**pose**<br>ponemmo<br>poneste<br>**posero** |

## *Similar verbs*

There are many compounds of **porre,** which follow this pattern.

| | | | |
|---|---|---|---|
| **apporre** | affix | **opporre** | oppose |
| **comporre** | compose; dial (number) | **posporre** | postpone |
| **decomporre** | decompose | **preporre** | place / put before; prefer |
| **disporre** | dispose | | |
| **esporre** | expose | **presupporre** | presuppose |
| **frapporre** | insert | **proporre** | propose |
| **imporre** | impose | **riporre** | put again |
| **interporre** | interpose | **supporre** | suppose |

***Note:*** The main irregular features of these verbs are

- the present indicative and subjunctive tenses
- the past definite tense
- the past participle
- the future stem

***IMPERATIVE***
poni (tu) ponga (Lei) poniamo (noi) ponete (voi) pongano (Loro)

***PLUPERFECT***
avevo posto

***PAST ANTERIOR***
ebbi posto

***FUTURE***
**porrò**

***FUTURE PERFECT***
avrò posto

***PRESENT CONDITIONAL***
**porrei**

***CONDITIONAL PERFECT***
avrei posto

***PRESENT SUBJUNCTIVE***
**ponga**
**ponga**
**ponga**
**poniamo**
**poniate**
**pongano**

***PERFECT SUBJUNCTIVE***
abbia posto

***IMPERFECT SUBJUNCTIVE***
ponessi

***PLUPERFECT SUBJUNCTIVE***
avessi posto

| | |
|---|---|
| **— Allora cosa *proponi* tu?** | — So what do you *propose?* |
| **— *Porrei* la sedia qui ed il divano lì.** | — *I would put* the chair here and the sofa there. |
| **— No, non mi piace così. Perchè non *poniamo* la sedia accanto al divano?** | — No, I don't like it like that. Why don't *we put* the chair next to the sofa? |
| **— *Suppongo* che devo spostare anche la televisione?** | — *I suppose* I'll have to move the television as well? |
| **Spensierata, *composi* il numero.** | Without thinking, *I dialed* the number. |
| ***Ha esposto* delle camicie in vetrina.** | *He displayed* some shirts in the window. |
| ***Esporrò* le mie idee dopodomani.** | *I will explain* my ideas the day after tomorrow. |

| *PRESENT GERUND* | *PAST PARTICIPLE* |
|---|---|
| potendo | potuto |

| *PRESENT INDICATIVE* | *PRESENT PERFECT* |
|---|---|
| **posso**<br>**puoi**<br>**può**<br>**possiamo**<br>potete<br>**possono** | ho potuto / sono potuto / a |

| *PRESENT PROGRESSIVE* | *IMPERFECT PROGRESSIVE* |
|---|---|
| sto potendo | stavo potendo |

| *IMPERFECT* | *PAST DEFINITE* |
|---|---|
| potevo | potei |

| *PLUPERFECT* | *PAST ANTERIOR* |
|---|---|
| avevo potuto / ero potuto / a | ebbi potuto / fui potuto / a |

***Note:*** The verb **potere** is a frequently used modal verb. It is important to distinguish between **potere** and **sapere**, both of which can translate the English word 'can.' The verb **potere** denotes physical capability rather than skill.

The main irregular features of the verb are

- the present indicative and subjunctive tenses
- the past definite tense
- the future stem

The imperative is never used.

***IMPERATIVE***
(There is none.)

***FUTURE***
**potrò**

***FUTURE PERFECT***
avrò potuto / sarò potuto / a

***PRESENT CONDITIONAL***
**potrei**

***CONDITIONAL PERFECT***
avrei potuto / sarei potuto / a

***PRESENT SUBJUNCTIVE***
**possa**
**possa**
**possa**
**possiamo**
**possiate**
**possano**

***PERFECT SUBJUNCTIVE***
abbia potuto / sia potuto / a

***IMPERFECT SUBJUNCTIVE***
potessi

***PLUPERFECT SUBJUNCTIVE***
avessi potuto / fossi potuto / a

| | |
|---|---|
| **— Mi dispiace, non *posso* andare in città.** | — I'm sorry, *I can't* go into town. |
| **— Ma mi hai detto che *potevi* venire!** | — But you said *you could* come! |
| **— Sì, è vero, ma ho tanto da fare. Non ne *posso* più.** | — Yes, it's true, but I have so much to do. *I am* completely *exhausted.* |
| **— Nemmeno Carlo *è potuto* venire.** | — Not even Carlo *has been able to* come. |
| **— *Avresti potuto* dirmelo prima!** | — *You could have* told me before now. |

***Note:*** In the last two examples the auxiliary used depends on the auxiliary normally used by the dependent infinitive, not **potere.** Thus, in **è potuto / a venire** the auxiliary is **essere** because **venire** takes **essere;** and in the final sentence **avere** is used because **dire** takes **avere.**

| ***PRESENT GERUND*** | ***PAST PARTICIPLE*** |
|---|---|
| prendendo | **preso** |

| ***PRESENT INDICATIVE*** | ***PRESENT PERFECT*** |
|---|---|
| prendo | ho preso |
| ***PRESENT PROGRESSIVE*** | ***IMPERFECT PROGRESSIVE*** |
| sto prendendo | stavo prendendo |
| ***IMPERFECT*** | ***PAST DEFINITE*** |
| prendevo | **presi**<br>prendesti<br>**prese**<br>prendemmo<br>prendeste<br>**presero** |

## *Similar verbs*

| | | | |
|---|---|---|---|
| **apprendere** | learn | **intraprendere** | undertake |
| **comprendere** | understand, consist of | **sorprendere** | surprise |

***Note:*** The main irregular features of the verb are

- the past definite tense
- the past participle.

| | |
|---|---|
| ***Hanno preso* il ladro.** | *They caught* the thief. |
| ***Prendo* lezioni d'italiano.** | *I take* Italian lessons. |
| **Lo *presi* per il collo.** | *I took* him by the scruff of his neck. |
| ***Fu preso* dalla paura.** | *He was seized* by fear. |
| **Devi andare a *prendere* la zia.** | You've got to go and *get* auntie. |
| ***Ho preso* un appartamento *in affitto.*** | *I rented* an apartment. |
| **Stefano *ha preso* un raffreddore.** | Stephen *has caught* a cold. |
| **Tu mi *sorprendi* spesso!** | You often *surprise* me! |

***IMPERATIVE***
prendi (tu) prenda (Lei) prendiamo (noi) prendete (voi) prendano (Loro)

***PLUPERFECT***
avevo preso

***PAST ANTERIOR***
ebbi preso

***FUTURE***
prenderò

***FUTURE PERFECT***
avrò preso

***PRESENT CONDITIONAL***
prenderei

***CONDITIONAL PERFECT***
avrei preso

***PRESENT SUBJUNCTIVE***
prenda

***PERFECT SUBJUNCTIVE***
abbia preso

***IMPERFECT SUBJUNCTIVE***
prendessi

***PLUPERFECT SUBJUNCTIVE***
avessi preso

| | |
|---|---|
| ***Comprese* il suo errore.** | *He understood* what he had done wrong. |
| **La casa *comprende* un salotto, due camere, un bagno e una cucina.** | The house *consists of* a lounge, two bedrooms, a bathroom, and a kitchen. |
| **Gianni l'*ha sorpreso* mentre fumava.** | Gianni *caught* him smoking. |
| **Il ragazzo *le prese* da suo padre.** | The boy *was smacked* by his father. |
| ***Prende* sempre brutti voti.** | *He* always *gets* bad grades. |
| **Non *ha appreso* nulla a scuola.** | He *has* not *learned* anything at school. |
| **Quanto *prendi* al mese?** | How much *do you earn* a month? |
| **Per chi mi *prendi?*** | Whom do *you take* me for? |
| **Che ti *prende?*** | What's *the matter* with you? |
| **Non *prendertela!*** | *Don't worry about it.* |
| **Se l'*ha presa* a cuore.** | *He has taken* it to heart. |

| *PRESENT GERUND* | *PAST PARTICIPLE* |
|---|---|
| proteggendo | **protetto** |

| | |
|---|---|
| ***PRESENT INDICATIVE***<br>proteggo | ***PRESENT PERFECT***<br>ho protetto |
| ***PRESENT PROGRESSIVE***<br>sto proteggendo | ***IMPERFECT PROGRESSIVE***<br>stavo proteggendo |
| ***IMPERFECT***<br>proteggevo | ***PAST DEFINITE***<br>**protessi**<br>proteggesti<br>**protesse**<br>proteggemmo<br>proteggeste<br>**protessero** |

***Note:*** The main irregular features of the verb are

- the past definite tense
- the past participle

***IMPERATIVE***

| | | |
|---|---|---|
| proteggi (tu) | protegga (Lei) | proteggiamo (noi) |
| proteggete (voi) | proteggano (Loro) | |

***PLUPERFECT***
avevo protetto

***PAST ANTERIOR***
ebbi protetto

***FUTURE***
proteggerò

***FUTURE PERFECT***
avrò protetto

***PRESENT CONDITIONAL***
proteggerei

***CONDITIONAL PERFECT***
avrei protetto

***PRESENT SUBJUNCTIVE***
protegga

***PERFECT SUBJUNCTIVE***
abbia protetto

***IMPERFECT SUBJUNCTIVE***
proteggessi

***PLUPERFECT SUBJUNCTIVE***
avessi protetto

| | |
|---|---|
| **Quest'ombrello ti *proteggerà* dalla pioggia.** | This umbrella *will protect* you from the rain. |
| **Il cane *protesse* la casa.** | The dog *protected* the house. |
| **Un angelo *protegge* il bambino.** | An angel *is protecting* the baby. |
| **Che Dio ti *protegga!*** | May God *protect* you! |
| **La fortuna *protegge* gli audaci.** | Fortune *favors* the brave. |

| ***PRESENT GERUND*** | ***PAST PARTICIPLE*** |
|---|---|
| pungendo | **punto** |

| | |
|---|---|
| ***PRESENT INDICATIVE*** | ***PRESENT PERFECT*** |
| pungo | ho punto |
| ***PRESENT PROGRESSIVE*** | ***IMPERFECT PROGRESSIVE*** |
| sto pungendo | stavo pungendo |
| ***IMPERFECT*** | ***PAST DEFINITE*** |
| pungevo | **punsi** |
| | pungesti |
| | **punse** |
| | pungemmo |
| | pungeste |
| | **punsero** |

## *Similar verbs*

**fungere** act as
**mungere** milk
**ungere** oil, grease, lubricate, anoint

***Note:*** The main irregular features of the verb are

- the past definite tense
- the past participle

***IMPERATIVE***
pungi (tu) punga (Lei) pungiamo (noi) pungete (voi) pungano (Loro)

***PLUPERFECT***
avevo punto

***PAST ANTERIOR***
ebbi punto

***FUTURE***
pungerò

***FUTURE PERFECT***
avrò punto

***PRESENT CONDITIONAL***
pungerei

***CONDITIONAL PERFECT***
avrei punto

***PRESENT SUBJUNCTIVE***
punga

***PERFECT SUBJUNCTIVE***
abbia punto

***IMPERFECT SUBJUNCTIVE***
pungessi

***PLUPERFECT SUBJUNCTIVE***
avessi punto

| | |
|---|---|
| **Le rose *pungono.*** | Roses *prick.* |
| **Le vespe *pungono.*** | Wasps *sting.* |
| ***Mi punsi* la mano.** | *I pricked* my hand. |
| **Gli *punge* il desiderio di vederla.** | *He was spurred on* by the wish to see her. |
| **Il freddo mi *pungeva* il viso.** | The cold *stung* my face. |
| ***Fu punto* dal rimorso.** | *He was pricked* with remorse. |
| **Mi *punse* la coscienza.** | My conscience *pricked* me. |
| ***Munse* la vacca.** | *He milked* the cow. |
| ***Unsero* le ruote.** | *They oiled* the wheels. |
| ***Fu unto* re.** | *He was anointed* king. |
| **L'uomo *funse* da capo.** | The man *acted as* leader. |

| *PRESENT GERUND* | *PAST PARTICIPLE* |
|---|---|
| radendo | **raso** |

| *PRESENT INDICATIVE* | *PRESENT PERFECT* |
|---|---|
| rado | ho raso |
| *PRESENT PROGRESSIVE* | *IMPERFECT PROGRESSIVE* |
| sto radendo | stavo radendo |
| *IMPERFECT* | *PAST DEFINITE* |
| radevo | **rasi** |
| | radesti |
| | **rase** |
| | rademmo |
| | radeste |
| | **rasero** |

*Similar verb*

***radersi** shave oneself

***Note:*** The main irregular features of the verb are

- the past definite tense
- the past participle

***IMPERATIVE***
radi (tu) rada (Lei) radiamo (noi) radete (voi) radano (Loro)

***PLUPERFECT***
avevo raso

***PAST ANTERIOR***
ebbi raso

***FUTURE***
raderò

***FUTURE PERFECT***
avrò raso

***PRESENT CONDITIONAL***
raderei

***CONDITIONAL PERFECT***
avrei raso

***PRESENT SUBJUNCTIVE***
rada

***PERFECT SUBJUNCTIVE***
abbia raso

***IMPERFECT SUBJUNCTIVE***
radessi

***PLUPERFECT SUBJUNCTIVE***
avessi raso

| | |
|---|---|
| **Mi *ha raso* male.** | *He shaved* me badly. |
| **La città *fu rasa* al suolo.** | The city *was razed* to the ground. |
| ***Rase* la superficie dell'acqua.** | *It skimmed* the surface of the water. |
| ***Mi rado* ogni mattina.** | *I shave* every morning. |

| *PRESENT GERUND* | *PAST PARTICIPLE* |
|---|---|
| reggendo | **retto** |

| | |
|---|---|
| ***PRESENT INDICATIVE*** | ***PRESENT PERFECT*** |
| reggo | ho retto |
| ***PRESENT PROGRESSIVE*** | ***IMPERFECT PROGRESSIVE*** |
| sto reggendo | stavo reggendo |
| ***IMPERFECT*** | ***PAST DEFINITE*** |
| reggevo | **ressi** |
| | reggesti |
| | **resse** |
| | reggemmo |
| | reggeste |
| | **ressero** |

## *Similar verbs*

**correggere** correct
**sorreggere** support, hold up

***Note:*** The main irregular features of the verb are

- the past definite tense
- the past participle

***IMPERATIVE***
reggi (tu) regga (Lei) reggiamo (noi) reggete (voi) reggano (Loro)

***PLUPERFECT***
avevo retto

***PAST ANTERIOR***
ebbi retto

***FUTURE***
reggerò

***FUTURE PERFECT***
avrò retto

***PRESENT CONDITIONAL***
reggerei

***CONDITIONAL PERFECT***
avrei retto

***PRESENT SUBJUNCTIVE***
regga

***PERFECT SUBJUNCTIVE***
abbia retto

***IMPERFECT SUBJUNCTIVE***
reggessi

***PLUPERFECT SUBJUNCTIVE***
avessi retto

| | |
|---|---|
| **_Regge_ il governo.** | *He is the head of* the government. |
| **Le gambe non mi _reggono_.** | I *can*not *stand* on my feet. |
| **Quella corda non lo _reggerà_.** | That rope *will* not *hold* him. |
| **La mensola non _reggerà_ quei libri.** | The shelf *will* not *support* those books. |
| **Non _reggo_ il vino.** | I *can*not *take* wine. |
| **Questo materiale _regge il fuoco._** | This material *is fireproof.* |
| **Non _reggo_ più.** | I *can*not *go on.* |
| **Bisogna _correggere_ quel bambino.** | That child *should be corrected.* |
| **_Hai corretto_ i compiti?** | *Have you corrected* the homework? |
| **_Correggerò_ il tuo caffè col cognac.** | *I'll lace* your coffee with brandy. |
| **I genitori _hanno sorretto_ il bambino.** | The parents *supported / held up* the child. |

| *PRESENT GERUND* | *PAST PARTICIPLE* |
|---|---|
| rendendo | **reso** |

| | |
|---|---|
| ***PRESENT INDICATIVE*** | ***PRESENT PERFECT*** |
| rendo | ho reso |
| ***PRESENT PROGRESSIVE*** | ***IMPERFECT PROGRESSIVE*** |
| sto rendendo | stavo rendendo |
| ***IMPERFECT*** | ***PAST DEFINITE*** |
| rendevo | **resi** |
| | rendesti |
| | **rese** |
| | rendemmo |
| | rendeste |
| | **resero** |

## *Similar verbs*

| | |
|---|---|
| ***arrendersi** | surrender |
| ***rendersi conto di** | realize |

***Note:*** The main irregular features of the verb are

- the past definite tense
- the past participle

***IMPERATIVE***
rendi (tu) renda (Lei) rendiamo (noi) rendete (voi) rendano (Loro)

***PLUPERFECT***
avevo reso

***PAST ANTERIOR***
ebbi reso

***FUTURE***
renderò

***FUTURE PERFECT***
avrò reso

***PRESENT CONDITIONAL***
renderei

***CONDITIONAL PERFECT***
avrei reso

***PRESENT SUBJUNCTIVE***
renda

***PERFECT SUBJUNCTIVE***
abbia reso

***IMPERFECT SUBJUNCTIVE***
rendessi

***PLUPERFECT SUBJUNCTIVE***
avessi reso

| | |
|---|---|
| **Mi *ha reso* il libro ieri.** | He *gave* me the book *back* yesterday. |
| ***Rendi*mi la penna che ti ho prestata.** | *Give* me *back* the pen that I lent you. |
| **Questo lavoro non *rende* molto.** | This job *is* not well *paid.* |
| **L'amore *rende* felici.** | Love *makes* you happy. |
| **Questa notizia lo *rese* incapace di parlare.** | This piece of news *left* him speechless. |
| **È difficile *rendere* il senso dell'originale in una traduzione.** | It is difficult to *render* the sense of the original in a translation. |
| **Non *mi sono reso conto di* ciò che è successo.** | I *did* not *realize* what happened. |
| **I soldati *si sono arresi.*** | The soldiers *surrendered.* |

| *PRESENT GERUND* | *PAST PARTICIPLE* |
|---|---|
| ridendo | **riso** |

| *PRESENT INDICATIVE* | *PRESENT PERFECT* |
|---|---|
| rido | ho riso |
| *PRESENT PROGRESSIVE* | *IMPERFECT PROGRESSIVE* |
| sto ridendo | stavo ridendo |
| *IMPERFECT* | *PAST DEFINITE* |
| ridevo | **risi**<br>ridesti<br>**rise**<br>ridemmo<br>rideste<br>**risero** |

## *Similar verbs*

**deridere** deride, ridicule
**sorridere** smile

***Note:*** The main irregular features of the verb are

- the past definite tense
- the past participle

***IMPERATIVE***
ridi (tu) rida (Lei) ridiamo (noi) ridete (voi) ridano (Loro)

***PLUPERFECT***
avevo riso

***PAST ANTERIOR***
ebbi riso

***FUTURE***
riderò

***FUTURE PERFECT***
avrò riso

***PRESENT CONDITIONAL***
riderei

***CONDITIONAL PERFECT***
avrei riso

***PRESENT SUBJUNCTIVE***
rida

***PERFECT SUBJUNCTIVE***
abbia riso

***IMPERFECT SUBJUNCTIVE***
ridessi

***PLUPERFECT SUBJUNCTIVE***
avessi riso

| | |
|---|---|
| **Non c'è da *ridere!*** | It's not a laughing matter! |
| **Non ci vedo niente da *ridere.*** | I can't see anything *to laugh about.* |
| **Ma non farmi *ridere!*** | But don't make me *laugh!* |
| **Quella bambina *sorride* sempre.** | That girl *is* always *smiling.* |
| **Gianni mi *sorrise.*** | Gianni *smiled* at me. |
| **La fortuna gli *sorride.*** | Good fortune *smiles* on him. |
| **L'*hanno* deriso.** | *They ridiculed* him. |
| ***Risero* alle sue spalle.** | *They laughed* behind his back. |
| **I suoi occhi *risero* di gioia.** | Her eyes *sparkled* with happiness. |
| ***Ride* bene chi *ride* ultimo. (*Proverbio*)** | *He* who *laughs* last *laughs* best. (*Proverb*) |
| **La fortuna gli *ride.*** | Good luck *smiles* at him. |
| **Chi *ride* il venerdì, piange la domenica.** | *Laugh* today, for tomorrow you may cry. |

***PRESENT GERUND***
rimanendo

***PAST PARTICIPLE***
**rimasto**

***PRESENT INDICATIVE***
**rimango**
rimani
rimane
rimaniamo
rimanete
**rimangono**

***PRESENT PERFECT***
sono rimasto / a

***PRESENT PROGRESSIVE***
sto rimanendo

***IMPERFECT PROGRESSIVE***
stavo rimanendo

***IMPERFECT***
rimanevo

***PAST DEFINITE***
**rimasi**
rimanesti
**rimase**
rimanemmo
rimaneste
**rimasero**

***Note:*** The main irregular features of the verb are

- the present indicative and subjunctive tenses
- the past definite tense
- the past participle
- the future stem

***IMPERATIVE***
rimani (tu) **rimanga** (Lei) rimaniamo (noi) rimanete (voi) rimangano (Loro)

***PLUPERFECT***
ero rimasto / a

***PAST ANTERIOR***
fui rimasto / a

***FUTURE***
rimarrò

***FUTURE PERFECT***
sarò rimasto / a

***PRESENT CONDITIONAL***
**rimarrei**

***CONDITIONAL PERFECT***
sarei rimasto / a

***PRESENT SUBJUNCTIVE***
**rimanga**
**rimanga**
**rimanga**
rimaniamo
rimaniate
**rimangano**

***PERFECT SUBJUNCTIVE***
sia rimasto / a

***IMPERFECT SUBJUNCTIVE***
rimanessi

***PLUPERFECT SUBJUNCTIVE***
fossi rimasto / a

| | |
|---|---|
| **— Quanto tempo *rimani* in Italia?** | — How long *are you staying* in Italy? |
| **— *Rimango* due settimane.** | — *I am staying* two weeks. |
| **— Che ti *rimane* da fare?** | — What *have you left* to do? |
| **— *Mi rimane* soltanto la conclusione del tema.** | — *I have* only the essay's conclusion *left* to do. |
| **— Dubito che *tu rimanga* fino alla festa allora.** | — I doubt that *you are staying* until the party then. |

| *PRESENT GERUND* | *PAST PARTICIPLE* |
|---|---|
| risolvendo | **risolto** |

| *PRESENT INDICATIVE* | *PRESENT PERFECT* |
|---|---|
| risolvo | ho risolto |
| *PRESENT PROGRESSIVE* | *IMPERFECT PROGRESSIVE* |
| sto risolvendo | stavo risolvendo |
| *IMPERFECT* | *PAST DEFINITE* |
| risolvevo | **risolsi** / risolvei / risolvetti<br>risolvesti<br>**risolse**<br>risolvemmo<br>risolveste<br>**risolsero** |

## *Similar verbs*

| | |
|---|---|
| **assolvere** | absolve, acquit |
| **dissolvere** | dissolve |
| ***risolversi di** | decide, make up one's mind |

***Note:*** The main irregular features of the verb are

- the past definite tense
- the past participle

***IMPERATIVE***
risolvi (tu) risolva (Lei) risolviamo (noi) risolvete (voi) risolvano (Loro)

***PLUPERFECT***
avevo risolto

***PAST ANTERIOR***
ebbi risolto

***FUTURE***
risolverò

***FUTURE PERFECT***
avrò risolto

***PRESENT CONDITIONAL***
risolverei

***CONDITIONAL PERFECT***
avrei risolto

***PRESENT SUBJUNCTIVE***
risolva

***PERFECT SUBJUNCTIVE***
abbia risolto

***IMPERFECT SUBJUNCTIVE***
risolvessi

***PLUPERFECT SUBJUNCTIVE***
avessi risolto

| | |
|---|---|
| ***Risolse* di farlo lui stesso.** | *He resolved* to do it himself. |
| ***Hai risolto* l'equazione?** | *Have you solved* the equation? |
| **Dubito che quel problema *sia stato risolto.*** | I doubt whether that problem *has been resolved.* |
| ***Si risolse di* andare via.** | *He made up his mind* to go away. |
| **Il ladro *fu assolto.*** | The thief *was acquitted.* |

***PRESENT GERUND***
rispondendo

***PAST PARTICIPLE***
**risposto**

***PRESENT INDICATIVE***
rispondo

***PRESENT PERFECT***
ho risposto

***PRESENT PROGRESSIVE***
sto rispondendo

***IMPERFECT PROGRESSIVE***
stavo rispondendo

***IMPERFECT***
rispondevo

***PAST DEFINITE***
**risposi**
rispondesti
**rispose**
rispondemmo
rispondestie
**risposero**

## *Similar verbs*

| | |
|---|---|
| **corrispondere** | correspond |
| **nascondere** | hide |
| ***nascondersi** | hide (oneself) |

***Note:*** The main irregular features of the verb are

- the past definite tense
- the past participle

***IMPERATIVE***

| | | |
|---|---|---|
| rispondi (tu) | risponda (Lei) | rispondiamo (noi) |
| rispondete (voi) | rispondano (Loro) | |

***PLUPERFECT***
avevo risposto

***PAST ANTERIOR***
ebbi risposto

***FUTURE***
risponderò

***FUTURE PERFECT***
avrò risposto

***PRESENT CONDITIONAL***
risponderei

***CONDITIONAL PERFECT***
avre risposto

***PRESENT SUBJUNCTIVE***
risponda

***PERFECT SUBJUNCTIVE***
abba risposto

***IMPERFECT SUBJUNCTIVE***
rispondessi

***PLUPERFECT SUBJUNCTIVE***
avessi risposto

| | |
|---|---|
| **Ha *risposto* subito alla mia proposta.** | *He replied* immediately to my proposal. |
| ***Risposi* per iscritto.** | *I replied* in writing. |
| **Gianna *rispose* con un cenno del capo.** | Gianna *replied* with a nod of the head. |
| **Io non *rispondo* delle azioni di mio fratello.** | *I can*not *be held responsible* for the actions of my brother. |
| **Questo motore non *risponde.*** | This engine *is* not *responding.* |
| ***Nascose* la sua identitá.** | *He hid* his identity. |
| **Nadia e Giulia *si sono nascoste* nel giardino.** | Nadia and Giulia *hid* in the garden. |
| **La descrizione nel pieghevole non *corrispondeva* alla realtà.** | The description in the brochure *did* not *correspond* to reality / give a true picture. |

***PRESENT GERUND***
rompendo

***PAST PARTICIPLE***
**rotto**

***PRESENT INDICATIVE***
rompo

***PRESENT PERFECT***
ho rotto

***PRESENT PROGRESSIVE***
sto rompendo

***IMPERFECT PROGRESSIVE***
stavo rompendo

***IMPERFECT***
rompevo

***PAST DEFINITE***
**ruppi**
rompesti
**ruppe**
rompemmo
rompeste
**ruppero**

## *Similar verbs*

| | |
|---|---|
| **corrompere** | corrupt |
| **interrompere** | interrupt |
| **irrompere** | break into |
| **prorompere** | burst out |
| ***rompersi** | break up |

***Note:*** The main irregular features of the verb are

- the past definite tense
- the past participle

***IMPERATIVE***
rompi (tu) rompa (Lei) rompiamo (noi) rompete (voi) rompano (Loro)

***PLUPERFECT***
avevo rotto

***PAST ANTERIOR***
ebbi rotto

***FUTURE***
romperò

***FUTURE PERFECT***
avrò rotto

***PRESENT CONDITIONAL***
romperei

***CONDITIONAL PERFECT***
avrei rotto

***PRESENT SUBJUNCTIVE***
rompa

***PERFECT SUBJUNCTIVE***
abbia rotto

***IMPERFECT SUBJUNCTIVE***
rompessi

***PLUPERFECT SUBJUNCTIVE***
avessi rotto

| | |
|---|---|
| **Ho *rotto* un vaso ieri.** | *I broke* a vase yesterday. |
| **Hai *rotto* la tua promessa!** | *You have broken* your promise! |
| **Vorrei *romperla* con quel ragazzo.** | I would like *to break up* with that boy. |
| **La nave *si ruppe* sulle rocce.** | The ship *broke up* on the rocks. |
| **Hai *corrotto* tutto!** | *You have corrupted* everything! |
| ***Interruppe* la nostra conversazione.** | *He interrupted* our conversation. |
| **Ho *interrotto* il viaggio a Firenze.** | *I called off* my trip to Florence. |
| **La corrente è stata *interrotta* per un'ora.** | The electricity was *cut off* for an hour. |
| **I ladri *irruppero* nella casa.** | The thieves *broke into* the house. |
| **La folla *irruppe* nello stadio.** | The crowd *broke into* the stadium. |

| *PRESENT GERUND* | *PAST PARTICIPLE* |
|---|---|
| salendo | salito |

| *PRESENT INDICATIVE* | *PRESENT PERFECT* |
|---|---|
| **salgo**<br>sali<br>sale<br>saliamo<br>salite<br>**salgono** | ho salito / sono salito / a |

| *PRESENT PROGRESSIVE* | *IMPERFECT PROGRESSIVE* |
|---|---|
| sto salendo | stavo salendo |

| *IMPERFECT* | *PAST DEFINITE* |
|---|---|
| salivo | salii |

## *Similar verb*

**† assalire** attack, seize, overcome

***Note:*** The main irregular features of the verb are

- the present indicative and subjunctive tenses
- it takes **avere** when used transitively and **essere** when used intransitively

***IMPERATIVE***
sali (tu) **salga** (Lei) saliamo (noi) salite (voi) salgano (Loro)

***PLUPERFECT***
avevo salito / ero salito / a

***PAST ANTERIOR***
ebbi salito / fui salito / a

***FUTURE***
salirò

***FUTURE PERFECT***
avrò salito / sarò salito / a

***PRESENT CONDITIONAL***
salirei

***CONDITIONAL PERFECT***
avrei salito / sarei salito / a

***PRESENT SUBJUNCTIVE***
**salga**
**salga**
**salga**
saliamo
saliate
**salgano**

***PERFECT SUBJUNCTIVE***
abbia salito / sia salito / a

***IMPERFECT SUBJUNCTIVE***
salissi

***PLUPERFECT SUBJUNCTIVE***
avessi salito / fossi salito / a

| | |
|---|---|
| **— *Saliamo* fino a quel punto lì?** | — *Shall we go up* to that point there? |
| **— Io non *salgo* più!** | — I'*m* not *going up* any further. |
| **— Che peccato che tu non *salga* lassù — c'è un panorama bellissimo da quel punto.** | — What a shame that *you are* not *going up* there — there is a beautiful view from that point. |
| ***Fu assalita* dai dubbi.** | *She was assailed* by doubts. |
| ***Fummo assaliti* dal temporale.** | *We were caught* in the storm. |

| *PRESENT GERUND* | *PAST PARTICIPLE* |
|---|---|
| sapendo | saputo |

| *PRESENT INDICATIVE* | *PRESENT PERFECT* |
|---|---|
| **so**<br>**sai**<br>**sa**<br>**sappiamo**<br>sapete<br>**sanno** | ho saputo |

| *PRESENT PROGRESSIVE* | *IMPERFECT PROGRESSIVE* |
|---|---|
| sto sapendo | stavo sapendo |

| *IMPERFECT* | *PAST DEFINITE* |
|---|---|
| sapevo | **seppi**<br>sapesti<br>**seppe**<br>sapemmo<br>sapeste<br>**seppero** |

***Note:*** The verb **sapere** is frequently used as a modal verb. It is important to distinguish between **potere** [➤65] and **sapere,** both of which can translate the English word 'can.' The verb **sapere** denotes skill rather than physical capability.

It is also important to distinguish between the verbs **conoscere** [➤34] and **sapere**, which can both be translated as 'to know' in English. **Conoscere** means to know a person or a place, whereas **sapere** means to know a fact or to know how to do something.

The main irregular features of the verb **sapere** are

- the present indicative and subjunctive tenses
- the past definite tense
- the future stem

***IMPERATIVE***
**sappi** (tu) **sappia** (Lei) **sappiamo** (noi) **sappiate** (voi) **sappiano** (Loro)

***PLUPERFECT***
avevo saputo

***PAST ANTERIOR***
ebbi saputo

***FUTURE***
**saprò**

***FUTURE PERFECT***
avrò saputo

***PRESENT CONDITIONAL***
**saprei**

***CONDITIONAL PERFECT***
avrei saputo

***PRESENT SUBJUNCTIVE***
**sappia**
**sappia**
**sappia**
**sappiamo**
**sappiate**
**sappiano**

***PERFECT SUBJUNCTIVE***
abbia saputo

***IMPERFECT SUBJUNCTIVE***
sapessi

***PLUPERFECT SUBJUNCTIVE***
avessi saputo

| | |
|---|---|
| **— *So* suonare il flauto adesso.** | — *I know* how to play the flute now. |
| **— Non *saprei* da dove cominciare!** | — *I would*n't *know* where to begin! |
| **— Conosci la mia maestra?** | — Do you know my teacher? |
| **— No, non la conosco, ma *so* dove abita.** | — No, I don't know her, but *I know* where she lives. |
| **— Pare che *sappia* suonare molto bene.** | — It seems that she *knows* how to play very well. |

| *PRESENT GERUND* | *PAST PARTICIPLE* |
|---|---|
| scendendo | **sceso** |

| *PRESENT INDICATIVE* | *PRESENT PERFECT* |
|---|---|
| scendo | ho sceso / sono sceso / a |
| *PRESENT PROGRESSIVE* | *IMPERFECT PROGRESSIVE* |
| sto scendendo | stavo scendendo |
| *IMPERFECT* | *PAST DEFINITE* |
| scendevo | **scesi**<br>scendesti<br>**scese**<br>scendemmo<br>scendeste<br>**scesero** |

## *Similar verbs*

| | |
|---|---|
| † **accondiscendere** | consent |
| † **ascendere** | ascend |
| † **discendere** | descend |

† Like **scendere,** these verbs can take either **avere** or **essere**, depending on whether they are used transitively or intransitively.

***Note:*** The main irregular features of the verb are

- the past definite tense
- the past participle

| | |
|---|---|
| ***Sono sceso / a.*** | *I went downstairs.* |
| ***Scese* le scale correndo.** | *He came* running downstairs. |
| ***Sono scesi* dal tram.** | *They got off* the tram. |
| **La montagna *scende* verso il mare.** | The mountain *slopes down* towards the sea. |

***IMPERATIVE***
scendi (tu) scenda (Lei) scendiamo (noi) scendete (voi) scendano (Loro)

***PLUPERFECT***
avevo sceso / ero sceso / a

***PAST ANTERIOR***
ebbi sceso / fui sceso / a

***FUTURE***
scenderò

***FUTURE PERFECT***
avrò sceso / sarò sceso / a

***PRESENT CONDITIONAL***
scenderei

***CONDITIONAL PERFECT***
avrei sceso / sarei sceso / a

***PRESENT SUBJUNCTIVE***
scenda

***PERFECT SUBJUNCTIVE***
abbia sceso / sia sceso / a

***IMPERFECT SUBJUNCTIVE***
scendessi

***PLUPERFECT SUBJUNCTIVE***
avessi sceso / fossi sceso / a

| | |
|---|---|
| **La temperatura *è scesa* oggi.** | The temperature *has gone down* today. |
| **Perché non *scendiamo* al bar a prendere un caffè?** | Why *don't we go* to the bar for a coffee? |
| **I capelli le *scendevano* alle spalle.** | Her hair *fell over* her shoulders. |
| ***Accondiscese* a una riduzione di prezzo.** | *He consented* to a reduction in price. |
| ***Ascese* al trono.** | *He ascended* to the throne. |
| **I cristiani credono che dopo la Risurrezione Gesú *sia asceso* al cielo.** | Christians believe that after his Resurrection, Jesus *ascended to* heaven. |
| ***Discesi* le scale.** | *I went* downstairs. |
| **Il fiume *discende verso* il mare.** | The river *flows down* to the sea. |

| *PRESENT GERUND* | *PAST PARTICIPLE* |
|---|---|
| scorgendo | **scorto** |

| *PRESENT INDICATIVE* | *PRESENT PERFECT* |
|---|---|
| scorgo | ho scorto |
| *PRESENT PROGRESSIVE* | *IMPERFECT PROGRESSIVE* |
| sto scorgendo | stavo scorgendo |
| *IMPERFECT* | *PAST DEFINITE* |
| scorgevo | **scorsi**<br>scorgesti<br>**scorse**<br>scorgemmo<br>scorgeste<br>**scorsero** |

## *Similar verbs*

| | |
|---|---|
| ***accorgersi** | notice |
| **porgere** | hand, give, hold out |
| ***risorgere** | rise again, revive |
| ***sorgere** | rise |
| ***sporgere** | project, stick out, jut out |
| ***sporgersi** | lean out |

***Note:*** The main irregular features of the verb are

- the past definite tense
- the past participle

| | |
|---|---|
| **In lontananza *scorgevo* una figura di uomo avvicinarsi.** | In the distance *I noticed* the shape of a man approach. |
| **Se ne andò senza farsi *scorgere.*** | He went away without *being noticed.* |
| **Non vuole farsi *scorgere* da lui.** | She does not want him *to notice* her. |

***IMPERATIVE***
scorgi (tu) scorga (Lei) scorgiamo (noi) scorgete (voi) scorgano (Loro)

***PLUPERFECT***
avevo scorto

***PAST ANTERIOR***
ebbi scorto

***FUTURE***
scorgerò

***FUTURE PERFECT***
avrò scorto

***PRESENT CONDITIONAL***
scorgerei

***CONDITIONAL PERFECT***
avrei scorto

***PRESENT SUBJUNCTIVE***
scorga

***PERFECT SUBJUNCTIVE***
abbia scorto

***IMPERFECT SUBJUNCTIVE***
scorgessi

***PLUPERFECT SUBJUNCTIVE***
avessi scorto

| | |
|---|---|
| **Non me ne sono nemmeno *accorto!*** | *I did*n't even *notice!* |
| **Non si era *accorta* che pioveva.** | She *did*n't *notice* it was raining. |
| **Poi *sorse* una grande discussione.** | Then a great discussion *arose.* |
| **Le montagne *sorgono* davanti a me.** | The mountains *are looming* in front of me. |
| **Ho visto *sorgere* il sole.** | I saw the sun *rise.* |
| **La nebbia *sorse* dal lago.** | The fog *rose* from the lake. |
| **Le sue speranze *risorsero.*** | His hopes *revived.* |
| **Vi *porgo* i miei più distinti saluti.** | Yours sincerely. |
| **È pericoloso *sporgersi* dal finestrino.** | It is dangerous *to lean out* of the window. |

| *PRESENT GERUND* | *PAST PARTICIPLE* |
|---|---|
| scrivendo | **scritto** |

| *PRESENT INDICATIVE* | *PRESENT PERFECT* |
|---|---|
| scrivo | ho scritto |
| *PRESENT PROGRESSIVE* | *IMPERFECT PROGRESSIVE* |
| sto scrivendo | stavo scrivendo |
| *IMPERFECT* | *PAST DEFINITE* |
| scrivevo | **scrissi** |
| | scrivesti |
| | **scrisse** |
| | scrivemmo |
| | scriveste |
| | **scrissero** |

## *Similar verbs*

| | |
|---|---|
| **descrivere** | describe |
| **iscrivere** | enroll, register |
| ***iscriversi** | enroll (oneself) |

***Note:*** The main irregular features of the verb are

- the past definite tense
- the past participle

***IMPERATIVE***
scrivi (tu) scriva (Lei) scriviamo (noi) scrivete (voi) scrivano (Loro)

***PLUPERFECT***
avevo scritto

***PAST ANTERIOR***
ebbi scritto

***FUTURE***
scriverò

***FUTURE PERFECT***
avrò scritto

***PRESENT CONDITIONAL***
scriverei

***CONDITIONAL PERFECT***
avrei scritto

***PRESENT SUBJUNCTIVE***
scriva

***PERFECT SUBJUNCTIVE***
abbia scritto

***IMPERFECT SUBJUNCTIVE***
scrivessi

***PLUPERFECT SUBJUNCTIVE***
avessi scritto

| | |
|---|---|
| **Come *si scrive* questa parola?** | How *do you spell* this word? |
| **Sa *scrivere* la musica.** | He knows how *to write* music. |
| **Gli *ho scritto* due righe.** | *I wrote* him a note (two lines). |
| ***Scrissi* a casa non appena fui arrivata a Roma.** | *I wrote* home as soon as I arrived in Rome. |
| **Ti *iscrivo* al club?** | *Shall I enroll* you (as a member) in the club? |
| ***Mi sono iscritto* all'università.** | *I enrolled* at the university. |
| ***Descrisse* la scena in montagna.** | *He described* the scene in the mountains. |
| **Vorrei *descrivere* un'ampia curva.** | I would like *to describe* a wide curve. |

***PRESENT GERUND***
scotendo

***PAST PARTICIPLE***
**scosso**

***PRESENT INDICATIVE***
scuoto
scuoti
scuote
scotiamo
scotete
scuotono

***PRESENT PERFECT***
ho scosso

***PRESENT PROGRESSIVE***
sto scuotendo

***IMPERFECT PROGRESSIVE***
stavo scuotendo

***IMPERFECT***
scotevo

***PAST DEFINITE***
**scossi**
scotesti
**scosse**
scotemmo
scoteste
**scossero**

## *Similar verbs*

| | |
|---|---|
| **percuotere** | beat, strike |
| **ripercuotere** | beat again |
| ***ripercuotersi** | reverberate, affect |
| **riscuotere** | collect, cash |

***Note:*** The main irregular features of the verb are

- the past definite tense
- the past participle

***IMPERATIVE***
scuoti (tu) scuota (Lei) scotiamo (noi) scotete (voi) scuotano (Loro)

***PLUPERFECT***
avevo scosso

***PAST ANTERIOR***
ebbi scosso

***FUTURE***
scoterò

***FUTURE PERFECT***
avrò scosso

***PRESENT CONDITIONAL***
scoterei

***CONDITIONAL PERFECT***
avrei scosso

***PRESENT SUBJUNCTIVE***
scuota

***PERFECT SUBJUNCTIVE***
abbia scosso

***IMPERFECT SUBJUNCTIVE***
scotessi

***PLUPERFECT SUBJUNCTIVE***
avessi scosso

| | |
|---|---|
| ***Scosse* l'albero.** | *He shook* the tree. |
| ***Scuote* la testa.** | *He shakes* his head. |
| ***Fu scossa* dalla notizia.** | *She was shaken* by the news. |
| ***Ho riscosso* l'assegno.** | *I cashed* the check. |
| **La sua influenza *si ripercosse* su tutti i colleghi.** | His influence *reverberated* on all his colleagues. |
| **Lo *percosse* a morte.** | *He struck* him dead. |

| *PRESENT GERUND* | *PAST PARTICIPLE* |
|---|---|
| solendo | **solito** |

*PRESENT INDICATIVE*
**soglio**
**suoli**
**suole**
**sogliamo**
solete
**sogliono**

| *IMPERFECT* | *PAST DEFINITE* |
|---|---|
| solevo | solei |
| solevi | solesti |
| soleva | |
| solevamo | |
| solevate | |
| solevano | |

***Note:*** The main irregular features of the verb are

- the present indicative
- the past participle
- **solere** is a 'defective verb' (**verbo difettivo**), which means that some forms of it exist but not others. The other forms either never existed or have fallen out of use. In their place, one uses corresponding tenses of verbal expressions **essere solito** and **avere l'abitudine / la consuetudine.**

***PRESENT SUBJUNCTIVE***

soglia
soglia
soglia
sogliamo
sogliate
sogliano

***IMPERFECT SUBJUNCTIVE***

solessi
solessi
solesse
solessimo
soleste
solessero

| | |
|---|---|
| ***Soleva* alzarsi tardi ogni giorno.** | *He used to* get up late every day. |
| **Oggi lavora di più di quanto *soleva* fare due anni fa.** | Nowadays he works more than *he used to* two years ago. |
| ***Suole* alzarsi di buon'ora.** | He usually gets up early. |
| **Ogni sera al tramonto del sole le ragazze *solevano* andare a fare una passeggiata.** | Every evening at sunset the girls *used to* go for a walk. |
| **La domenica *siamo soliti* pranzare all'una.** | On Sundays *we are used to* having dinner at one. |
| **Come *si suol* dire, 'Meglio tardi che mai'!** | As they say, 'Better late than never'! |
| ***Ci sogliamo* ritrovare a casa dei genitori ogni domenica.** | *We are used to* meeting at the parents' house every Sunday. |

***PRESENT GERUND***
spargendo

***PAST PARTICIPLE***
**sparso**

***PRESENT INDICATIVE***
spargo

***PRESENT PERFECT***
ho sparso

***PRESENT PROGRESSIVE***
sto spargendo

***IMPERFECT PROGRESSIVE***
stavo spargendo

***IMPERFECT***
spargevo

***PAST DEFINITE***
**sparsi**
spargesti
**sparse**
spargemmo
spargeste
**sparsero**

## *Similar verbs*

| | |
|---|---|
| **aspergere** | sprinkle |
| ***emergere** | emerge |
| **immergere** | immerse |
| **sommergere** | submerge |

***Note:*** The main irregular features of the verb are

- the past definite tense
- the past participle

***IMPERATIVE***
spargi (tu) sparga (Lei) spargiamo (noi) spargete (voi) spargano (Loro)

***PLUPERFECT***
avevo sparso

***PAST ANTERIOR***
ebbi sparso

***FUTURE***
spargerò

***FUTURE PERFECT***
avrò sparso

***PRESENT CONDITIONAL***
spargerei

***CONDITIONAL PERFECT***
avrei sparso

***PRESENT SUBJUNCTIVE***
sparga

***PERFECT SUBJUNCTIVE***
abbia sparso

***IMPERFECT SUBJUNCTIVE***
spargessi

***PLUPERFECT SUBJUNCTIVE***
avessi sparso

| | |
|---|---|
| **_Sparse_ fiori sulla tomba.** | *He scattered* flowers on the grave. |
| **_Ho sparso_ zucchero sulla torta.** | *I sprinkled* sugar on the cake. |
| **Il lume _spargeva_ una luce fioca.** | The lamp *shed* a dim light. |
| **_Sparge_ una notizia ai quattro venti!** | He always tells everyone! |
| **Il prete _aspergerà_ l'acqua sul bambino.** | The priest *will sprinkle* water on the baby. |
| **Le onde _avevano sommerso_ la barca.** | The waves *had submerged* the boat. |
| **L'_ho immerso_ in acqua.** | *I immersed* it in water. |
| **Una sirena _è emersa_ dall'acqua.** | A mermaid *emerged* from the water. |

***PRESENT GERUND***
spegnendo

***PAST PARTICIPLE***
**spento**

***PRESENT INDICATIVE***
**spengo**
spegni
spegne
spegniamo
spegnete
**spengono**

***PRESENT PERFECT***
ho spento

***PRESENT PROGRESSIVE***
sto spegnendo

***IMPERFECT PROGRESSIVE***
stavo spegnendo

***IMPERFECT***
spegnevo

***PAST DEFINITE***
**spensi**
spegnesti
**spense**
spegnemmo
spegneste
**spensero**

***Note:*** The main irregular features of the verb are

- the present indicative and subjunctive tenses
- the past definite tense
- the past participle

***IMPERATIVE***
spegni (tu) **spenga** (Lei) spegniamo (noi) spegnete (voi) spengano (Loro)

***PLUPERFECT***
avevo spento

***PAST ANTERIOR***
ebbi spento

***FUTURE***
spegnerò

***FUTURE PERFECT***
avrò spento

***PRESENT CONDITIONAL***
spegnerei

***CONDITIONAL PERFECT***
avrei spento

***PRESENT SUBJUNCTIVE***
**spenga**
**spenga**
**spenga**
spegniamo
spegniate
**spengano**

***PERFECT SUBJUNCTIVE***
abbia spento

***IMPERFECT SUBJUNCTIVE***
spegnessi

***PLUPERFECT SUBJUNCTIVE***
avessi spento

| | |
|---|---|
| **Gianna *spense* la luce nella sala.** | Gianna *turned off* the light in the room. |
| ***Spenta* la luce, cominciò ad avere paura.** | When the light *went off,* she began to be afraid. |
| **«Ho paura che il fantasma *spenga* ogni luce nella casa», disse.** | "I am afraid that the ghost *will turn off* every light in the house," she said. |

***PRESENT GERUND***
spingendo

***PAST PARTICIPLE***
**spinto**

***PRESENT INDICATIVE***
spingo

***PRESENT PERFECT***
ho spinto

***PRESENT PROGRESSIVE***
sto spingendo

***IMPERFECT PROGRESSIVE***
stavo spingendo

***IMPERFECT***
spingevo

***PAST DEFINITE***
**spinsi**
spingesti
**spinse**
spingemmo
spingeste
**spinsero**

## *Similar verbs*

**dipingere** paint
**fingere** pretend
**respingere** push back
**sospingere** push, drive

***Note:*** The main irregular features of the verb are

- the past definite tense
- the past participle

***IMPERATIVE***
spingi (tu) spinga (Lei) spingiamo (noi) spingete (voi) spingano (Loro)

***PLUPERFECT***
avevo spinto

***PAST ANTERIOR***
ebbi spinto

***FUTURE***
spingerò

***FUTURE PERFECT***
avrò spinto

***PRESENT CONDITIONAL***
spingerei

***CONDITIONAL PERFECT***
avrei spinto

***PRESENT SUBJUNCTIVE***
spinga

***PERFECT SUBJUNCTIVE***
abbia spinto

***IMPERFECT SUBJUNCTIVE***
spingessi

***PLUPERFECT SUBJUNCTIVE***
avessi spinto

| | |
|---|---|
| ***Spingete!*** | *Push!* |
| **Che cosa ti *ha spinto* a partire così presto?** | What *has driven* you to leave so early? |
| **Mio padre mi *spinge* a studiare di più.** | My father *is urging* me to study harder. |
| ***Spinse* Luigi dentro.** | *He pushed* Luigi inside. |
| ***Spinse* l'amore fino al ridicolo.** | *She carried* her love to ridiculous extremes. |
| ***Hai spinto* quello scherzo oltre i limiti.** | *You have pushed* that joke too far. |
| ***Respinsero* la folla.** | *They pushed back* the crowd. |
| **La fame la *sospinse* a rubare.** | Hunger *drove* her to steal. |
| ***Finsi* di essere addormentata.** | *I pretended* I was asleep. |
| **L'anno scorso *dipinsi* sette quadri, mentre quest'anno ne *ho dipinto* appena due.** | Last year *I painted* seven pictures, whereas this year I barely painted two. |

***PRESENT GERUND***
stando

***PAST PARTICIPLE***
stato

***PRESENT INDICATIVE***
sto
stai
sta
stiamo
state
stanno

***PRESENT PERFECT***
sono stato / a

***IMPERFECT***
stavo

***PAST DEFINITE***
**stetti**
**stesti**
**stette**
**stemmo**
**steste**
**stettero**

***Note:*** The verb **stare** often takes over the duties of **essere,** and indeed the verb **essere** *borrows* the past participle of **stare.**

The main irregular features of the verb are

- the present indicative and subjunctive tenses
- the imperfect subjunctive tense
- the past definite tense
- the future stem

***IMPERATIVE***
sta / sta' / stai (tu) **stia** (Lei) stiamo (noi) state (voi) stiano (Loro)

***PLUPERFECT***
ero stato

***PAST ANTERIOR***
fui stato / a

***FUTURE***
**starò**

***FUTURE PERFECT***
sarò stato / a

***PRESENT CONDITIONAL***
**starei**

***CONDITIONAL PERFECT***
sarei stato / a

***PRESENT SUBJUNCTIVE***
**stia**
**stia**
**stia**
stiamo
stiate
**stiano**

***PERFECT SUBJUNCTIVE***
sia stato / a

***IMPERFECT SUBJUNCTIVE***
**stessi**
**stessi**
**stesse**
**stessimo**
**steste**
**stessero**

***PLUPERFECT SUBJUNCTIVE***
fossi stato / a

| | |
|---|---|
| **— Come *stai* oggi?** | — How *are you* today? |
| **— *Sto* un po meglio, grazie.** | — *I am* a little better, thank you. |
| ***Stettero* tre giorni a Roma e due in provincia.** | *They stayed* three days in Rome and two in the country. |
| ***Stavo* per andarmene quando arrivò Maurizio.** | I was about to leave when Maurizio arrived. |

***PRESENT GERUND***
stringendo

***PAST PARTICIPLE***
**stretto**

***PRESENT INDICATIVE***
stringo

***PRESENT PERFECT***
ho stretto

***PRESENT PROGRESSIVE***
sto stringendo

***IMPERFECT PROGRESSIVE***
stavo stringendo

***IMPERFECT***
stringevo

***PAST DEFINITE***
**strinsi**
stringesti
**strinse**
stringemmo
stringeste
**strinsero**

*Similar verbs*

**costringere** force
**restringere** narrow, tighten

***Note:*** The main irregular features of the verb are

- the past definite tense
- the past participle

***IMPERATIVE***
stringi (tu) stringa (Lei) stringiamo (noi) stringete (voi) stringano (Loro)

***PLUPERFECT***
avevo stretto

***PAST ANTERIOR***
ebbi stretto

***FUTURE***
stringerò

***FUTURE PERFECT***
avrò stretto

***PRESENT CONDITIONAL***
stringerei

***CONDITIONAL PERFECT***
avrei stretto

***PRESENT SUBJUNCTIVE***
stringa

***PERFECT SUBJUNCTIVE***
abbia stretto

***IMPERFECT SUBJUNCTIVE***
stringessi

***PLUPERFECT SUBJUNCTIVE***
avessi stretto

| | |
|---|---|
| **Mi *strinse* la mano.** | He *shook* my hand. |
| ***Strinsi* mia figlia tra le braccia.** | *I hugged* my daughter. |
| ***Ha stretto* la moneta in mano.** | *He gripped* the coin in his hand. |
| **Devo *stringere* la cinghia.** | I must *tighten* my belt. |
| **Mi *hanno costretto* ad andarmene.** | *They forced* me out. |
| **Mi *ha costretto* a venire stasera.** | *He made* me come this evening. |
| **Ho fatto *restringere* il vestito.** | I have had the dress *taken in.* |

***PRESENT GERUND***
struggendo

***PAST PARTICIPLE***
**strutto**

***PRESENT INDICATIVE***
struggo

***PRESENT PERFECT***
ho strutto

***PRESENT PROGRESSIVE***
sto struggendo

***IMPERFECT PROGRESSIVE***
stavo struggendo

***IMPERFECT***
struggevo

***PAST DEFINITE***
**strussi**
struggesti
**strusse**
struggemmo
struggeste
**strussero**

*Similar verb*

**distruggere** destroy

***Note:*** The main irregular features of the verb are

- the past definite tense
- the past participle

***IMPERATIVE***
struggi (tu) strugga (Lei) struggiamo (noi) struggete (voi) struggano (Loro)

***PLUPERFECT***
avevo strutto

***PAST ANTERIOR***
ebbi strutto

***FUTURE***
struggerò

***FUTURE PERFECT***
avrò strutto

***PRESENT CONDITIONAL***
struggerei

***CONDITIONAL PERFECT***
avrei strutto

***PRESENT SUBJUNCTIVE***
strugga

***PERFECT SUBJUNCTIVE***
abbia strutto

***IMPERFECT SUBJUNCTIVE***
struggessi

***PLUPERFECT SUBJUNCTIVE***
avessi strutto

| | |
|---|---|
| **Strussi la cera.** | *I melted* the wax. |
| **La malattia lo *strugge*.** | *He is wasting away* because of the illness / sickness. |
| ***Distrussero* la casa.** | *They destroyed* the house. |
| ***Fu distrutto* dal dolore alla gamba.** | *He was overcome* with the pain in his leg. |
| **Il vino l'*ha distrutto*.** | Wine *has been his ruin.* |
| **I bombardamenti *distrussero* tutta la zona.** | The bombardments *destroyed* the entire region. |

***PRESENT GERUND***
tacendo

***PAST PARTICIPLE***
taciuto

***PRESENT INDICATIVE***
**taccio**
taci
tace
taciamo
tacete
**tacciono**

***PRESENT PERFECT***
ho taciuto

***PRESENT PROGRESSIVE***
sto tacendo

***IMPERFECT PROGRESSIVE***
stavo tacendo

***IMPERFECT***
tacevo

***PAST DEFINITE***
**tacqui**
tacesti
**tacque**
tacemmo
taceste
**tacquero**

***Note:*** The main irregular features of the verb are

- the present indicative and subjunctive tenses
- the past definite tense
- the additional **i** in the past participle

***IMPERATIVE***
taci (tu) **taccia** (Lei) **tacciamo** (noi) tacete (voi) **tacciano** (Loro)

***PLUPERFECT***
avevo taciuto

***PAST ANTERIOR***
ebbi taciuto

***FUTURE***
tacerò

***FUTURE PERFECT***
avrò taciuto

***PRESENT CONDITIONAL***
tacerei

***CONDITIONAL PERFECT***
avrei taciuto

***PRESENT SUBJUNCTIVE***
**taccia**
**taccia**
**taccia**
taciamo
taciate
**tacciano**

***PERFECT SUBJUNCTIVE***
abbia taciuto

***IMPERFECT SUBJUNCTIVE***
tacessi

***PLUPERFECT SUBJUNCTIVE***
avessi taciuto

| | |
|---|---|
| **Il padre *tacque.*** | The father *fell silent.* |
| **I ragazzi non *tacquero,* però.** | The children *were* not *silent,* however. |
| ***«Tacete»,* disse la mamma.** | "*Be quiet,*" said their mother. |
| **I bambini *tacevano* ed ascoltavano la maestra.** | The children *were silent,* and they listened to the teacher. |

| *PRESENT GERUND* | *PAST PARTICIPLE* |
|---|---|
| tendendo | **teso** |

| *PRESENT INDICATIVE* | *PRESENT PERFECT* |
|---|---|
| tendo | ho teso |
| *PRESENT PROGRESSIVE* | *IMPERFECT PROGRESSIVE* |
| sto tendendo | stavo tendendo |
| *IMPERFECT* | *PAST DEFINITE* |
| tendevo | **tesi** |
| | tendesti |
| | **tese** |
| | tendemmo |
| | tendeste |
| | **tesero** |

## *Similar verbs*

| | |
|---|---|
| **attendere** | wait |
| **contendere** | contend |
| **distendere** | stretch |
| **estendere** | extend |
| **intendere** | intend, understand |
| **pretendere** | claim |
| **sottintendere** | hint at |
| **stendere** | spread, stretch out |

***Note:*** The main irregular features of the verb are

- the past definite tense
- the past participle

| | |
|---|---|
| **Mi *tese* la mano.** | *He stretched out* his hand. |
| **Il cane *ha teso* gli orecchi.** | The dog *pricked up* its ears. |
| ***Ho teso* la corda.** | *I pulled* the rope tight. |
| ***Ha teso* le corde del violino.** | *He tightened* the strings of the violin. |

***IMPERATIVE***
tendi (tu) tenda (Lei) tendiamo (noi) tendete (voi) tendano (Loro)

***PLUPERFECT***
avevo teso

***PAST ANTERIOR***
ebbi teso

***FUTURE***
tenderò

***FUTURE PERFECT***
avrò teso

***PRESENT CONDITIONAL***
tenderei

***CONDITIONAL PERFECT***
avrei teso

***PRESENT SUBJUNCTIVE***
tenda

***PERFECT SUBJUNCTIVE***
abbia teso

***IMPERFECT SUBJUNCTIVE***
tendessi

***PLUPERFECT SUBJUNCTIVE***
avessi teso

| | |
|---|---|
| ***Tende* ad ingrassare.** | *She tends* to get fat. |
| **Che colore è? *Tende* al rosso.** | What color / colour is it? A reddish color / colour. |
| ***Pretende* di essere un grande artista.** | *He pretends* to be a great artist. |
| ***Pretese* di aver ragione.** | *He claimed* to be right. |
| ***Attendiamo* una pronta risposta.** | *We are waiting* for a prompt reply. |
| **Nessuno gli *contese* i suoi diritti.** | No one *contested* his rights. |
| ***Distesi* la mano per aiutare la ragazza.** | *I stretched out* my hand to help the girl. |
| **Che cosa *intendi* fare?** | What *do you intend* to do? |
| ***Sottintende* la verità.** | *He is hinting* at the truth. |
| **Giuliana *stese* il bucato sull'erba.** | Giuliana *laid out* the washing on the grass. |
| **Mi *ha steso* la mano.** | *He streched out* his hand to me. |

| *PRESENT GERUND* | *PAST PARTICIPLE* |
|---|---|
| tenendo | tenuto |

| *PRESENT INDICATIVE* | *PRESENT PERFECT* |
|---|---|
| **tengo**<br>**tieni**<br>**tiene**<br>teniamo<br>tenete<br>**tengono** | ho tenuto |

| *PRESENT PROGRESSIVE* | *IMPERFECT PROGRESSIVE* |
|---|---|
| sto tenendo | stavo tenendo |

| *IMPERFECT* | *PAST DEFINITE* |
|---|---|
| tenevo | **tenni**<br>tenesti<br>**tenne**<br>tenemmo<br>teneste<br>**tennero** |

## *Similar verbs*

| | | | |
|---|---|---|---|
| **appartenere** | belong | **ottenere** | obtain |
| ***astenersi** | abstain | **ritenere** | retain |
| **contenere** | contain | **sostenere** | support |
| **detenere** | detain, stop | **trattenere** | restrain, detain |
| **mantenere** | maintain | | |

***Note:*** The main irregular features of the verb are

- the present indicative and subjunctive tenses
- the past definite tense
- the future stem

| | |
|---|---|
| **Non riesco più a *tenere* la casa. È troppo lavoro.** | I can no longer *keep* the house. It's too much work. |
| **La *terrò* per un altro anno, e poi la vendo.** | *I will keep* it for one more year, and then I'll sell it. |

***IMPERATIVE***
tieni (tu) **tenga** (Lei) teniamo (noi) tenete (voi) tengano (Loro)

***PLUPERFECT***
avevo tenuto

***PAST ANTERIOR***
ebbi tenuto

***FUTURE***
**terrò**

***FUTURE PERFECT***
avrò tenuto

***PRESENT CONDITIONAL***
**terrei**

***CONDITIONAL PERFECT***
avrei tenuto

***PRESENT SUBJUNCTIVE***
**tenga**
**tenga**
**tenga**
teniamo
teniate
**tengano**

***PERFECT SUBJUNCTIVE***
abbia tenuto

***IMPERFECT SUBJUNCTIVE***
tenessi

***PLUPERFECT SUBJUNCTIVE***
avessi tenuto

| | |
|---|---|
| **— A chi *appartiene* quel cane?** | — Whom *does* that dog *belong* to? |
| **— L'*ho ottenuto* l'anno scorso.** | — *I got* it last year. |
| **Questa bevanda *contiene* alcool.** | This drink *contains* alcohol. |
| **Dovrei *astenermi* dall'alcool.** | I should *abstain* from drinking alcohol. |
| ***Mantengo* sempre buone relazioni con Giovanni.** | *I* always *maintain* a good relationship with Giovanni. |
| **Il muro *è sostenuto* da lunghi pali.** | The wall *is supported* by long poles. |
| ***Sostenne* la sua innocenza.** | *He maintained* his innocence. |
| ***Fu trattenuto* a scuola.** | *He was kept in* at school. |

| *PRESENT GERUND* | *PAST PARTICIPLE* |
|---|---|
| tingendo | **tinto** |

| *PRESENT INDICATIVE* | *PRESENT PERFECT* |
|---|---|
| tingo | ho tinto |
| *PRESENT PROGRESSIVE* | *IMPERFECT PROGRESSIVE* |
| sto tingendo | stavo tingendo |
| *IMPERFECT* | *PAST DEFINITE* |
| tingevo | **tinsi** |
| | tingesti |
| | **tinse** |
| | tingemmo |
| | tingeste |
| | **tinsero** |

## *Similar verbs*

**attingere** draw up, draw out
**dipingere** paint, portray

***Note:*** The main irregular features of the verb are

- the past definite tense
- the past participle

***IMPERATIVE***
tingi (tu) tinga (Lei) tingiamo (noi) tingete (voi) tingano (Loro)

***PLUPERFECT***
avevo tinto

***PAST ANTERIOR***
ebbi tinto

***FUTURE***
tingerò

***FUTURE PERFECT***
avrò tinto

***PRESENT CONDITIONAL***
tingerei

***CONDITIONAL PERFECT***
avrei tinto

***PRESENT SUBJUNCTIVE***
tinga

***PERFECT SUBJUNCTIVE***
abbia tinto

***IMPERFECT SUBJUNCTIVE***
tingessi

***PLUPERFECT SUBJUNCTIVE***
avessi tinto

| | |
|---|---|
| **— *Hai tinto* i capelli?** | — *Have you dyed* your hair? |
| **— No, ma *ho tinto* questo vestito di nero!** | — No, but *I have dyed* this dress black. |
| **Il sole *tingeva* le montagne di rosa.** | The sun *tinged* the mountains with a rosy glow. |
| ***Attinse* l'acqua dal pozzo.** | *He drew out* water from the well. |
| ***Ha dipinto* il ritratto ad olio.** | *He painted* the picture in oils. |

| *PRESENT GERUND* | *PAST PARTICIPLE* |
|---|---|
| torcendo | **torto** |

| *PRESENT INDICATIVE* | *PRESENT PERFECT* |
|---|---|
| torco | ho torto |
| *PRESENT PROGRESSIVE* | *IMPERFECT PROGRESSIVE* |
| sto torcendo | stavo torcendo |
| *IMPERFECT* | *PAST DEFINITE* |
| torcevo | **torsi**<br>torcesti<br>**torse**<br>torcemmo<br>torceste<br>**torsero** |

## *Similar verbs*

| | |
|---|---|
| **contorcere** | contort, distort |
| ***contorcersi** | writhe, twist |
| ***torcersi** | twist, writhe |
| **storcere** | twist, wrench |

***Note:*** The main irregular features of the verb are

- the past definite tense
- the past participle

***IMPERATIVE***
torci (tu) torca (Lei) torciamo (noi) torcete (voi) torcano (Loro)

***PLUPERFECT***
avevo torto

***PAST ANTERIOR***
ebbi torto

***FUTURE***
torcerò

***FUTURE PERFECT***
avrò torto

***PRESENT CONDITIONAL***
torcerei

***CONDITIONAL PERFECT***
avrei torto

***PRESENT SUBJUNCTIVE***
torca

***PERFECT SUBJUNCTIVE***
abbia torto

***IMPERFECT SUBJUNCTIVE***
torcessi

***PLUPERFECT SUBJUNCTIVE***
avessi torto

| | |
|---|---|
| **Vorrei *torcere* il collo a quel ragazzo.** | I'd like *to wring* that boy's neck! |
| ***Torse* i panni.** | *He wrung out* the washing. |
| ***Torceva* il naso.** | *He was turning up* his nose. |
| **Anna *ha torto* i fili.** | Anna *twisted* the threads. |
| ***Si torceva* dal dolore.** | *He was writhing* in pain. |
| **Tieni la fune diritta, non *storcer*la.** | Hold the rope straight, *don't twist* it. |

| *PRESENT GERUND* | *PAST PARTICIPLE* |
|---|---|
| traducendo | **tradotto** |

| *PRESENT INDICATIVE* | *PRESENT PERFECT* |
|---|---|
| **traduco**<br>traduci<br>traduce<br>traduciamo<br>traducete<br>traducono | ho tradotto |

| *PRESENT PROGRESSIVE* | *IMPERFECT PROGRESSIVE* |
|---|---|
| sto traducendo | stavo traducendo |

| *IMPERFECT* | *PAST DEFINITE* |
|---|---|
| traducevo | **tradussi**<br>traducesti<br>**tradusse**<br>traducemmo<br>traduceste<br>**tradussero** |

## *Similar verbs*

| | | | |
|---|---|---|---|
| **addurre** | convey | **introdurre** | introduce |
| **condurre** | conduct, lead, drive | **produrre** | produce |
| | | **ridurre** | reduce |
| **dedurre** | deduce | **riprodurre** | reproduce |
| **indurre** | induce, induct | **sedurre** | seduce |

***Note:*** The main irregular features of the verb are

- the irregular present tense stem
- the irregular future stem
- the past definite tense
- the past participle

***Ho tradotto* il suo ultimo libro.** *I translated* his last book.

***IMPERATIVE***
traduci (tu) traduca (Lei) traduciamo (noi) traducete (voi) traducano (Loro)

***PLUPERFECT***
avevo tradotto

***PAST ANTERIOR***
ebbi tradotto

***FUTURE***
**tradurrò**

***FUTURE PERFECT***
avrò tradotto

***PRESENT CONDITIONAL***
**tradurrei**

***CONDITIONAL PERFECT***
avrei tradotto

***PRESENT SUBJUNCTIVE***
traduca

***PERFECT SUBJUNCTIVE***
abbia tradotto

***IMPERFECT SUBJUNCTIVE***
traducessi

***PLUPERFECT SUBJUNCTIVE***
avessi tradotto

| | |
|---|---|
| **Dubito che l'opera *sia stata tradotta* in inglese.** | I doubt that the work *was translated* into English. |
| **Mi *condusse* al teatro.** | *He took* me to the theater / theatre. |
| ***Condussero* una vita miserabile.** | *They led* a miserable life. |
| **Tutte le strade *conducono* a Roma.** | All roads *lead* to Rome. |
| **Mi *introdusse* allo studio della lingua italiana.** | *He introduced* me to the study of the Italian language. |
| **Quest'albero non *ha prodotto* mai frutta.** | This tree *has* never *produced* any fruit. |
| ***Ridusse* la velocità all'angolo della strada.** | *He reduced* his speed at the corner of the road. |

***PRESENT GERUND***
traendo

***PAST PARTICIPLE***
**tratto**

***PRESENT INDICATIVE***
**traggo**
**trai**
**trae**
**traiamo**
**traete**
**traggono**

***PRESENT PERFECT***
ho tratto

***PRESENT PROGRESSIVE***
sto traendo

***IMPERFECT PROGRESSIVE***
stavo traendo

***IMPERFECT***
traevo

***PAST DEFINITE***
**trassi**
traesti
**trasse**
traemmo
traeste
**trassero**

## *Similar verbs*

| | |
|---|---|
| **attrarre** | attract |
| **contrarre** | contract |
| **distrarre** | distract |
| **estrarre** | extract |
| **sottrarre** | subtract |
| ***sottrarsi** | get out of; shirk |

***Note:*** The main irregular features of these verbs are

- the present indicative and subjunctive tenses
- the future stem
- the past definite tense
- the past participle

***IMPERATIVE***
trai (tu) **tragga** (Lei) traiamo (noi) traete (voi) **traggano** (Loro)

***PLUPERFECT***
avevo tratto

***PAST ANTERIOR***
ebbi tratto

***FUTURE***
**trarrò**

***FUTURE PERFECT***
avrò tratto

***PRESENT CONDITIONAL***
**trarrei**

***CONDITIONAL PERFECT***
avrel tratto

***PRESENT SUBJUNCTIVE***
**tragga**
**tragga**
**tragga**
traiamo
traiate
**traggano**

***PERFECT SUBJUNCTIVE***
abbia tratto

***IMPERFECT SUBJUNCTIVE***
traessi

***PLUPERFECT SUBJUNCTIVE***
avessi tratto

| | |
|---|---|
| **Non ne *traggo* nessun piacere.** | *I don't get* any pleasure from it. |
| ***Trae* origine da una nobile famiglia.** | *He traces* his origins back to a noble family. |
| **La minima cosa lo *distraeva.*** | The slightest thing *distracted* him. |
| **Mi sento *attratto* verso quella ragazza.** | I feel *attracted* to that girl. |
| ***Sottrai* quattro da dieci.** | *Subtract* four from ten. |
| **Lo *sottrassero* alla morte.** | *They rescued* him from death. |
| **Luigi *si sottrasse* al proprio dovere.** | Luigi *shirked* his duty. |
| ***Contrasse* una malattia dolorosa.** | *He contracted* a painful illness / sickness. |

***PRESENT GERUND***
uccidendo

***PAST PARTICIPLE***
**ucciso**

***PRESENT INDICATIVE***
uccido

***PRESENT PERFECT***
ho ucciso

***PRESENT PROGRESSIVE***
sto uccidendo

***IMPERFECT PROGRESSIVE***
stavo uccidendo

***IMPERFECT***
uccidevo

***PAST DEFINITE***
**uccisi**
uccidesti
**uccise**
uccidemmo
uccideste
**uccisero**

*Similar verb*

***uccidersi** kill oneself, commit suicide

***Note:*** The main irregular features of this verb are:

- the past definite tense
- the past participle

***IMPERATIVE***
uccidi (tu) uccida (Lei) uccidiamo (noi) uccidete (voi) uccidano (Loro)

***PLUPERFECT***
avevo ucciso

***PAST ANTERIOR***
ebbi ucciso

***FUTURE***
ucciderò

***FUTURE PERFECT***
avrò ucciso

***PRESENT CONDITIONAL***
ucciderei

***CONDITIONAL PERFECT***
avrei ucciso

***PRESENT SUBJUNCTIVE***
uccida

***PERFECT SUBJUNCTIVE***
abbia ucciso

***IMPERFECT SUBJUNCTIVE***
uccidessi

***PLUPERFECT SUBJUNCTIVE***
avessi ucciso

| | |
|---|---|
| ***Ha uccisо*** **un lupo.** | *He killed* a wolf. |
| ***Uccise*** **l'uomo, sparandogli alla testa.** | *He shot* the man through the head. |
| ***Fu uccisо*** **in un incidente stradale.** | *He was killed* in a road accident. |
| ***Si uccise*** **per disperazione.** | *He killed himself* out of despair. |

***PRESENT GERUND***
udendo

***PAST PARTICIPLE***
udito

***PRESENT INDICATIVE***
**odo**
**odi**
**ode**
udiamo
udite
**odono**

***PRESENT PERFECT***
ho udito

***PRESENT PROGRESSIVE***
sto udendo

***IMPERFECT PROGRESSIVE***
stavo udendo

***IMPERFECT***
udivo

***PAST DEFINITE***
udii

***Note:*** The main irregular features of the verb are

- the present indicative and subjunctive tenses

***IMPERATIVE***
**odi** (tu) **oda** (Lei) udiamo (noi) udite (voi) **odano** (Loro)

***PLUPERFECT***
avevo udito

***PAST ANTERIOR***
ebbi udito

***FUTURE***
udirò / udrò

***FUTURE PERFECT***
avrò udito

***PRESENT CONDITIONAL***
udirei / udrei

***CONDITIONAL PERFECT***
avrei udito

***PRESENT SUBJUNCTIVE***
**oda**
**oda**
**oda**
udiamo
udiate
**odano**

***PERFECT SUBJUNCTIVE***
abbia udito

***IMPERFECT SUBJUNCTIVE***
udissi

***PLUPERFECT SUBJUNCTIVE***
avessi udito

| | |
|---|---|
| **— L'*hai* mai *udito* cantare?** | — *Have you* ever *heard* him sing? |
| **— Non ancora, ma l'*udirò* forse domani.** | — Not yet, but *I shall* perhaps *hear* him tomorrow. |
| **Spero che Dio *oda* le mie preghiere!** | I hope God *will listen to* my prayers. |

| ***PRESENT GERUND*** | ***PAST PARTICIPLE*** |
|---|---|
| uscendo | uscito |

| ***PRESENT INDICATIVE*** | ***PRESENT PERFECT*** |
|---|---|
| **esco**<br>**esci**<br>**esce**<br>usciamo<br>uscite<br>**escono** | sono uscito / a |

| ***PRESENT PROGRESSIVE*** | ***IMPERFECT PROGRESSIVE*** |
|---|---|
| sto uscendo | stavo uscendo |

| ***IMPERFECT*** | ***PAST DEFINITE*** |
|---|---|
| uscivo | uscii |

*Similar verb*

***riuscire** succeed

***Note:*** The main irregular features of the verb are

- the present indicative and subjunctive tenses

***IMPERATIVE***
**esci** (tu) **esca** (Lei) usciamo (noi) uscite (voi) **escano** (Loro)

***PLUPERFECT***
ero uscito

***PAST ANTERIOR***
fui uscito / a

***FUTURE***
uscirò

***FUTURE PERFECT***
sarò uscito / a

***PRESENT CONDITIONAL***
uscirei

***CONDITIONAL PERFECT***
sarei uscito / a

***PRESENT SUBJUNCTIVE***
**esca**
**esca**
**esca**
usciamo
usciate
**escano**

***PERFECT SUBJUNCTIVE***
sia uscito / a

***IMPERFECT SUBJUNCTIVE***
uscissi

***PLUPERFECT SUBJUNCTIVE***
fossi uscito / a

| | |
|---|---|
| **— A che ora *usciamo* stasera?** | — What time *are we going out* tonight? |
| **— Beh, io *esco* alle sette, ma Mario non *esce* fino alle sette e mezzo.** | — Well, *I'm going out* at 7:00, but Mario *is* not *going out* till 7:30. |
| **— E Carlo?** | — And what about Carlo? |
| **— Non credo che *esca* stasera.** | — I don't think *he's going out* tonight. |
| **— Non *sei riuscito* a telefonargli?** | — *Did you* not *manage* to call him? |
| **— Sì, ci *sono riuscito,* ma *era uscito* con Antonia.** | — Yes, *I did manage to;* but *he had gone out* with Antonia. |

***PRESENT GERUND***
valendo

***PAST PARTICIPLE***
**valso**

***PRESENT INDICATIVE***
**valgo**
vali
vale
valiamo
valete
**valgono**

***PRESENT PERFECT***
sono valso / a

***PRESENT PROGRESSIVE***
sto valendo

***IMPERFECT PROGRESSIVE***
stavo valendo

***IMPERFECT***
valevo

***PAST DEFINITE***
**valsi**
valesti
**valse**
valemmo
valeste
**valsero**

*Similar verb*

***prevalere** prevail

***Note:*** The main irregular features of the verb are

- the present indicative and subjunctive tenses
- the past definite tense
- the past participle
- the future stem

***IMPERATIVE***
vali (tu) **valga** (Lei) valiamo (noi) valete (voi) **valgano** (Loro)

***PLUPERFECT***
ero valso / a

***PAST ANTERIOR***
fui valso / a

***FUTURE***
**varrò**

***FUTURE PERFECT***
sarò valso / a

***PRESENT CONDITIONAL***
**varrei**

***CONDITIONAL PERFECT***
sarei valso / a

***PRESENT SUBJUNCTIVE***
**valga**
**valga**
**valga**
valiamo
valiate
**valgano**

***PERFECT SUBJUNCTIVE***
sia valso / a

***IMPERFECT SUBJUNCTIVE***
valessi

***PLUPERFECT SUBJUNCTIVE***
fossi valso / a

| | |
|---|---|
| **— Quanto *valgono* queste due statue?** | — How much *are* these two statues *worth*? |
| **— Non credo che *valgano* molto.** | — I do not think *they are worth* a lot. |
| **— Quella più grande *vale* forse mezzo milione.** | — The larger one is perhaps *worth* half a million lire. |
| **Questo biglietto *vale* per 24 ore.** | This ticket *is valid* for 24 hours. |
| **Litigarsi per una cosa tale, non *ne vale la pena.*** | Fighting for something of the sort *is* not *worth it.* |
| **Dicono cose che non *valgono* a nulla.** | They are talking nonsense. |

***PRESENT GERUND***
vedendo

***PAST PARTICIPLE***
**visto** / veduto

***PRESENT INDICATIVE***
vedo

***PRESENT PERFECT***
ho visto

***PRESENT PROGRESSIVE***
sto vedendo

***IMPERFECT PROGRESSIVE***
stavo vedendo

***IMPERFECT***
vedevo

***PAST DEFINITE***
**vidi**
vedesti
**vide**
vedemmo
vedeste
**videro**

## *Similar verbs*

| | |
|---|---|
| ***avvedersi** | perceive |
| **prevedere** | foresee |
| **provvedere** | provide |
| **rivedere** | see again |
| **travedere** | be wrong |

***Note:*** The main irregular features of the verb are

- the past definite tense
- the past participle (although the regular past participle is also accepted)
- the future stem

***IMPERATIVE***
vedi (tu) veda (Lei) vediamo (noi) vedete (voi) vedano (Loro)

***PLUPERFECT***
avevo visto

***PAST ANTERIOR***
ebbi visto

***FUTURE***
**vedrò**

***FUTURE PERFECT***
avrò visto

***PRESENT CONDITIONAL***
**vedrei**

***CONDITIONAL PERFECT***
avrei visto

***PRESENT SUBJUNCTIVE***
veda

***PERFECT SUBJUNCTIVE***
abbia visto

***IMPERFECT SUBJUNCTIVE***
vedessi

***PLUPERFECT SUBJUNCTIVE***
avessi visto

| | |
|---|---|
| **— *Vedi* quell'uomo laggiù?** | — *Do you see* that man down there? |
| **— Sì, l'*ho visto* anche ieri. Chi è?** | — Yes, *I saw* him yesterday as well. Who is he? |
| **— Non lo so. Mai *visto* prima!** | — I don't know, *I have* never *seen* him before today. |
| **— Credi che lui ci abbia *visti?*** | — Do you think *he has seen* us? |
| **Tu *travedi,* se credi che lui sia colpevole.** | You *are making a mistake* if you think he is guilty. |
| **Non *l'ho* mai più *rivista.*** | *I* never *saw* her *again.* |
| **Avresti dovuto *prevederlo.*** | You should have *foreseen* it. |
| **Ti ferì senza *avvedersene.*** | He hurt your feelings without *realizing.* |
| **L'*ho* sempre *provveduto* di tutto.** | *I have* always *provided* him with everything. |

| ***PRESENT GERUND*** | ***PAST PARTICIPLE*** |
|---|---|
| venendo | **venuto** |

| ***PRESENT INDICATIVE*** | ***PRESENT PERFECT*** |
|---|---|
| **vengo**<br>**vieni**<br>**viene**<br>veniamo<br>venite<br>**vengono** | sono venuto / a |
| ***PRESENT PROGRESSIVE*** | ***IMPERFECT PROGRESSIVE*** |
| sto venendo | stavo venendo |
| ***IMPERFECT*** | ***PAST DEFINITE*** |
| venivo | **venni**<br>venisti<br>**venne**<br>venimmo<br>veniste<br>**vennero** |

## *Similar verbs*

| | | | |
|---|---|---|---|
| ***avvenire** | happen | ***provenire** | proceed from, come from |
| ***convenire** | agree, gather together | **†rinvenire** | find, discover; recover; come to |
| ***divenire** | become | ***sopravvenire** | arrive; happen |
| ***intervenire** | intervene | ***sovvenire** | aid |
| ***pervenire** | reach, arrive | ***svenire** | faint |

***Note:*** The main irregular features of the verb are

- the present indicative and subjunctive tenses
- the past definite tense
- the past participle
- the future stem

***IMPERATIVE***
**vieni** (tu) **venga** (Lei) veniamo (noi) venite (voi) vengano (Loro)

***PLUPERFECT***
ero venuto / a

***PAST ANTERIOR***
fui venuto / a

***FUTURE***
**verrò**

***FUTURE PERFECT***
sarò venuto / a

***PRESENT CONDITIONAL***
**verrei**

***CONDITIONAL PERFECT***
sarei venuto / a

***PRESENT SUBJUNCTIVE***
**venga**
**venga**
**venga**
veniamo
veniate
**vengano**

***PERFECT SUBJUNCTIVE***
sia venuto / a

***IMPERFECT SUBJUNCTIVE***
venissi

***PLUPERFECT SUBJUNCTIVE***
fossi venuto / a

| | |
|---|---|
| **Digli che *venga* subito.** | Tell him *to come* at once. |
| **Ha detto che *verrà* domani.** | He said *he will come* tomorrow. |
| **Avevo paura che non *venisse* oggi.** | I was afraid that *he might* not *come* today. |
| ***Ci conviene* partire subito.** | *We had better* leave immediately. |
| **Il prezzo *è convenuto.*** | The price *is agreed upon.* |
| **Non credo che *provenga* da una buona famiglia.** | I don't think *he comes* from a good family. |
| ***Svenne* per la fame.** | *He fainted* from hunger. |
| **Antonella *ha rinvenuto* un libro raro.** | Antonella *found* a rare book. |
| **La maestra *intervenne* quando vide i due ragazzi bisticciarsi.** | The teacher *intervened* when she saw the two boys fighting. |

***PRESENT GERUND***
vincendo

***PAST PARTICIPLE***
**vinto**

***PRESENT INDICATIVE***
vinco

***PRESENT PERFECT***
ho vinto

***PRESENT PROGRESSIVE***
sto vincendo

***MPERFECT CONTINUOUS***
stavo vincendo

***IMPERFECT***
vincevo

***PAST DEFINITE***
**vinsi**
vincesti
**vinse**
vincemmo
vinceste
**vinsero**

*Similar verbs*

**avvincere** bind, tie up
**convincere** convince

***Note:*** The main irregular features of the verb are

- the past definite tense
- the past participle

***IMPERATIVE***
vinci (tu) vinca (Lei) vinciarno (noi) vincete (voi) vincano (Loro)

***PLUPERFECT***
avevo vinto

***PAST ANTERIOR***
ebbi vinto

***FUTURE***
vincerò

***FUTURE PERFECT***
avrò vinto

***PRESENT CONDITIONAL***
vincerei

***CONDITIONAL PERFECT***
avrei vinto

***PRESENT SUBJUNCTIVE***
vinca

***PERFECT SUBJUNCTIVE***
abbia vinto

***IMPERFECT SUBJUNCTIVE***
vincessi

***PLUPERFECT SUBJUNCTIVE***
avessi vinto

| | |
|---|---|
| **La sua bellezza mi *vinse.*** | I *was won over* by her beauty. |
| ***Hai vinto* un premio?** | *Did you win* a prize? |
| **Il partito *ha vinto*.** | The (political) party *has won.* |
| ***Vinsi* di stretta misura.** | *I won* by a short margin. |
| **Il ladro *avvinse* l'uomo.** | The robber *tied up* the man. |
| **Mi sono lasciato *vincere* dalla tentazione.** | *I yielded* to temptation. |
| ***Fu vinto* dall'ira.** | *He was overcome* by rage. |
| **L'*hai convinto?*** | *Did you convince* him? |

| *PRESENT GERUND* | *PAST PARTICIPLE* |
|---|---|
| vivendo | **vissuto** |

| | |
|---|---|
| ***PRESENT INDICATIVE*** | ***PRESENT PERFECT*** |
| vivo | ho vissuto / sono vissuto / a |
| ***PRESENT PROGRESSIVE*** | ***IMPERFECT PROGRESSIVE*** |
| sto vivendo | stavo vivendo |
| ***IMPERFECT*** | ***PAST DEFINITE*** |
| vivevo | **vissi** |
| | vivesti |
| | **visse** |
| | vivemmo |
| | viveste |
| | **vissero** |

## *Similar verbs*

| | |
|---|---|
| **† rivivere** | live again, relive |
| **†sopravvivere** | survive; outlive; live on |

These verbs, like **vivere** take **avere** when used transitively and **essere** when used intransitively.

***Note:*** The main irregular features of the verb are

- the past definite tense
- the past participle

***IMPERATIVE***
vivi (tu) viva (Lei) viviamo (noi) vivete (voi) vivano (Loro)

***PLUPERFECT***
avevo vissuto / ero vissuto / a

***PAST ANTERIOR***
ebbi vissuto / fui vissuto / a

***FUTURE***
vivrò

***FUTURE PERFECT***
avrò vissuto / sarò vissuto / a

***PRESENT CONDITIONAL***
vivrei

***CONDITIONAL PERFECT***
avrei vissuto / sarei vissuto / a

***PRESENT SUBJUNCTIVE***
viva

***PERFECT SUBJUNCTIVE***
abbia vissuto / sia vissuto / a

***IMPERFECT SUBJUNCTIVE***
vivessi

***PLUPERFECT SUBJUNCTIVE***
avessi vissuto / fossi vissuto / a

| | |
|---|---|
| ***Vive* in città da tre anni.** | *He has been living* in town for three years. |
| ***Visse* bene del proprio lavoro.** | *He lived* well from his own work. |
| **Hai di che *vivere?*** | Do you have enough *to live on?* |
| **Antonio sa *vivere.*** | Antonio knows how *to live!* |
| **Come *si vive* così si muore. (*Proverbio*)** | As *we live* so shall we die. (*Proverb*) |
| **Vorrei *rivivere* quei momenti.** | I would like *to relive* those moments. |
| **Mi sento *rivivere.*** | I feel like a new person. |
| ***Ha sopravvisuto* un terribile incidente stradale.** | *He survived* a terrible road accident. |

***PRESENT GERUND***
volendo

***PAST PARTICIPLE***
voluto

***PRESENT INDICATIVE***
**voglio**
**vuoi**
**vuole**
**vogliamo**
volete
**vogliono**

***PRESENT PERFECT***
ho voluto / sono voluto / a

***PRESENT PROGRESSIVE***
sto volendo

***IMPERFECT PROGRESSIVE***
stavo volendo

***IMPERFECT***
volevo

***PAST DEFINITE***
**volli**
volesti
**volle**
volemmo
voleste
**vollero**

***Note:*** The verb **volere** is frequently used as a modal verb, before the infinitive of another verb. It takes **avere** or **essere** according to which one the dependent infinitive takes, although, in speech, **avere** is more common when wishing / wanting is stressed.

The main irregular features of the verb are

- the present indicative and subjunctive tenses
- the past definite tense
- the future stem

***IMPERATIVE***
**vogli** (tu) **voglia** (Lei) vogliamo (noi) **vogliate** (voi) **vogliano** (Loro)

***PLUPERFECT***
avevo voluto / ero voluto / a

***PAST ANTERIOR***
ebbi voluto / fui voluto / a

***FUTURE***
**vorrò**

***FUTURE PERFECT***
avrò voluto / sarò voluto / a

***PRESENT CONDITIONAL***
**vorrei**

***CONDITIONAL PERFECT***
avrei voluto / sarei voluto / a

***PRESENT SUBJUNCTIVE***
**voglia**
**voglia**
**voglia**
**vogliamo**
**vogliate**
**vogliano**

***PERFECT SUBJUNCTIVE***
abbia voluto / sia voluto / a

***IMPERFECT SUBJUNCTIVE***
volessi

***PLUPERFECT SUBJUNCTIVE***
avessi voluto / fossi voluto / a

| | |
|---|---|
| **Non capisco ciò che *vuoi dire.*** | I don't understand what *you mean.* |
| ***Voglio* rimanere qui in Italia.** | *I want to* stay in Italy. |
| **Non *vorrei* malintesi.** | *I would* not *want* any misunderstandings. |
| **Ci *vuole* almeno un'ora per andare da Anna.** | *It takes* at least an hour to get to Anna's house. |
| ***Vorresti* accompagnarmi?** | *Would you like* to come with me? |
| ***Avevo voluto* mangiare in quel ristorante.** | *I had wanted to* eat in that restaurant. |
| **La mamma non *volle* che partissimo.** | My mother *did* not *want* us to leave. |

| *PRESENT GERUND* | *PAST PARTICIPLE* |
|---|---|
| volgendo | **volto** |

| *PRESENT INDICATIVE* | *PRESENT PERFECT* |
|---|---|
| volgo | ho volto |
| ***PRESENT PROGRESSIVE*** | ***IMPERFECT PROGRESSIVE*** |
| sto volgendo | stavo volgendo |
| ***IMPERFECT*** | ***PAST DEFINITE*** |
| volgevo | **volsi** |
| | volgesti |
| | **volse** |
| | volgemmo |
| | volgeste |
| | **volsero** |

## *Similar verbs*

| | |
|---|---|
| **avvolgere** | wrap up |
| **coinvolgere** | involve |
| **involgere** | wrap |
| **ravvolgere** | wrap up |
| **rivolgere** | turn |
| **sconvolgere** | upset |
| **svolgere** | unfold |

***Note:*** The main irregular features of the verb are

- the past definite tense
- the past participle

***IMPERATIVE***
volgi (tu) volga (Lei) volgiamo (noi) volgete (voi) volgano (Loro)

***PLUPERFECT***
avevo volto

***PAST ANTERIOR***
ebbi volto

***FUTURE***
volgerò

***FUTURE PERFECT***
avrò volto

***PRESENT CONDITIONAL***
volgerei

***CONDITIONAL PERFECT***
avrei volto

***PRESENT SUBJUNCTIVE***
volga

***PERFECT SUBJUNCTIVE***
abbia volto

***IMPERFECT SUBJUNCTIVE***
volgessi

***PLUPERFECT SUBJUNCTIVE***
avessi volto

| | |
|---|---|
| **Quando arrivi al semaforo, *volgi* a destra.** | When you get to the red light, *turn* right. |
| ***Volse* i passi verso la casa.** | *He turned* his steps towards home. |
| ***Volsi* la scenetta a mio vantaggio.** | *I turned* the scene to my advantage. |
| ***Volgo* la vicenda nella mente.** | *I am turning over* the event in my mind. |
| **Il tempo *volge* al brutto.** | The weather *is making a turn* for the worse. |
| ***Avvolse* il regalo nella carta.** | *He wrapped up* the present in paper. |
| ***Ho ravvolto* il vaso in molta carta.** | *I have wrapped* the vase in a lot of paper. |
| ***Sconvolsero* i suoi piani.** | *They upset* his plans. |
| **Si è trovato *coinvolto* nello scandalo di cui tutti parlano.** | He found himself *involved* in the scandal that is the talk of the day. |

# C
# SUBJECT INDEX

# SUBJECT INDEX

The references given here relate to the relevant section in *The verb system in Italian.*


| *SUBJECT* | *PARAGRAPH* |
|---|---|
| agreements (past participle) | 2f(v) |
| alternatives to the passive | 2f(vi), 9b |
| auxiliary verbs | 1b, 5b |
| complement | 2b |
| compound subjunctive tenses | 8c |
| compound tenses | 5a(ii) |
| compound verbs | 11d |
| conditional perfect tense | 6d(ii) |
| conditional tense | 6d(i) |
| conjunctions | 8d(v) |
| continuous tenses | 5b(i), 6a(ii) |
| direct object | 2e |
| dual purpose verbs | 1c |
| future perfect tense | 6c(iii) |
| future tense (simple) | 6c(i) |
| future tense | 6c(ii) |
| gerund | 2g(iii), 4b(ii) |
| imperative | 7 |
| imperfect continuous tense | 6b(ii) |
| imperfect subjunctive | 8b |
| imperfect tense | 6b(i) |
| impersonal verbs | 8d(iv) |
| indefinite pronouns | 8d(vii) |
| indicative | 6 |
| indirect object | 2e |
| infinitive | 4a |
| intransitive verbs | 2a, 2d |
| modal verbs | 2g, 3 |
| negative expressions | 2h(iv) |
| participles | 4b |
| passive voice | 9 |
| past anterior tense | 6b(vii) |
| past definite tense | 6b(iii) |
| past participle | 4b(iii) |
| past tenses | 6b |
| perfect subjunctive | 8c(i) |
| perfect tense | 6b(v) |
| pluperfect subjunctive | 8c(ii) |
| pluperfect tense | 6b(vi) |
| position of verbs in sentence | 2h |
| predictability | 11a |
| prefixes | 11d |
| prepositions | 2g(ii) |
| present continuous tense | 4b(ii) |
| present participle | 4b(i) |
| present subjunctive | 8a |
| present tense | 6a |
| progressive tenses | 5b(i), 6a(ii) |
| questions | 2h(iii) |
| reflexive pronouns | 10a, 10b, 10c |
| reflexive verbs | 2f, 10 |
| regular verbs | 11b |
| sequence of tenses | 8e |
| simple tenses | 5a(i) |
| spelling-change verbs | 11c |
| subjunctive | 8 |
| transitive verbs | 2c, 2d |

# *D*
# VERB INDEX

# Verb Index

An **[M]** beside a verb indicates that it is one of the Model Verbs. An * before a verb indicates that this verb takes **essere**.

A † before a verb indicates that this verb can take **essere** or **avere**; usually, **essere** when it is intransitive and **avere** when it is transitive.

If the verb is usually used impersonally, this is indicated by *(Imp.)*

The number beside the verb indicates the model verb pattern(s) it follows.


***A***

**abbagliare** *(tr)* dazzle 13
**abbaiare** *(intr)* bark 13
**abbandonare** *(tr)* abandon, desert, give up 3
**abbassare** *(tr)* depress, turn down (light / window) 3

**abbattere** *(tr)* knock over 4
***abbattersi su** hit upon 4, 7
**abbondare** *(intr)* abound 3
**abbotdare** *(tr)* accost 3
**abbottonare** *(tr)* button 3
**abbozzare** *(tr)* draft, sketch 3
**abbracciare** *(tr)* cuddle, embrace 12
***abbronzarsi** *(intr / refl)* tan, brown in sun 7
**abitare** *(tr)* live, dwell 3
**abituare** *(tr)* accustom 3
***abituarsi a** *(intr / refl)* become accustomed to, get used to 7

**abolire** *(tr)* abolish 6
**abortire** *(tr / intr)* miscarry 6
***abortire** *(intr)* fail, come to nothing 6
***accadere** *(intr)* occur, happen, turn out transpire *(Imp.)* 28

**accalcarsi** *(intr / refl)* huddle 7, 11
**accarezzare** *(tr)* caress, stroke 3
**accecare** *(tr)* blind 11
***accedere** *(intr)* access; approach; comply with 33
**accelerare** *(tr / intr)* speed up, accelerate 3
**accendere** *(tr)* turn on, light, ignite, strike (match) 17 **[M]**

***accendersi** *(intr)* go on (of lighting), light up 17, 7

| | |
|---|---|
| **accennare a** *(intr)* | refer to, mention 3 |
| **accennare di si** *(intr)* | nod 3 |
| **accentuare** *(tr)* | emphasize 3 |
| **accertare** *(tr)* | assess 3 |
| **accettare di** *(tr)* | accept 3 |
| **acchiappare** *(tr)* | catch 3 |
| **accludere** *(tr)* | enclose, attach 20 |
| ***accoccolarsi** *(intr/refl)* | squat, crouch 7 |
| **accogliere** *(tr)* | welcome 31 |
| **accomodare** *(tr)* | arrange 3 |
| **accomodarsi** *(intr/refl)* | come in; sit down 7 |
| **accompagnare** *(tr)* | accompany, take (for a walk) 3 |
| ***accondiscendere a** *(intr)* | consent 79 |
| **acconsentire a** *(intr)* | accept, agree to 5 |
| ***accontentarsi di** *(intr/refl)* | make do with 7 |
| **accoppiare** *(tr)* | couple 13 |
| ***accoppiarsi** *(intr/refl)* | mate 13, 7 |
| **accorciare** *(tr)* | shorten 12 |
| ***accorciarsi** *(intr/refl)* | become shorter, draw in 12, 7 |
| **accordare** *(tr)* | grant, concede, tune, string (instrument) 3 |
| ***accordarsi** *(intr/refl)* | agree 7 |
| ***accorgersi di** *(intr/refl)* | notice, take note 80, 7 |
| **accorrere** *(intr)* | run, rush 35 |
| **accrescere** *(tr)* | increase 36 |
| **accumulare** *(tr)* | accumulate, hoard 3 |
| **accusare di** *(tr)* | accuse (of), charge (criminal) 3 |
| **accusare ricevuta di** | acknowledge receipt of 3 |
| **acquistare** *(tr)* | acquire, get 3 |
| **adattare** *(tr)* | adapt 3 |
| **adattare a** *(intr)* | adapt to 3 |
| **addebitare** *(tr)* | charge to account, debit 3 |
| **addizionare** *(tr)* | count up 3 |
| **addolcire** *(tr)* | sweeten 6 |
| ***addormentarsi** *(intr/refl)* | fall asleep 7 |
| **addurre** *(tr)* | convey 95 |
| **adempire** *(tr)* | implement, perform (a function) 6 |
| **aderire a** *(intr)* | adhere to 6 |
| **adorare** *(tr)* | adore, worship 3 |
| **adottare** *(tr)* | adopt 3 |
| **aerare** *(tr)* | air a room 3 |
| **affascinare** *(tr)* | charm, fascinate 3 |
| **aftermare** *(tr)* | affirm, assert 3 |
| **afferrare** *(tr)* | grasp, snatch, tackle 3 |
| **afferrare strettamente** *(tr)* | grip 3 |
| **affettare** *(tr)* | affect, feign, simulate 3 |
| ***affezionarsi a** *(intr/refl)* | become fond of, take a liking to 7 |
| **affidare** *(tr)* | entrust 3 |
| ***affidarsi a** *(intr/refl)* | rely on, trust in 7 |

| | |
|---|---|
| **affiggere** *(tr)* | post / put (up), attach; fix 18 **[M]** |
| **affilare** *(tr)* | sharpen 3 |
| **affittare** *(tr)* | hire, rent house, lease out 3 |
| **affliggere** *(tr)* | suffer from, afflict 19 **[M]** |
| **†affogare** *(tr / intr)* | drown 2, 11 |
| **affollare** *(intr)* | crowd 3 |
| **affrettare** *(tr)* | hurry 3 |
| ***affrettarsi a** *(intr / refl)* | hurry (to) 7 |
| **affrontare** *(tr)* | confront, stand up to, face 3 |
| **agganciare** (tr) | hook 12 |
| **aggiogare** (tr) | yoke 11 |
| **aggiornare** *(tr)* | adjourn, postpone, write up (diary) 3 |
| ***aggiornarsi** *(intr / refl)* | get up to date 7 |
| **aggiungere** *(tr)* | add, say further, append, add 52 |
| **aggiustare** *(tr)* | adjust, patch 3 |
| **agire** *(intr)* | act, do 6 |
| **agire per** *(intr)* | act for 6 |
| **agire seguendo i consigli** | act on advice 6 |
| **agire su** | act on, work on 6 |
| **agitare** *(tr)* | ruffle, stir, shake, stir, move 3 |
| ***agitarsi** *(intr / refl)* | bustle 7 |
| **aiutare** *(tr)* | aid, assist, help 3 |
| **albeggiare** *(intr)* | dawn 12 |
| **alienare** *(tr)* | alienate 3 |
| **alimentare** *(tr)* | feed 3 |
| **allacciare** *(tr)* | fasten (seatbelt) 12 |
| **allargare** *(tr)* | broaden, enlarge, widen 11 |
| **allarmare** *(tr)* | alarm 3 |
| **allattare** *(tr)* | nurse (baby), suckle 3 |
| **alleggerire** *(tr)* | lighten 6 |
| ***allenarsi** *(intr / refl)* | exercise 7 |
| **allentare** *(tr)* | slacken 3 |
| **allevare** *(tr)* | raise, rear 3 |
| **alleviare** *(tr)* | alleviate, relieve (pain, anxiety) 13 |
| **allineare** *(tr)* | align 3 |
| ***allinearsi** *(intr / refl)* | line up 7 |
| **alloggiare** *(tr)* | house 12 |
| **alloggiare in** *(intr)* | stay (as guest) 12 |
| **allontanare** *(tr)* | push away 3 |
| ***allontanarsi da** *(intr / refl)* | get away from 7 |
| **alludere a** *(intr)* | allude at, hint at 20 **[M]** |
| **allungare** *(tr)* | draw out, become longer, stretch out 11 |
| **alterare** *(tr)* | alter 3 |
| **alternare** *(tr)* | alternate 3 |
| **alzare** *(tr)* | elevate, put up (price), raise, lift 3 |
| **alzare** *(tr)* **la voce** | speak up 3 |
| **alzare gli occhi** *(tr)* | look up 3 |

| | |
|---|---|
| ***alzarsi** *(intr/refl)* | get up, stand, rise to feet 7 |
| **amalgamare** *(tr)* | amalgamate 3 |
| **amare** *(tr)* | love 3 |
| **ammaccare** *(tr)* | bruise 11 |
| ***ammalarsi** *(intr/refl)* | become ill, fall ill 7 |
| **ammettere di** *(tr)* | admit, grant to be true, allow 54 |
| **ammiccare a qlcu.** *(intr)* | wink 11 |
| **amministrare** *(tr)* | administer, run, manage 3 |
| **ammirare** *(tr)* | admire 3 |
| **ammobiliare** *(tr)* | furnish, equip 13 |
| **†ammontare a** *(intr/tr)* | number, amount to 3 |
| **ammorbidire** *(tr)* | soften 6 |
| **ammucchiare** *(tr)* | heap, pile up 13 |
| ***ammucchiarsi** *(intr/refl)* | pile up 13, 7 |
| **ammuffire** *(intr)* | go moldy 6 |
| **amplificare** *(tr)* | amplify 11 |
| **amputare** *(tr)* | amputate 3 |
| **analizzare** *(tr)* | analyze 3 |
| **ancorare** *(tr)* | anchor, moor 3 |
| ***andare** *(intr)* | go, ride (in car) 21 **[M]** |
| ***andare a fare le spese** *(intr)* | shop 21 |
| ***andare a prendere** *(intr)* | go for (e.g., doctor), fetch 21 |
| ***andare a trovare** *(tr)* | call on, visit 21 |
| ***andare a vapore** *(intr)* | steam, move by steam 21 |
| ***andare avanti** *(intr)* | get on, be fast (clock) 21 |
| ***andare bene** *(intr)* | fit, be right size, match in color 21 |
| ***andare bene a** *(intr)* | suit 21 |
| ***andare d'accordo con** *(intr)* | get along with 21 |
| ***andare da** *(intr)* | see (doctor) 21 |
| ***andare in autobus** *(intr)* | bus 21 |
| ***andare in bicicletta** *(intr)* | bike 21 |
| ***andare in fretta** *(intr)* | speed 21 |
| ***andare in pensione** *(intr)* | retire 21 |
| ***andare meglio** *(intr)* | get better 21 |
| ***andare pazzo per** *(intr)* | rave about 21 |
| ***andarsene** *(refl/intr)* | go away, clear off 21 |
| **anestetizzare** *(tr)* | anesthetize 3 |
| **animare** *(tr)* | animate, brighten up 3 |
| **annegare** *(tr)* | drown 11 |
| **†annerire** *(tr)* | blacken 6 |
| **annettere** *(tr)* | attach, add, annex 22 **[M]** |
| **annichilire** *(tr)* | annihilate 6 |
| **annodare** *(tr)* | knot (rope) 3 |
| **annoiare** *(tr)* | bore 13 |
| ***annoiarsi** *(intr/refl)* | be bored 13, 7 |
| **annullare** *(tr)* | annul, write off, accept loss of 3 |
| ***annullarsi** *(intr/refl)* | cancel out 7 |
| **annunziare** *(tr)* | announce 13 |

***annuvolarsi** *(intr/refl)* cloud over 7
**ansimare** *(intr)* pant 3
**anticipare** *(tr)* advance payment, anticipate 3
**appannarsi** *(intr/refl)* become misty 7
**apparecchiare** *(tr)* lay (table) 13
***apparire** *(intr)* appear, seem; make an appearance 23 **[M]**
**appartenere** *(intr)* belong 92
***appassire** *(intr)* wilt, dry up 6
***appellarsi a** *(intr/refl)* appeal to the law 7
**appendere** *(tr)* hang, suspend 17
**appianare** *(tr)* even out 3
**appiattire** *(tr)* flatten 6
**applaudire** *(intr)* applaud, clap 6
**applicare** *(tr)* apply, use 11
**applicare** *(tr)* **le manette a** handcuff 11
***appoggiarsi** *(intr/refl)* lean up against (back) 12, 7
**apporre** *(tr)* affix 64
**apprendere a** *(tr)* learn (to) 66
***apprestarsi a** *(intr/refl)* get ready to 7
**apprezzare** *(tr)* appreciate the value, prize 3
***approfittare di** *(intr)* take advantage of 3
**approfondire** *(tr)* deepen 6
**appropriare** *(tr)* appropriate 13
***appropriarsi indebitamente di** *(intr/refl)* embezzle 13, 7
**approssimare** *(tr)* approximate 3
**approvare** *(tr)* approve, endorse, pass (a law) 3
**aprire** *(tr)* open 24 **[M]**
**aprire con chiave** *(tr)* unlock 24
**arare** *(tr)* plough 3
**arbitrare** *(tr)* arbitrate, umpire, referee, file (IT) 3
**ardere** *(tr)* burn 47
**armare** *(tr)* arm 3
**armonizzare** *(intr)* harmonize, match 3
**aromatizzare** *(tr)* flavor/flavour 3
***arrabbiarsi con** *(intr/refl)* be/get angry, lose one's temper with 13, 7
**arrampicare** *(tr)* climb 11
***arrendersi** *(intr/refl)* capitulate 71, 7
**arrestare** *(tr)* arrest, stem, check, stop 3
**†arricchire** *(intr/tr)* enrich, grow rich 6
**arricciare** *(tr)* curl 12
**arrischiare** *(tr)* chance, gamble 13
***arrivare a** *(intr)* arrive at, get to 2
***arrossire** *(intr)* blush 6
**arrostire** *(tr)* roast 6
**arrotondare** *(tr)* approximate, round up (figures) 3
***arrugginirsi** *(intr/refl)* rust 6, 7
**arruolare** *(tr)* enroll in 3

| | |
|---|---|
| ***arruolarsi** *(intr/refl)* | join up army 7 |
| ***ascendere** *(intr)* | ascend 79 |
| **asciugare** *(tr)* | dry, wipe, wipe up 11 |
| **ascoltare** *(tr)* | listen, listen to 3 |
| **aspergere** *(tr)* | sprinkle 84 |
| **aspettare** *(tr)* | expect, hold (telephone), wait 3 |
| ***aspettarsi di** *(intr/refl)* | anticipate, expect 7 |
| **aspirare a** *(intr)* | aspire to 3 |
| **assalire** *(tr)* | attack, seize, overcome 77 |
| **assassinare** *(tr)* | assassinate, murder 3 |
| **assegnare** *(tr)* | allocate, assign, award 3 |
| ***assentarsi da** *(intr/refl)* | absent oneself, be absent 7 |
| **assicurare** *(tr)* | assure, ensure, insure, secure 3 |
| **assimilare** *(tr)* | assimilate 3 |
| **assistere** *(tr)* | assist; attend 25 **[M]** |
| **assistere a** *(intr)* | be present, stand by, observe, attend 25 |
| **associare** *(tr)* | associate 12 |
| **assolvere** *(tr)* | absolve, acquit 74 |
| **assomigliare a** *(intr)* | resemble 13 |
| ***assopirsi** *(intr/refl)* | nod off, doze off 6, 7 |
| **assorbire** *(tr)* | absorb, soak up 6 |
| **assordare** *(tr)* | deafen 3 |
| **assottigliare** *(tr)* | taper, thin down 13 |
| **assumere** *(tr)* | assume; hire; raise 26 **[M]** |
| ***assumersi** *(intr/refl)* | undertake, assume (responsibility) 26, 7 |
| ***astenersi da** *(intr/refl)* | abstain, refrain from 92, 7 |
| **astrarre** *(tr)* | abstract 96 |
| **atomizzare** *(tr)* | atomize 3 |
| **attaccare** *(tr)* | attach, harness, hang up (telephone) 11 |
| **attendere** *(tr/intr)* | wait 91 |
| **atterrire** *(tr)* | terrorize 6 |
| **attestare** *(tr)* | vouch 3 |
| **attingere** *(tr)* | draw up, draw out |
| **attirare/attrarre** *(tr)* | attract, lure 3, 86, 96 |
| **attorcigliare** *(tr)* | twist 13 |
| **attrarre** *(tr)* | attract 96 |
| **attraversare** *(tr)* | come across/over, go across/through 3 |
| **attraversare velocemente** *(tr)* | shoot (rapids) 3 |
| **attribuire** *(tr)* | credit with 6 |
| **attutire** *(tr)* | deaden 6 |
| **†aumentare** *(intr/tr)* | rise, add to, increase, raise (prices) 3 |
| **autorizzare a** *(tr)* | authorize, license s.one (to) 3 |
| **†avanzare** *(intr/tr)* | progress, advance, move/put forward 3 |
| **avanzare a fatica** *(intr)* | slog away 3 |

| | |
|---|---|
| ***avanzarsi** *(intr/refl)* | advance, go forward 7 |
| **avere** *(tr)* | have 27 **[M]** |
| **avercela con** *(tr)* | have it in for 27 |
| **avere bisogno di** *(tr)* | need, require 27 |
| **avere caldo** *(tr)* | feel hot 27 |
| **avere cura di** *(tr)* | take care of 27 |
| **avere da** *(tr)* | have to 27 |
| **avere disponibile** *(tr)* | have available 27 |
| **avere fiducia in** *(tr)* | trust 27 |
| **avere freddo** *(tr)* | be/feel cold 27 |
| **avere il prurito** *(tr)* | itch, have an itch 27 |
| **avere in mente di** *(tr)* | have in mind 27 |
| **avere l'aria di** *(tr)* | look (like) 27 |
| **avere l'intenzione di** *(tr)* | think, intend to, be going to 27 |
| **avere la diarrea** *(tr)* | have diarrhea 27 |
| **avere luogo** *(tr)* | take place, happen 27 |
| **avere mal di mare** *(tr)* | be seasick 27 |
| **avere paura di** *(tr)* | be afraid, regret 27 |
| **avere qlc. in contrario a** *(tr)* | object to 27 |
| **avere ragione** *(tr)* | be right 27 |
| **avere tendenza ad** *(tr)* | tend, be inclined to 27 |
| **avere torto** *(tr)* | be wrong 27 |
| **avere un rapporto sessuale con** *(tr)* | have intercourse with 27 |
| **avere un ruolo importante** *(tr)* | star 27 |
| **avere uno strappo muscolare** *(tr)* | have a pulled muscle 27 |
| **avere vergogna di** *(tr)* | be ashamed of 27 |
| **avere voglia di** *(tr)* | want 27 |
| **avvedersi** *(refl)* | perceive 101 |
| **avvelenare** *(tr)* | poison 3 |
| ***avvenire** *(intr)* | happen *(Imp.)* 102 |
| ***avventurarsi** *(intr/refl)* | venture 7 |
| **avvertire** *(tr)* | warn, alert 5 |
| ***avviarsi verso** *(intr/refl)* | make for, move towards 13, 7 |
| **avvicinare** *(tr)* | approach 3 |
| ***avvicinarsi a** *(intr)* | approach, close in 7 |
| **avvincere** *(tr)* | bind, tie up 103 |
| **avvisare** *(tr)* | advise, inform, notify 3 |
| **avvistare** *(tr)* | sight 3 |
| **avvitare** *(tr)* | screw 3 |
| **avvolgere** *(tr)* | scroll, wrap 106 |
| **avvolgersi** *(intr)* | coil up 106, 7 |
| ***azzardarsi** *(intr/refl)* | dare (to) 7 |
| ***azzuffarsi** *(intr/refl)* | brawl 7 |
| ***B*** | |
| **baciare** *(tr)* | kiss 13 |
| **badare** *(intr)* | attend, pay attention 3 |
| **badare a** *(intr)* | look after, mind 3 |
| **badare di** *(intr)* | take care to 3 |
| **bagnare** *(tr)* | bathe, dampen, soak, wet 3 |

| | |
|---|---|
| ***bagnarsi** *(intr/refl)* | bathe 7 |
| **balbettare** *(tr)* | stammer 3 |
| **ballare** *(tr)* | dance 3 |
| **barattare** *(tr)* | barter 3 |
| **barcollare** *(intr)* | stagger, totter 3 |
| **barricare** *(tr)* | barricade 11 |
| **basare** *(tr)* | base (an argument on) 3 |
| ***bastare** *(intr)* | be enough, be sufficient *(Imp.)* 3 |
| **battere** *(tr)* | beat, strike, hit, tap, whip 4 |
| **battere le palpebre** *(tr)* | blink 4 |
| **battere violentemente** *(tr)* | bang 4 |
| **battezzare** *(tr)* | baptize 3 |
| **beccare** *(tr)* | peck (chicken) 11 |
| **belare** *(intr)* | bleat (animals) 3 |
| **bendare** *(tr)* | bandage 3 |
| **benedire** *(tr)* | bless 9 |
| **bere** *(tr)* | drink 8 **[M]** |
| ***biforcarsi** *(intr/refl)* | fork (road), branch off 11, 7 |
| **bighellonare** *(intr)* | saunter 3 |
| **bilanciare** *(tr)* | balance, break even, even up 12 |
| **biodegradare** *(tr)* | biodegrade 6 |
| **bisbigliare** *(tr)* | whisper 13 |
| ***bisognare** *(intr)* | need *(Imp.)* 3 |
| **bloccare** *(tr)* | block, stop 11 |
| **bocciare** *(tr)* | fail someone in a test/an exam 12 |
| **boicottare** *(tr)* | boycott 3 |
| **bollare** *(tr)* | stamp 3 |
| **bollire** *(tr)* | boil 5 |
| **bollire lentamente** *(tr)* | simmer 5 |
| **bombardare** *(tr)* | bomb, shell, bombard 3 |
| **brevettare** *(tr)* | patent 3 |
| **brillare** *(intr)* | shine, excel 3 |
| **brontolare** *(intr)* | growl, grumble, nag 3 |
| **bruciare** *(tr)* | burn 12 |
| **brulicare di** *(intr)* | crawl with (insects) 11 |
| **bussare** *(tr)* | knock 3 |
| **buttare via** *(tr)* | throw away 3 |
| ***C*** | |
| **cacciare** *(tr)* | hunt, chase, drive away, cause to go 12 |
| **cacciare di frodo** *(tr)* | poach 12 |
| ***cadere** *(intr)* | fall (motion) 28 **[M]** |
| **calare** *(tr)* | lower 3 |
| **calare** *(tr)* | set, go down 3 |
| **calciare** *(tr)* | kick 12 |
| **calcolare** *(tr)* | calculate, work out, plan 3 |
| **calmare** *(tr)* | calm, allay, quieten 3 |
| ***calmarsi** *(intr/refl)* | calm down 7 |
| **calunniare** *(tr)* | slander 13 |

***calzarsi** *(intr / refl)* put shoes on 7
**†cambiare** *(tr)* alter, change, exchange, turn 13
**camminare** *(intr)* step, tread, walk 3
 **camminare a grandi passi** *(intr)* stride 3
**†campare** *(intr)* earn (a living) 3
**campeggiare** *(intr)* camp 12
**cancellare** *(tr)* cancel, cross / rub out, delete (IT) 3
**cantare** *(intr / tr)* sing 3
**canterellare** *(intr / tr)* hum 3
**capire** *(tr)* understand; realize 6
***capitare** *(intr)* occur, happen 3
**capovolgere** *(tr)* turn upside down 106
**caratterizzare** *(tr)* characterize 3
**carezzare** *(tr)* pat 3
**caricare** *(tr)* charge / wind up (battery / watch), load, saddle 11

***cascare** fall 11
**catalogare** *(tr)* catalog 11
**catturare** *(tr)* capture 3
**causare** *(tr)* bring about, cause 3
**cavalcare** *(intr / tr)* ride (horse) 11
**cedere** *(tr)* **a** give in / up / way, surrender, yield 33

**celebrare** *(tr)* celebrate 3
**cenare** *(intr)* dine, have dinner 3
**censurare** *(tr)* censor, censure 3
**centralizzare** *(tr)* centralize 3
**centrifugare** *(tr)* spin-dry 11
**cercare** *(tr)* look / search for, seek 11
 **cercare di** *(tr)* try to 11
 **cercare errori** *(tr)* debug (IT) 11
**certificare** *(tr)* certify 11
**cessare di** *(tr)* stop, cease (doing sth.) 3
**chiacchierare** *(intr)* chat, gossip 3
**chiamare** *(tr)* call, term 3
**chiamare con un cenno** *(tr)* beckon 3
***chiamarsi** *(intr)* be called 7
**chiarificare** *(tr)* clarify 11
**chiarire** *(tr)* clear, clear up 6
**chiedere** *(tr)* ask; ask for; beg, request, enquire 29 **[M]**

 **chiedere a qlcu. di** *(tr)* ask s.one to do 29
 **chiedere l'elemosina** *(tr)* beg as a beggar 29
 **chiedere notizie di qlcu.** *(tr)* ask after s.one 29
 **chiedere scusa a** *(intr)* apologize, beg forgiveness 29
***chinarsi** *(intr / refl)* bend, stoop, bow 7
**chiudere** *(tr)* close, shut, zip up 30 **[M]**
 **chiudere a chiave** *(tr)* lock door / suitcase 30
 **chiudere con catenaccio** *(tr)* bolt down 30
**cigolare** *(intr)* creak 3

| | |
|---|---|
| **cinguettare** *(intr)* | twitter 3 |
| **cintare** *(tr)* | fence 3 |
| **circolare** *(tr)* | circulate, pass round 3 |
| **circondare con** *(tr)* | encircle, enclose, surround 3 |
| **circondare con una siepe** *(tr)* | hedge (round) 3 |
| **citare** *(tr)* | quote 3 |
| **civettare** *(intr)* | flirt 3 |
| **classificare** *(tr)* | grade, rank, sort, label, classify 11 |
| **coabitare** *(intr)* | cohabit 3 |
| **coesistere** *(intr)* | coexist 25 |
| **cogliere** *(tr)* | gather 31 **[M]** |
| **coincidere** *(intr)* | coincide 39 |
| **coinvolgere** *(tr)* | involve in 106 |
| **colare** *(intr/tr)* | leak, strain 3 |
| **collaborare** *(tr)* | collaborate 3 |
| **collocare** *(tr)* | place 11 |
| **colorare** *(tr)* | color in 3 |
| **colpire** *(tr)* | impress, knock against, shock, smack, strike, hit 6 |
| **colpire a morte** *(tr)* | shoot dead 6 |
| **colpire violentemente** *(tr)* | bash 6 |
| **coltivare** *(tr)* | farm, garden, rear (crops), till (soil) 3 |
| **comandare** *(intr/tr)* | command, boss about, order 3 |
| **combattere** *(tr)* | fight, wrestle 4 |
| **†cominciare a** *(tr)* | begin, get started, initiate, begin, start, commence, take up (pastime) 12 |
| **commemorare** *(tr)* | commemorate 3 |
| **commentare** *(tr)* | comment 3 |
| **commerciare in** *(intr)* | deal in, trade in 12 |
| **commettere** *(tr)* | commit 54 |
| **commuovere** *(tr)* | move, affect emotionally 15 |
| **commutare** *(tr)* | commute 3 |
| **comp(e)rare** *(tr)* | purchase, buy 1 |
| ***comparire** *(intr)* | appear 6 |
| **compatire** *(tr)* | pity 6 |
| ***compiacere** *(intr)* | please 61 |
| **compiangere** *(tr)* | pity, sympathize 62 |
| **compiere / compire** *(tr)* | finish, achieve 6 |
| **compilare** *(tr)* | compile 3 |
| **completare** *(tr)* | complete 3 |
| **complicare** *(tr)* | complicate 11 |
| **complimentare** *(tr)* | compliment 3 |
| **comporre** *(tr)* | compose music; dial 64 |
| **comporre un indice** *(tr)* | index 64 |
| **comporre il numero** *(tr)* | dial telephone number 64 |
| ***comportarsi** *(intr/refl)* | behave (animals / humans) 7 |
| **comprare** *(tr)* | buy, purchase 1 **[M]** |

| | |
|---|---|
| **comprare il silenzio di qlcu.** *(tr)* | bribe s.one 1 |
| **comprendere** *(tr)* | include, understand 66 |
| **comprimere** *(tr)* | compress 32 **[M]** |
| **compromettere** *(tr)* | compromise 54 |
| **computare** *(tr)* | compute 3 |
| **comunicare** *(intr/tr)* | communicate 11 |
| **comunicare per radio** *(intr/tr)* | radio 11 |
| **concedere a** *(tr)* | grant; concede 33 **[M]** |
| **concentrare** *(tr)* | concentrate 3 |
| ***concentrarsi in** *(intr/refl)* | center on 7 |
| **concepire** *(tr)* | conceive 6 |
| **concludere** *(tr)* | conclude 30, 20 |
| **concretare** *(tr)* | concrete 3 |
| **concupire** *(tr)* | lust for 6 |
| **condannare** *(tr)* | condemn 3 |
| **condannare qlcu. a** *(tr)* | sentence s.one to 3 |
| **condensare** *(tr)* | condense 3 |
| **condire** *(tr)* | season (food) 6 |
| **condire con pepe** *(tr)* | pepper 6 |
| **condividere** *(tr)* | share 43 |
| **condividere** *(tr)* **i sentimenti altrui** | sympathize 43 |
| ***condolersi** *(intr/refl)* | condole with 44, 7 |
| **condurre** *(tr)* | conduct, drive, lead, be ahead 95 |
| **conferire** *(tr)* | confer 6 |
| **confermare** *(tr)* | confirm 3 |
| **confessare** *(tr)* | confess 3 |
| **confezionare** *(tr)* | tailor 3 |
| **conficcare** *(tr)* | drive in (nail) 11 |
| **confidare in** *(intr)* | confide in 3 |
| **confinare con** *(intr)* | border on 3 |
| **confondere** *(tr)* | bewilder, confuse, muddle up, puzzle 50 |
| ***conformarsi a** *(intr/refl)* | comply with, conform to 7 |
| **confortare** *(tr)* | comfort 3 |
| **confrontare** *(tr)* | compare 3 |
| **confutare** *(tr)* | refute 3 |
| **congedare** *(tr)* | dismiss 38 |
| ***congedarsi** *(intr/refl)* | take one's leave 38, 7 |
| **congiungere** *(tr)* | join, match, graft onto 52 |
| ***congratularsi con** *(intr/refl)* | congratulate 7 |
| **connettere** *(tr)* | connect 54, 22 |
| **conoscere** *(tr)* | know a person/place 34 **[M]** |
| **conquistare** *(tr)* | conquer, win 3 |
| **consegnare** *(tr)* | deliver, hand in/over 3 |
| **consentire** *(tr/intr)* | consent 5 |
| **conservare** *(tr)* | conserve 3 |
| **considerare** *(tr)* | regard, consider 3 |
| **consigliare a qlcu. di** *(intr/tr)* | advise s.one to 13 |
| **consistere di** *(intr)* | consist (of) 25 |

| | |
|---|---|
| **consolare** *(tr)* | console 3 |
| **consolidare** *(tr)* | consolidate 3 |
| **consultare** *(tr)* | consult 3 |
| **consumare** *(tr)* | consume, erode, spend, use up 3 |
| **contaminare** *(tr)* | contaminate 3 |
| **contare** *(tr)* | count, number 3 |
| **contare su** *(intr)* | bank upon, reckon on 3 |
| **contemplare** *(tr)* | survey, contemplate 3 |
| **contendere** *(tr/intr)* | contend 91 |
| **contenere** *(tr)* | contain, store 92 |
| **continuare a** *(intr)* | carry on, keep going, go on 3 |
| **contorcere** *(tr)* | twist, contort 94 |
| **contrabbandare** *(tr)* | smuggle 38 |
| **contraddire** *(tr)* | contradict 9 |
| **contraffare** *(tr)* | counterfeit 10 |
| **contrarre** *(tr)* | contract 96 |
| **contrastare** *(tr)* | contrast 3 |
| **contravvenire** *(tr)* | contravene 102 |
| **contribuire a** *(tr)* | contribute to 6 |
| **controllare** *(tr)* | check verify, inspect, monitor, service 3 |
| **†convenire** *(tr/intr)* | agree, gather together *(Imp.)* 102 |
| **conversare** *(intr)* | converse with 3 |
| **convertire** *(tr)* | convert 5 |
| **convincere a** *(tr)* | convict, convince s.one (to) 103 |
| **convocare** *(tr)* | summon 11 |
| **cooperare (intr)** | cooperate 3 |
| **coordinare** *(tr)* | coordinate 3 |
| **copiare** *(tr)* | copy, write out 13 |
| **coprire** *(tr)* | cap, cover 24 |
| ***coricarsi** *(intr/refl)* | go to bed, lie down 7 |
| **coronare** *(tr)* | crown 3 |
| **correggere** *(tr)* | correct 70 |
| **†correre a** *(tr/intr)* | run, race (to) 35 **[M]** |
| **corrispondere** *(intr)* | correspond with 75 |
| **corrodere** *(tr)* | corrode 47 |
| **corrompere** *(tr)* | corrupt 76 |
| **corrugare** *(tr)* | wrinkle 11 |
| **corteggiare** *(tr)* | court, woo 12 |
| **cospirare** *(intr)* | conspire against 3 |
| ***costare** *(intr)* | cost *(Imp.)* 3 |
| **costeggiare** *(tr)* | skirt 12 |
| **costernare** *(tr)* | dismay 3 |
| **costituire** *(tr)* | constitute 6 |
| **costringere a** *(tr)* | force, compel (to), constrain, pin down 88 |
| **costruire** *(tr)* | build, construct, erect 6 |
| **costruire un ponte su** *(intr)* | bridge (a river) 6 |
| **covare** *(tr)* | brood over, hatch 3 |

| | | |
|---|---|---|
| | **creare** *(tr)* | create 3 |
| | **credere di** *(tr)* | believe 4 |
| | **credere a / in** *(intr)* | believe in 4 |
| | **cremare** *(tr)* | cremate 3 |
| | ***crepare** *(intr)* | break 3 |
| | **†crescere** *(tr / intr)* | grow, grow up 36 **[M]** |
| | **cristallizzare** *(tr)* | crystalize 3 |
| | **criticare** *(tr)* | criticize 11 |
| | **crocifiggere** *(tr)* | crucify 18 |
| | **croliare** *(tr)* | collapse 3 |
| | **cronometrare** *(tr)* | time (race) 3 |
| | **cucire** *(tr)* | sew, stitch 5 |
| | **cucire con graffette** *(tr)* | staple 5 |
| | **cultivare** *(tr)* | cultivate 3 |
| | **cuocere** *(tr)* | cook 37 **[M]** |
| | **cuocere a stufato** *(tr)* | braise 37 |
| | **cuocere a vapore** *(tr)* | steam, cook by steam 37 |
| | **cuocere ai ferri (tr)** | grill 37 |
| | **cuocere al forno** *(tr)* | bake 37 |
| | **curare** *(tr)* | care for, tend, nurse, look after, treat (patient), edit 3 |
| | **curvare** *(tr)* | bend, curve 3 |
| | ***curvarsi** *(intr)* | stoop 7 |
| ***D*** | **danneggiare** *(tr)* | damage 12 |
| | **dannare** *(tr)* | damn 3 |
| | **dare** *(tr)* | give 38 **[M]** |
| | **dare (un esame)** *(tr)* | take (an examination) 38 |
| | **dare (frutti)** *(tr)* | bear (fruit) 38 |
| | **dare il benvenuto a** *(intr)* | welcome 38 |
| | **dare a nolo** *(tr)* | hire / rent out 38 |
| | **dare alla luce** *(tr)* | give birth 38 |
| | **dare del Lei a qlcu.** *(tr)* | use 'Lei' form 38 |
| | **dare del tu a qlcu.** *(tr)* | use 'tu' form 38 |
| | **dare del voi a qlcu.** *(tr)* | use 'voi' form 38 |
| | **dare forma a** *(tr)* | shape 38 |
| | **dare il colpo di grazia a** *(tr)* | finish off 38 |
| | **dare su** *(intr)* | open onto (doors) 38 |
| | **dare sui nervi** *(intr)* | get on the nerves of 38 |
| | **dare un nome a** *(tr)* | name 38 |
| | **dare un pugno a** *(tr)* | punch (with fist) 38 |
| | **dare un'occhiata a** *(tr)* | glance at 38 |
| | **dare via** *(tr)* | give away 38 |
| | ***darsi a** *(intr / refl)* | take to, adopt as habit 38, 7 |
| | ***darsi delle arie** *(intr / refl)* | show off, boast 38, 7 |
| | **decidere di** *(tr)* | decide (to), make up one's mind, settle 39 **[M]** |
| | **decidere su** *(intr)* | decide upon 39 |
| | ***decidersi a** *(intr / refl)* | make up one's mind (to) 39, 7 |

| | |
|---|---|
| **decifrare** *(tr)* | decode 3 |
| **declinare** *(tr)* | disclaim (responsibility) 3 |
| **decollare** *(tr)* | take off (plane) 3 |
| **decomporre** *(tr)* | decompose 64 |
| **decorare** *(tr)* | decorate 3 |
| ***descrescere** *(intr)* | decrease, go down 36 |
| **decretare** *(tr)* | decree 3 |
| **dedicare** *(tr)* | dedicate, devote to 11 |
| ***dedicarsi a** *(intr/refl)* | devote oneself to 11, 7 |
| **dedurre** *(tr)* | deduce, deduct, infer 95 |
| **definire** *(tr)* | define 6 |
| **defraudare** *(tr)* | defraud 3 |
| **degradare** *(tr)* | degrade 3 |
| **delegare** *(tr)* | delegate 11 |
| **deliberare** *(tr/intr)* | deliberate 3 |
| **delineare** *(tr)* | outline, sketch out (plans) 3 |
| **deludere** *(tr)* | disappoint, take in, delude, let down 30, 20 |
| **demolire** *(tr)* | demolish 6 |
| **denudare** *(tr)* | bare 3 |
| **denunciare** *(tr)* | denounce 12 |
| ***deperire** *(intr)* | decay, waste away 6 |
| **depositare** *(tr)* | deposit 3 |
| **depositare in una banca** *(tr)* | bank (money) 3 |
| **deprimere** *(tr)* | depress, make sad 32 |
| **deridere** *(tr)* | deride, ridicule 72 |
| ***derivare da** *(intr)* | be derived from, spring, result from 3 |
| **derubare** *(tr)* | rob 3 |
| **descrivere** *(tr)* | describe 81 |
| **desiderare** *(tr)* | desire, long for, want, wish 3 |
| **designare** *(tr)* | style, design 3 |
| **desumere** *(tr)* | deduce, assume, infer; gather 26 |
| **detenere** *(tr)* | detain, stop 92 |
| **deteriorare** *(tr)* | deteroriate 3 |
| **determinare** *(tr)* | determine 3 |
| **detestare** *(tr)* | detest 3 |
| **dettare** *(tr)* | dictate 3 |
| **devastare** *(tr)* | devastate 3 |
| **deviare** *(tr)* | deviate, divert, turn aside 13 |
| **devolvere** *(intr)* | transfer 4, 25B |
| **diagnosticare** *(tr)* | diagnose 11 |
| **dibattere** *(tr)* | debate 4 |
| **dichiarare di** *(tr)* | declare, state 3 |
| **difendere da** *(tr)* | defend from 17 |
| **differenziare** *(tr)* | differentiate 13 |
| **differire** *(intr)* | differ 6 |
| **diffidare di** *(intr)* | distrust 3 |
| **diffondere** *(tr)* | broadcast 50 |

**digerire** *(tr)* digest 6
**digiunare** *(intr)* fast, not eat 3
**diluire** *(tr)* dilute, water down 6
***dimagrire** *(intr)* get thin, slim, eat less 6
**dimenticare di** *(tr)* forget (to), leave behind 11 **[M]**
***dimenticarsi di** *(intr/refl)* forget 11, 7
***dimettersi** *(intr/refl)* resign 54, 7
**†diminuire** *(intr/tr)* decrease, dwindle, diminish, lessen 6
**dimostrare** *(tr)* demonstrate, show/prove (innocence) 3
***dipendere da** *(intr)* depend on 17
**dipingere** *(tr)* depict, paint 86, 93
**dire di** *(tr)* say, utter remark, tell (to), order 9 **[M]**
**dirigere** *(tr)* direct, conduct (music), control, guide 40 **[M]**
***dirigersi verso** *(intr/refl)* make one's way towards 40, 7
**disapprovare** *(tr)* disapprove 3
**disarmare** *(tr)* disarm 3
**discendere** *(tr/intr)* descend 79
**dischiudere** *(tr)* disclose; open 30
**disciogliere** *(tr)* dissolve 31
**discorrere di** *(intr)* discuss, talk about 35
**discutere** *(tr)* discuss, argue, debate, dispute 41 **[M]**
**discutere di** *(intr)* talk about 41
**disdegnare** *(tr)* scorn 3
**disegnare** *(tr)* draw (a picture) 3
**diseredare** *(tr)* disinherit 3
**disfare** *(tr)* undo, untie, unpack 10
***disfarsi di** *(intr/refl)* dispose of 10, 7
**disgiungere** *(tr)* separate 52
**disilludere** *(tr)* disillusion 20
**disinfettare** *(tr)* disinfect 3
**disintegrare** *(tr)* disintegrate 3
**disorganizzare** *(tr)* disorganize 3
**dispensare** *(tr)* exempt from 3
**disperare** *(intr)* despair 3
**disperdere** *(intr)* disperse 59
***dispiacere** *(intr)* be sorry (for), displease 61
**disporre** *(tr)* dispose 64
**disprezzare** *(tr)* scorn 3
***dissetarsi** *(intr/refl)* quench (one's thirst) 7
**dissodare** *(tr)* dig up 3
**dissolvere** *(tr)* dissolve 74
**dissuadere** *(tr)* dissuade 60
**distendere** *(tr)* stretch 91
**distinguere** *(tr)* distinguish, discern, make out 42 **[M]**

| | |
|---|---|
| **distogliere** *(tr)* | distract 31 |
| **distorcere** *(tr)* | distort 94 |
| **distrarre** *(tr)* | distract 96 |
| **distribuire** *(tr)* | deal (cards), distribute, give out, hand out / round, share out 6 |
| **districare** *(tr)* | disentangle 11 |
| **distruggere** *(tr)* | destroy 89 |
| **disturbare** *(tr)* | disturb, trouble, upset 3 |
| **disubbidire a** *(intr)* | disobey 6 |
| **divagare** *(intr)* | ramble on 11 |
| ***divenire** *(intr)* | become 102 |
| ***diventare** *(intr)* | become, turn into 3 |
| ***diventare grigio** *(intr)* | go grey (hair) 3 |
| ***diventare peggio** *(intr)* | get worse 3 |
| **divergere** *(intr)* | diverge 84 |
| **divertire** *(tr)* | amuse 5 |
| ***divertirsi a** *(intr / refl)* | amuse / enjoy oneself, have fun (doing) 5, 7 |
| **dividere** *(tr)* | divide, part, separate, split (cost) 43 **[M]** |
| **dividere a metà** *(tr)* | halve 43 |
| **divorare** *(tr)* | devour 3 |
| **divorziare** (tr / intr) | divorce, get divorced 13 |
| ***divorziarsi** *(intr / refl)* | get divorced 13, 7 |
| ***dolere** *(intr)* | ache, hurt 44 **[M]** |
| **domandare** *(tr)* **qlco. a qlcu.** | ask someone for something 3 |
| **domandare di** *(intr)* | ask to 3 |
| ***domandarsi** *(intr / refl)* | wonder, ask oneself 7 |
| **domare** *(tr)* | tame 3 |
| **dominare** *(tr)* | master 3 |
| **dominare dall'alto** *(tr)* | overlook 3 |
| **donare** *(tr)* | donate 3 |
| **dondolare** *(tr)* | rock, swing 3 |
| **dormire** *(intr)* | sleep 5 **[M]** |
| **dormire troppo a lungo** *(intr)* | oversleep 5 |
| **dosare** *(tr)* | dose 3 |
| **†dovere** *(intr)* | have to, must, be obliged to, ought to, should; owe 45 **[M]** |
| **†dovere fare qlco.** *(intr)* | be obliged to do sth. 45 |
| **drogare** *(tr)* | dope, drug 11 |
| **drogarsi** *(intr / refl)* | become addicted, take drugs 11, 7 |
| **dubitare** *(tr)* | doubt 3 |
| **duplicare** *(tr)* | duplicate 11 |
| **durare** *(intr)* | go on, last 3 |
| ***E*** | |
| **eccitare** *(tr)* | excite, stir, work up (interest) 3 |
| **echeggiare** *(intr)* | echo 12 |
| **editare** *(tr)* | edit (IT) 3 |
| **educare** *(tr)* | educate, train, bring up (children) 11 |

**elaborare** *(tr)* process (data) 3
**eleggere** *(tr)* elect 53
**elencare** *(tr)* list 11
**elettrificare** *(tr)* electrify 11
***elevarsi** *(intr / refl)* soar (prices) 7
**eliminare** *(tr)* delete, eliminate 3
**eludere** *(tr)* elude, evade 20
**emendare** *(tr)* amend 3
***emergere** *(intr)* emerge from 84
**emettere** *(tr)* send out, emit, utter, pass (sentence) 54
**emettere** *(tr)* **vapore** steam, give out vapor / vapour 54
***emigrare** *(intr)* emigrate, migrate 3
**emulsionare** *(tr)* emulsify 3
***entrare in** *(intr)* enter, come in; get in; come on (stage) 2 **[M]**
***entrare di nascosto in** *(intr)* steal in 2
***entrare per caso in** *(intr)* drop in 2
***entusiasmarsi per** *(intr / refl)* be enthusiastic about 7
**equipaggiare** *(tr)* equip 12
***equivalere** *(intr)* amount to 100
**ereditare** *(tr)* succeed, inherit 3
**erigere** *(tr)* erect 40
**errare** *(intr)* wander, walk aimlessly 3
**eruttare** *(intr)* erupt 3
**esagerare** *(tr)* exaggerate 3
**esalare** *(intr)* exhale 3
**esaminare** *(tr)* study, examine carefully 3
**esaurire** *(tr)* drain, exhaust, run out of 6
***esaurirsi** *(intr)* break down (person) 6, 7
**esclamare** *(tr)* exclaim 3
**escludere** *(tr)* disqualify, except, exclude 30, 20
**eseguire** *(tr)* carry out perform, execute 6
**esercitare** *(tr)* drill (exercise) 3
**esibire** *(tr)* exhibit 6
**esigere** *(tr)* require 4, 25B
**esiliare** *(tr)* banish 13
***esistere** *(intr)* exist 25
**esitare a** *(intr)* hesitate (to), pause 3
**esonerare** *(tr)* exonerate 3
**espellere** *(tr)* expel 46 **[M]**
***esplodere** *(intr)* explode 47 **[M]**
**esplorare** *(tr)* explore 3
**esporre** *(tr)* expose 64
**esportare** *(tr)* export 3
**esprimere** *(tr)* say, express (opinion) 32
***essere** *(intr)* be 48 **[M]**
***essere afoso** *(intr)* be heavy / sultry 48
***essere a dieta** *(tr)* diet 48

***essere avanti** *(intr)* be fast (clock) 48
***essere contento** *(intr)* be pleased 48
***essere contro** *(intr)* be against 48
***essere d'accordo con** *(intr)* be in agreement, agree (with) 48
***essere di fronte a** *(intr)* face, be opposite 48
***essere disoccupato** *(intr)* be unemployed 48
***essere diverso** *(intr)* be different 48
***essere dovuto a** *(intr)* be due to 48
***essere frequentato da spettri** *(intr)* be haunted 48
***essere fuori** *(intr)* be out 48
***essere (im)paziente** *(intr)* be (im)patient 48
***essere imparentato** *(intr)* be related (family) 48
***essere in concorrenza con** *(intr)* compete with 48
***essere in disaccordo** *(intr)* disagree 48
***essere in periodo di prosperità** *(intr)* be in a boom 48
***essere in ritardo** *(intr)* be delayed, be late 48
***essere indietro** *(intr)* be slow (clock) 48
***essere inguaiato** *(intr)* be stuck 48
***essere mite** *(intr)* be mild 48
***essere ne di** *(intr)* become of 48
***essere necessario** *(intr)* need, be necessary 48
***essere nuvoloso** *(intr)* be cloudy 48
***essere occupato** *(intr)* be busy 48
***essere per** *(intr)* be for, support 48
***essere pieno di** abound with, be full of 48
***essere promosso** *(intr)* go up (in school) 48
***essere responsabile per** *(intr)* be liable / responsible for 48
***essere ricco di** *(intr)* be abundant, abound in 48
***essere seduto** *(intr)* sit, be seated 48
***essere sonnambulo** *(intr)* walk in one's sleep 48
***essere stitico** *(intr)* be constipated 48
***essere sul punto di** *(intr)* be about to 48
***essere umido** *(intr)* be humid / damp 48
***essere valido** *(intr)* be valid 48
***estendersi** *(intr / refl)* expand, branch out 91, 7
**estinguere** *(tr)* extinguish 42
**estrarre** *(tr)* extract 96
**evacuare** *(tr)* evacuate 3
***evadere** *(intr)* evade, escape 49 **[M]**
**†evaporare** *(tr / intr)* evaporate, vaporize 3
**evidenziare** *(tr)* highlight 13
**evitare** *(tr)* avoid, bypass 3
**evitare di fare qlco.** avoid doing something 3
**evocare** *(tr)* evoke 11
***evolversi** *(intr / refl)* evolve, develop 4,25B

*F*

**fabbricare** *(tr)* manufacture 11
**facilitare** *(tr)* facilitate 3

**falciare** *(tr)* mow (grass) 12
***fallire** *(intr)* fail 6
**falsificare** *(tr)* fake 11
**farcire** *(tr)* stuff (turkey) 6
**fare** *(tr)* do, make, add up to, study (subject), cause to be, serve, perform duties, take (photo / bath / shower) 10 **[M]**
**fare a meno di** *(intr)* dispense with, do without 10
**fare a pezzi** *(tr)* hack to pieces 10
**fare amicizia con** *(intr)* make friends with 10
**fare attenzione** *(intr)* pay attention, mind (warning) 10
**fare bello** *(intr)* be nice / fine 10
**fare brutto** *(intr)* be bad / awful 10
**fare cadere** *(tr)* drop 10
**fare caldo** *(intr)* be hot 10
**fare colazione** *(tr)* have breakfast 10
**fare da** *(intr)* act as 10
**fare da spettatore** *(intr)* look on 10
**fare del bene a** *(intr)* benefit, do good to 10
**fare del pugilato** *(intr)* box (sport) 10
**fare del suo meglio per** *(tr)* do one's best to 10
**fare di tutto per** *(tr)* do everything possible to 10
**fare dispetti a** *(intr)* tease 10
**fare dispetto a** *(intr)* spite, annoy 10
**fare entrare** *(tr)* show in (visitor) 10
**fare esplodere** *(tr)* blast, set off explosion 10
**fare fallire** *(tr)* bankrupt 10
**fare fare a qlcu.** *(intr)* get s.one to do sth. 10
**fare finta di** *(intr)* pretend 10
**fare freddo** *(intr)* be cold 10
**fare fresco** *(intr)* be cool / fresh 10
**fare fronte a** *(intr)* cope (with) 10
**fare giorno** *(intr)* get light 10
**fare grazia della vita a qlcu.** *(intr)* spare (life) 10
**fare i piatti** *(tr)* wash up 10
**fare il jogging** *(tr)* jog 10
**fare il nido** *(tr)* nest 10
**fare il pieno** *(tr)* fill up (car) 10
**fare impazzire** *(tr)* madden 10
**fare inciampare** *(tr)* trip 10
**fare l'autostop** *(tr)* hitchhike 10
**fare l'elemosina** *(tr)* give alms 10
**fare l'interprete** *(tr)* act as interpreter 10
**fare l'uovo** *(tr)* lay (egg) 10
**fare la caricatura di** *(intr)* caricature 10
**fare la carta di** *(intr)* chart 10
**fare la coda** *(tr)* wait / queue in line 10
**fare la conoscenza di** *(intr)* get to know 10

| | |
|---|---|
| **fare la cubatura** *(intr)* | cube 10 |
| **fare la doccia** *(tr)* | shower 10 |
| **fare la media di** *(intr)* | average 10 |
| **fare la permanente** *(tr)* | perm 10 |
| **fare la pubblicità a** *(intr)* | publicize 10 |
| **fare le fusa** *(tr)* | purr 10 |
| **fare le prove di** *(intr)* | rehearse 10 |
| **fare male** *(intr)* | ache 10 |
| **fare male a** *(intr)* | harm 10 |
| **fare marcia indietro** *(intr)* | back (car) 10 |
| **fare notte** *(intr)* | get dark 10 |
| **fare pagare** *(tr)* | charge (prices) 10 |
| **fare pareggio** *(intr)* | draw in a match 10 |
| **fare parte di una giuria** *(intr)* | sit on a jury 10 |
| **fare pervenire** *(tr)* | send in, submit 10 |
| **fare piacere a** *(intr)* | please 10 |
| **fare prigioniero** | take prisoner 10 |
| **fare pubblicità** *(intr)* | advertise 10 |
| **fare ricerche** *(tr)* | research 10 |
| **fare risatine sciocche** *(intr)* | giggle 10 |
| **fare saltare** *(tr)* | blow up, explode 10 |
| **fare saltare** *(tr)* | pop 10 |
| **fare scattare** *(tr)* | clock in 10 |
| **fare sedere** *(tr)* | seat, sit, cause to sit 10 |
| **fare segno a qlcu.** *(intr)* | wave to s.one 10 |
| **fare soffrire a** *(intr)* | pain 10 |
| **fare solletico a** *(intr)* | tickle 10 |
| **fare tacere** *(tr)* | silence 10 |
| **fare torto a** *(intr)* | wrong 10 |
| **fare traslochi** *(tr)* | remove (furniture) 10 |
| **fare tutto il possibile per** *(intr)* | do everything possible to 10 |
| **fare un bilancio** *(tr)* | budget 10 |
| **fare un brindisi** *(tr)* | toast 10 |
| **fare un picnic** *(tr)* | picnic 10 |
| **fare un salto mortale** *(tr)* | somersault 10 |
| **fare una collezione di** *(tr)* | collect (as a hobby) 10 |
| **fare una passeggiata** *(tr)* | go for a walk 10 |
| **fare una trasfusione a** *(tr)* | do a blood transfusion 10 |
| **fare uno spuntino** *(tr)* | have a snack 10 |
| **fare vedere a** *(intr)* | show 10 |
| **faria franca** *(intr)* | get away with 10 |
| **farne di tutti i colori a** *(intr)* | play up 10 |
| ***farsi operare** *(intr/refl)* | have an operation 10, 7 |
| ***farsi prestare** *(intr/refl)* | borrow 10, 7 |
| ***farsi vivo** *(intr/refl)* | show up, turn up 10, 7 |
| **fasciare** *(tr)* | swaddle (baby) 12 |
| **faticare** *(intr)* | labour 11 |
| **fatturare** *(tr)* | bill 3 |
| **favorire** *(tr)* | favor/favour, treat well, further 6 |

**ferire** *(tr)* injure, wound 6
**fermare** *(tr)* stop, prevent 3
***fermarsi** *(intr/refl)* stop, stall (engine) 7
**fermentare** *(intr)* ferment 3
**ferrare** *(tr)* shoe (horse) 3
**festeggiare** *(tr/intr)* celebrate, feast 12
**ficcare** *(tr)* stick, push sth. pointed 11
***fidanzarsi** *(intr/refl)* get engaged 7
***fidarsi di** *(intr/refl)* trust 7
***figurarsi** *(intr/refl)* imagine 7
**filare** *(tr)* spin (wool) 3
**filtrare** *(tr)* filter, strain (wine) 3
**filtrare attraverso** *(intr)* seep through 3
**finanziare** *(tr)* finance 13
**fingere di** *(tr)* pretend (to) 86
**†finire di** *(intr/tr)* finish, end, end up 6 **[M]**
**†finire per** *(intr)* end by, finish by 6
***fiorire** *(intr)* bloom, flower, flourish 6
**firmare** *(tr)* sign (signature) 3
**fischiare** *(intr/tr)* whistle 13 **[M]**
**fissare** *(tr)* fix, gaze at, stare, stare at 3
**fissare con caviglie** *(tr)* peg 3
**fissare** *(tr)* **un appuntamento** make a date 3
**fiutare rumorosamente** *(tr)* sniff 3
**flettere** *(tr)* bend 4, 25B
**fondare** *(tr)* found 3
**fondere** *(tr)* melt, fuse, merge 50 **[M]**
**formare** *(tr)* fashion, form 3
**formattare** *(tr)* format (IT) 3
**fornire** *(tr)* fit out, provide, relay, stock, supply 6
**fornire di personale** *(tr)* staff 6
**forzare a** *(tr)* force, compel (to) 3
**fotocopiare** *(tr)* photocopy, run off, duplicate 13
**fotografare** *(tr)* photograph 3
**frammettere** *(tr)* interpose, insert 54
**frantumare** *(tr)* crush, smash, break 3
***frantumarsi** *(intr/refl)* shiver 7
**frapporre** *(tr)* insert 64
**fratturare** *(tr)* fracture 3
**fregare** *(tr)* rub, scrub 11
**frenare** *(tr)* brake 3
***frenarsi** *(intr/refl)* control oneself 7
**frequentare** *(tr)* attend school, frequent 3
**frequentare assiduamente** *(tr)* haunt 3
**friggere** *(tr)* fry 19
**frizzare** *(tr)* fizz 3
**frustrare** *(tr)* foil, frustrate 3
**†fuggire** *(tr/intr)* escape, run away, flee 5
**fumare** *(tr)* smoke 3

| | | |
|---|---|---|
| | **fungere** *(intr)* | act as 68 |
| | **funzionare** *(intr)* | operate (of machine), work, function 3 |
| ***G*** | **galleggiare** *(intr)* | float 12 |
| | **garantire** *(tr)* | guarantee 6 |
| | **†gelare** *(intr / tr)* | deepfreeze, freeze 3 |
| | **gemere** *(intr)* | groan, moan 4 |
| | **generare** *(tr)* | generate 3 |
| | **germogliare** *(intr)* | sprout 13 |
| | **gettare** *(tr)* | chuck, fling, pitch, throw, toss 3 |
| | ***ghiacciare** *(intr)* | ice, chill, freeze 12 |
| | ***giacere** *(intr)* | lie 51 **[M]** |
| | **giocare a** *(intr)* | play, stake (gambling) 11 |
| | **giocare a bocce** *(intr)* | play bowls 11 |
| | **girare** *(intr)* | spin, move round, turn 3 |
| | **girare intorno a** *(intr)* | circle 3 |
| | **girare un film** *(tr)* | film, shoot a film / movie 3 |
| | ***girarsi** *(intr / refl)* | turn around 7 |
| | **giudicare da** *(tr)* | judge by / on 11 |
| | **giudicare male** *(tr)* | misjudge 11 |
| | ***giungere a** *(intr)* | arrive at, reach 52 **[M]** |
| | **giurare di** *(intr)* | swear (to) 3 |
| | **giustificare** *(tr)* | justify 11 |
| | **gocciolare** *(tr)* | drip 3 |
| | **godere di** *(intr)* | enjoy 4 |
| | **†gonfiare** *(intr / tr)* | inflate, swell 3 |
| | ***gonfiarsi di** *(intr / refl)* | bulge with 7 |
| | **gorgogliare** *(intr)* | bubble 13 |
| | **governare** *(tr / intr)* | rule, govern 3 |
| | **gracchiare** *(intr)* | croak 13 |
| | **graffiare** *(tr)* | scratch 13 |
| | **†grandinare** *(intr)* | hail (weather) 3 |
| | **grattare** *(tr)* | scrape, scratch 3 |
| | **grattugiare** *(tr)* | grate (cheese) 12 |
| | **gridare** *(tr)* | shout, call out, cry out 3 |
| | **grugnire** *(intr)* | grunt 6 |
| | **guadagnare** *(tr)* | earn, gain 3 |
| | **guardare** *(tr)* | look, look at, watch 3 |
| | **guardare furtivamente** *(tr)* | peep 3 |
| | ***guardarsi da** *(intr / refl)* | beware of 7 |
| | **†guarire** (intr / tr) | cure, heal, recover, get better 6 |
| | **guastare** *(tr)* | spoil (fruit) 3 |
| | **guerreggiare** *(tr)* | war 12 |
| | **guidare** *(tr)* | drive, lead, guide 3 |
| | **gustare** *(tr)* | savour, taste (food) 3 |
| ***I*** | **idealizzare** *(tr)* | idealize 3 |
| | **identificare** *(tr)* | identify 11 |
| | **ignorare** *(tr)* | be unaware of, not know 3 |

**illudere** *(tr)* deceive, delude, fool 20
**illuminare** *(tr)* illuminate 3
**illustrare** *(tr)* illustrate 3
**imballare** *(tr)* pack, package 3
**imbarazzare** *(tr)* embarrass 3
**imbarcare** *(tr)* embark, ship 11
***imbarcarsi** *(intr/refl)* board 11, 7
**†imbiancare** *(intr/tr)* bleach, turn white 11
**imbottigliare** *(tr)* bottle 13
**imbucare** *(tr)* post 11
**imburrare** *(tr)* butter 3
**imitare** *(tr)* mime, imitate 3
**immaginare di** *(tr)* imagine, think of 3
***immaginarsi** *(intr/refl)* imagine 7
**immergere** *(tr)* immerse, steep (in liquid) 84
**immettere** *(tr)* admit, let in 54
**immigrare** *(tr)* immigrate 3
**immunizzare** *(tr)* immunize 3
***impadronirsi di** *(intr/refl)* seize 6, 7
***impallidire** *(intr)* go white, turn pale 6
**imparare a** *(tr)* learn (to) 6
***impazzire** *(intr)* grow mad/crazy 6
**impedire di** *(tr)* forbid, stop, hinder, prevent (from) 6
***impegnarsi a** *(intr/refl)* commit oneself, undertake (to) 7
***impennarsi** *(intr/refl)* rear up (horse) 7
**impiegare** *(tr)* employ 11
**imporre** *(tr)* impose 64
***importare** *(intr)* care about, matter *(Imp.)* 3
**importare** *(tr)* import 3
**impressionare** *(tr)* strike, impress 3
**imprigionare** *(tr)* imprison 3
**imprimere** *(tr)* impress, stamp 32
**inalare** *(tr)* inhale 3
**inargentare** *(tr)* silver, coat with silver 3
**inasprire** *(tr)* exasperate 6
**incaricare** *(tr)* commission 11
**incartare** *(tr)* wrap up (with paper) 3
**incassare** *(tr)* cash 3
**incatenare** *(tr)* chain (up) 3
**incendiare** *(tr)* fire, set fire to 13
**inchiodare** *(tr)* nail down 3
***inciampare** *(intr)* stumble 3
**incidere su** *(tr)* cut, carve, engrave, incise 39
**incitare a** *(intr)* urge to 3
**inclinare** *(tr)* incline 3
***inclinarsi** *(intr/refl)* lean 7
**includere** *(tr)* comprise, count in, include 20
**incollare** *(tr)* stick, glue 3

| | |
|---|---|
| **incolpare** *(tr)* | blame 3 |
| ***incominciare** *(intr)* | begin 12 |
| **†incontrare** *(intr/tr)* | run/bump into, meet 3 |
| ***incontrarsi con** *(intr/refl)* | meet 7 |
| **incoraggiare a** *(tr)* | encourage (to) 12 |
| **incorniciare** *(tr)* | frame (picture) 12 |
| **incorporare** *(tr)* | incorporate 3 |
| ***incorrere in** *(intr)* | incur 35 |
| **increspare** *(tr)* | ruffle, wrinkle 3 |
| ***incrociarsi** *(intr/refl)* | cross, intersect 12, 7 |
| **incuneare** *(tr)* | wedge 3 |
| **incutere** *(tr)* | strike, rouse 41 |
| **indagare su** *(intr)* | investigate 11 |
| **†indebolire** *(intr/tr)* | weaken 6 |
| **indicare** *(tr)* | show, indicate 11 |
| **indicare a dito** *(tr)* | point (with finger) 11 |
| **indirizzare** *(tr)* | address/send a letter 3 |
| ***indirizzarsi** *(intr/refl)* | apply 7 |
| **indossare** *(tr)* | put on, wear (clothes) 3 |
| **indovinare** *(tr)* | guess 3 |
| ***indugiarsi** *(intr/refl)* | loiter 12, 7 |
| **indurire** *(tr)* | harden, stiffen 6 |
| ***indurirsi** *(intr/refl)* | harden 6, 7 |
| **infastidire** *(tr)* | bother, worry s.one 6 |
| **infettare** *(tr)* | infect 3 |
| ***infettarsi** *(intr/refl)* | become infected 7 |
| **infiammare** *(tr)* | inflame 3 |
| **infilare** *(tr)* | thread 3 |
| ***infilarsi** *(intr)* | slip on (clothes) 7 |
| ***infischiarsi** *(intr/refl)* | care nothing (about sth.) 13, 7 |
| **infliggere** *(tr)* | inflict 19 |
| **influenzare** *(tr)* | influence 3 |
| **influire su** *(intr)* | influence, affect 6 |
| **infondere** *(tr)* | instill 50 |
| **informare** *(tr)* | inform 3 |
| ***informarsi di/su** *(intr/refl)* | get information about, ask about 7 |
| **ingannare** *(tr)* | bluff, cheat, circumvent, deceive, mislead, trick 3 |
| **ingessare** *(tr)* | plaster 3 |
| **inghiottire** *(tr)* | swallow 6 |
| ***inginocchiarsi** *(intr/refl)* | kneel down 13, 7 |
| **ingiuriare qlcu.** *(tr)* | call s.one names 13 |
| **†ingrassare** *(intr/tr)* | fatten put on weight 3 |
| **iniettare** *(tr)* | inject 3 |
| **inizializzare** *(tr)* | boot (IT) 3 |
| **iniziare a** *(tr)* | initiate (s.one) 13 |
| **innaffiare** *(tr)* | water 13 |
| **innalzare** *(tr)* | heighten 3 |
| ***innamorarsi di** *(intr/refl)* | fall in love 7 |

| | |
|---|---|
| ***innervosirsi** *(intr/refl)* | get nervous 6, 7 |
| **innestare la retromarcia** *(tr)* | reverse (car) 3 |
| **inoculare** *(tr)* | innoculate 3 |
| **inoltrare** *(tr)* | send on (letters) 3 |
| **inoltrare una domanda** | apply (for job) 3 |
| **inondare** *(tr)* | flood, overflow 3 |
| **inquinare** *(tr)* | pollute 3 |
| **insaponare** *(tr)* | soap 3 |
| **insegnare a** *(tr)* | teach (to) 3 |
| **inseguire** *(tr)* | hound, pursue, track 5 |
| **inserire** *(tr)* | write in, insert 6 |
| **insistere su** *(intr)* | insist (on) 25 |
| **installare** *(tr)* | install 3 |
| **insultare** *(tr)* | be rude to, insult 3 |
| **integrare** *(tr)* | integrate 3 |
| **intendere** *(tr)* | mean, intend (to say) 91, 17 |
| ***intendersi di** *(intr/refl)* | know about, be an expert on 17, 7 |
| **intensificare** *(tr)* | intensify 11 |
| **interdire** *(tr)* | forbid 9 |
| **interessare** *(tr)* | interest *(Imp.)* 3 |
| ***interessarsi (a/di)** *(intr/refl)* | take an interest in, care 7 |
| **interferire** *(intr)* | interfere 6 |
| **interporre** *(tr)* | interpose 64 |
| **interpretare** *(tr)* | interpret, read/play (a part) 3 |
| **interpretare male** *(tr)* | misinterpret 3 |
| **interrogare** *(tr)* | interrogate, question 11 |
| **interrompere** *(tr)* | interrupt, switch off 76 |
| ***intervenire** *(intr)* | intervene, chip in, cut off 102 |
| **intervistare** *(tr)* | interview 3 |
| **intitolare** *(tr)* | entitle 3 |
| **intraprendere** *(tr)* | take on, undertake (journey) 66 |
| **intravedere** *(tr)* | glimpse 101 |
| **introdurre** *(tr)* | bring in, introduce 95 |
| ***intrudersi** *(intr/refl)* | intrude 20, 7 |
| **intuire** *(tr)* | sense 6 |
| **inumidire** *(tr)* | moisten 6 |
| **invadere** *(tr)* | invade 49 |
| ***invecchiare** *(intr)* | age 13 |
| ***invecchiarsi** *(intr/refl)* | age, grow old 13, 7 |
| **inventare** *(tr)* | make up, invent 3 |
| **investigare** *(tr)* | investigate 11 |
| **investire** *(tr)* | invest, run down/over (with car) 5 |
| **inviare** *(tr)* | send 13 |
| **invidiare** *(tr)* | envy 13 |
| **invitare a** *(tr)* | ask, invite (to) 3 |
| **involgere** *(tr)* | wrap 106 |
| **inzuccherare** *(tr)* | sugar 3 |
| **ionizzare** *(tr)* | ionize 3 |
| **ipotecare** *(tr)* | mortgage 11 |

| | |
|---|---|
| **irrigare** *(tr)* | irrigate 11 |
| **irritare** *(tr)* | irritate 3 |
| **irrompere** *(tr)* | break into a building 76 |
| ***iscriversi** *(intr/refl)* | enroll, register 81, 7 |
| **isolare** *(tr)* | isolate, shut off (water, gas) 3 |
| **ispessire** *(tr)* | thicken 6 |
| **istruire** *(tr)* | instruct 6 |
| **istupidire** *(tr)* | stupefy 6 |

*L*

| | |
|---|---|
| ***lagnarsi di** *(intr/refl)* | complain about 7 |
| ***lamentarsi di** *(intr/refl)* | complain about 7 |
| **lampeggiare** *(tr)* | flash, flash (lightning) 12 |
| **lanciare** *(tr)* | throw (a bomb) 12 |
| **lanciare un razzo** *(tr)* | launch, lift off (rocket) 12 |
| ***lanciarsi** *(intr/refl)* | dart out 12, 7 |
| **languire** *(intr)* | pine 6 |
| **lappare** *(intr)* | lap 3 |
| **lasciare** *(tr)* | leave, allow to remain 12 |
| **lasciare entrare** *(tr)* | allow in, let in, allow to enter 12 |
| **lasciare passare** *(tr)* | allow through, let through 12 |
| **lasciare per testamento** *(tr)* | bequeath, will 12 |
| **lasciare vuoto** *(tr)* | vacate 12 |
| ***lasciarsi cadere** *(intr/refl)* | flop down 12, 7 |
| **lavare** *(tr)* | wash 3 |
| **lavare a secco** *(tr)* | dry-clean 3 |
| ***lavarsi** *(intr/refl)* | wash oneself, get washed, wash up 7 **[M]** |
| **lavorare** *(tr)* | work 3 |
| **lavorare a maglia** *(tr)* | knit 3 |
| **lavorare come uno schiavo** *(tr)* | slave, work hard 3 |
| **lavoricchiare** *(intr)* | potter about 13 |
| **leccare** *(tr)* | lick 11 |
| **legalizzare** *(tr)* | legalize 3 |
| **legare** *(tr)* | bind, fasten, tie, band together 11 |
| **legare con corde** *(tr)* | string 11 |
| **leggere** *(tr)* | read 53 **[M]** |
| **leggere ad alta voce** *(tr)* | read aloud 53 |
| **levigare con carta vetrata** *(tr)* | sand down 11 |
| **liberare** *(tr)* | free, release, rescue, set free, rid of 3 |
| ***librarsi a volo** *(intr/refl)* | soar (of bird) 7 |
| **licenziare** *(tr)* | fire (s.one), sack, dismiss 13 |
| **limare** *(tr)* | file (wood, metal) 3 |
| **limitare** *(tr)* | keep to, limit 3 |
| ***limitarsi a** *(intr/refl)* | confine to 7 |
| **liquefare** *(tr)* | liquify, melt 10 |
| **liquidare** *(tr)* | pay off debts 3 |
| **lisciare** *(tr)* | smooth(e) 12 |
| **litigare con** *(intr)* | fall out, quarrel 11 |

**livellare** *(tr)* level 3
**lodare** *(tr)* praise 1, 3 **[M]**
***logorarsi** *(intr/refl)* wear out 7
**lottare contro** *(intr)* struggle against 3
**lottare per** *(intr)* struggle for, fight for 3
**luccicare** *(tr)* gleam 11
**lucidare** *(tr)* shine, polish 3
**lusingare** *(tr)* flatter 11

***M***

**macchiare** *(tr)* soil, dirty, spot, mark, stain, blur 13
**macchinare** *(tr)* scheme 3
**maceliare** *(tr)* slaughter 3
**macinare** *(tr)* grind, mill 3
**magnetizzare** *(tr)* magnetize 3
**maledire** *(tr)* curse 9
**maltrattare** *(tr)* mistreat, misuse 3
***mancare** *(intr)* be missing, miss, lack 11
***mancare di** *(intr)* fail to do sth. 11
**mandare** *(tr)* send 3
**mandare** *(tr)* **un fax** fax 3
**mandare a chiamare** *(tr)* send for s.one 3
**mandare a prendere** *(tr)* send for sth. 3
**mandare fuori** *(tr)* send s.one out 3
**mandare per posta** *(tr)* mail 3
**maneggiare** *(tr)* handle 12
**mangiare** *(tr)* eat 12 **[M]**
**mantenere** *(tr)* abide by/keep, maintain, support, provide for 92
**mantenere la parola** *(tr)* stick to your word 92
**mantenere le proprie posizioni** *(tr)* hold one's own, stand, maintain position 92
**marcare** *(tr)* mark 11
**marciare** *(intr)* march 12
**marinare** *(tr)* la scuola play truant 3
**martellare** *(tr)* hammer 3
**massacrare** *(tr)* massacre 3
**masticare** *(tr)* chew 11
***maturare** *(intr)* ripen 3
**mentire** *(intr)* lie, tell a lie 6
***meravigliarsi di** *(intr/refl)* be amazed, wonder at 13, 7
**meritare di** *(tr)* deserve 3
**mescolare** *(tr)* jumble up, mix, mix up 3
**mettere** *(tr)* put 54 **[M]**
**mettere all'aria** *(tr)* air 54
**mettere alla prova** *(tr)* test 54
**mettere da parte** *(tr)* put aside, put away, store 54
**mettere fuori** *(tr)* catch out 54
**mettere fuori combattimento** *(tr)* knock out 54
**mettere fuori fase** *(tr)* phase out 54

**mettere in comunicazione** *(tr)* put through (telephone) 54
**mettere in disordine** *(tr)* make a mess of 54
**mettere in fase** *(tr)* phase in 54
**mettere in garage** *(tr)* garage (car) 54
**mettere in moto** *(tr)* start car 54
**mettere in ordine** *(tr)* put in order, tidy up 54
**mettere in pensione** *(tr)* pension off 54
**mettere in relazione a** *(intr)* relate to 54
**mettere insieme** *(tr)* bond, put together 54
**mettere per iscritto** *(tr)* set down on paper 54
***mettersi a** *(intr/refl)* begin to 54, 7
***mettersi a sedere** *(intr/refl)* sit down 54, 7
***mettersi al** *(intr/refl)* set in (of weather) 54, 7
***mettersi in contatto con** *(intr/refl)* contact 54, 7
***mettersi in piedi** *(intr/refl)* stand up 54, 7
***mettersi in piega** *(intr/refl)* set hair 54, 7
**miagolare** *(intr)* mew 3
**mietere** *(tr)* harvest, mow (corn), reap 4
**†migliorare** *(intr/tr)* improve 3
**minacciare di** *(tr)* threaten (to) 12
**mirare a** *(intr)* aim at 3
**mischiare** *(tr)* blend 13
**misurare** *(tr)* survey, measure 3
**modellare** *(tr)* model, mold 3
**modernizzare** *(tr)* modernize 3
**modificare** *(tr)* modify 11
**molestare** *(tr)* molest 3
**moltiplicare** *(tr)* multiply 11
**monopolizzare** *(tr)* monopolize 3
**†montare** *(intr/tr)* ride (bike, horse) 3
**mordere** *(tr)* bite 55 **[M]**
**mordicchiare** *(tr)* nibble 13
***morire** *(intr)* die 56 **[M]**
***morire di fame** *(intr)* starve 56
**mormorare** *(tr)* murmur 3
**mostrare** *(tr)* show, allow to be seen 3
**motivare** *(tr)* motivate 3
**mudare** *(intr)* molt/moult 3
**muggire** *(intr)* below (animals) 6
**multare** *(tr)* fine (law) 3
**mungere** *(tr)* milk 68
**muovere** *(tr)* move, stir 15 **[M]**
***muoversi** *(intr/refl)* move oneself 15, 7

***N***

**narrare** *(tr)* narrate, relate (a story) 3
***nascere** *(intr)* be born 57 **[M]**
**nascondere** *(tr)* conceal, hide, veil 75
**naufragare** *(intr/tr)* be shipwrecked, sink, go down, wreck 11

**negare** *(tr)* deny 11
**negoziare** *(tr)* negotiate, bargain 13
**neutralizzare** *(tr)* neutralize 3
**†nevicare** *(intr)* snow 11
**nitrire** *(intr)* neigh 6
**noleggiare** *(tr)* charter (plane), hire / rent (car) 12
**nominare** *(tr)* appoint, name, nominate 3
**notare** *(tr)* note, notice 3
**notificare** *(tr)* inform, notify 11
**nuocere a** *(intr)* be bad for, harm 16 **[M]**
**nuotare** *(intr)* swim 3
**nutrire** *(tr)* nourish 6

*O*

**obiettare** *(tr)* object 3
**obbligare a** *(tr)* oblige s.one to 11
***occorrere** *(intr)* be necessary *(Imp)*. 35
**occupare** *(tr)* occupy, take up (space) 3
**occupare abusivamente** *(tr)* squat, settle illegally 3
***occuparsi di** *(intr / refl)* deal with, see about / to, organize 7
**odiare** *(tr)* hate, dislike 13
**offendere** *(tr)* disgust, offend 17
**offrire** *(tr)* **a qicu.** bid hold out, offer, treat s.one, give (present) to s.one 24
**offrire alloggio a** *(tr)* put up, accommodate 24
**offrire di** *(intr)* offer (to) 24
***offrirsi** *(intr / refl)* volunteer 24, 7
**omettere** *(tr)* leave out, omit 54
**ondeggiare** *(intr)* flicker 12
**operare** *(tr)* operate 3
**opporre** *(tr)* oppose 64
***opporsi a** *(intr / refl)* oppose, be opposed to 64, 7
**opprimere** *(tr)* weigh down, oppress 32
**orbitare** *(tr)* orbit 3
**ordinare** *(tr)* file (papers), order (food) 3
**organizzare** *(tr)* organize 3
**orinare** *(intr)* urinate 3
**ornare** *(tr)* embellish 3
**osare** *(intr)* dare 3
**oscillare** *(intr)* oscillate, sway, range (in amount) 3
**oscurare** *(tr)* darken 3
**ospitare** *(tr)* accommodate, put up, entertain 3
**osservare** *(tr)* notice, observe, remark 3
**ossidare** *(tr)* oxidize 3
**ostacolare** *(tr)* hold up (traffic), thwart 3
**ottenere** *(intr)* come by, obtain 92
**otturare** *(tr)* fill (a tooth) 3
**oziare** *(intr)* idle about 13

*P*

**pagare** *(tr)* pay, pay in 11
***pagare il conto** *(tr)* check out, pay bill / check 11

| | |
|---|---|
| **palleggiare** *(tr)* | dribble (football / soccer) 13 |
| **paralizzare** *(tr)* | paralyze 3 |
| **parcheggiare** *(tr)* | park (car) 12 |
| **pareggiare** *(tr)* | equalize (sport) 12 |
| ***parere di** *(intr)* | appear, seem (to) *(Imp)*. 58 **[M]** |
| **parlare di** *(tr / intr)* | speak, talk (of) 3 **[M]** |
| **parlare francamente** *(intr)* | speak out 3 |
| **partecipare a** *(intr)* | take part in, participate in 3 |
| **parteggiare per** *(intr)* | side with, support 12 |
| ***partire** *(intr)* | depart, set off, leave 5 |
| ***partire per** *(intr)* | leave for 5 |
| **†passare** *(intr / tr)* | spend (time) 3 |
| ***passare a** *(intr)* | pass (an exam) 3 |
| **passare** *(tr)* **l'aspirapolvere** | vacuum 3 |
| **passare a prendere** *(tr)* | call for 3 |
| **passare a una velocità inferiore** *(intr)* | change down (gear) 3 |
| **passare a una velocità superiore** *(intr)* | change up (gear) 3 |
| **passare da** *(intr)* | call in 3 |
| **passare per** *(intr)* | pass by, pass through 3 |
| **passeggiare** *(intr)* | stroll 12 |
| **pattinare** *(intr)* | skate 3 |
| **peccare** *(intr)* | sin 11 |
| **pedalare** *(intr)* | pedal 3 |
| **†peggiorare** *(intr / tr)* | worsen 3 |
| **pendere** *(intr)* | slope, overhang 4 |
| **penetrare** *(tr)* | penetrate, pierce 3 |
| **penetrare a forza** *(tr)* | force one's way 3 |
| **pensare** *(intr / tr)* | think 3 |
| **pensare a** *(intr)* | think about 3 |
| **pensare di** *(intr)* | plan, think of (opinion) 3 |
| ***pentirsi di** *(intr / refl)* | regret, repent (of) 5, 7 |
| **percepire** *(tr)* | detect, perceive 6 |
| **percorrere** *(tr)* | cover, go along, scour 35 |
| **percuotere** *(tr)* | beat, strike 82 |
| **perdere** *(tr)* | lose 59 **[M]** |
| **perdere** *(tr)* **l'equilibrio** | throw off balance 59 |
| **perdere tempo** *(intr)* | mess about 59 |
| ***perdersi** *(intr / refl)* | get lost 59, 7 |
| **perdonare** *(tr)* | forgive, pardon 3 |
| **perfezionare** *(tr)* | perfect 3 |
| **perforare** *(tr)* | punch (holes) 3 |
| ***perire** *(intr)* | perish 6 |
| **permettere** *(intr)* | permit, allow, let, enable 54 |
| ***permettersi** *(intr / refl)* | be allowed 54, 7 |
| ***permettersi il lusso di** *(intr / refl)* | afford 54, 7 |
| **perseguire** *(tr)* | follow up, pursue, search for 5 |
| **persistere** *(intr)* | keep at, persist 25 |
| **persuadere a** *(tr)* | persuade 60 **[M]** |

***pervenire** *(intr)* arrive at 102
**pesare** *(tr)* weigh 3
**pescare** *(tr)* fish 11
**pestare** *(tr)* stamp (with foot) 3
**pettinare** *(tr)* comb 3
***piacere a** *(intr)* please, like, be fond of, appeal to 61 **[M]**
**piagnucolare** *(intr)* snivel, cry 3
**piangere** *(intr)* cry 62 **[M]**
**piantare** *(tr)* pitch (tent), plant 3
**picchiettare** *(intr)* patter (rain) 3
**piegare** *(tr)* fold 11
**pieghettare** *(tr)* pleat 3
**pigliare** *(tr)* take, catch 13
**pilotare** *(tr)* pilot 3
**piluccare** *(tr)* peck at 11
**†piovere** *(intr)* rain *(Imp)*. 63 **[M]**
**piovigginare** *(intr)* drizzle 3
**polverizzare** *(tr)* powder, pulverize 3
**pompare** *(tr)* pump 3
**porgere** *(tr)* hand, give, hold out 80
**porre** *(tr)* place, put 64 **[M]**
**porre in scatola** *(tr)* box in 64
**portare** *(tr)* bear, carry, bring; have on, wear 3
**portare a** *(intr)* lead to 3
**portare il lutto** *(tr)* mourn 3
**portare via** *(tr)* carry off, take away 3
**posare** *(tr)* lay, place 3
**posporre** *(tr)* postpone 64
**possedere** *(tr)* possess, have, own 14, 4
**potare** *(tr)* prune 3
**†potere** *(intr)* can, be able to 65 **[M]**
**pranzare** *(intr)* have lunch 3
**praticare** *(tr)* practice, put into practice 11
**precipitare** *(tr)* precipitate 3
***precipitarsi** *(intr/refl)* rush 7
***precipitarsi fuori** *(intr/refl)* burst out 7
***precipitarsi in** *(intr/refl)* burst in 7
**precisare** *(tr)* specify 3
**predicare** *(tr)* preach 11
**predire** *(tr)* predict 9
**preferire** *(tr)* prefer 6
**pregare di** *(tr)* pray, beg, ask 11
**premere** *(tr)* press (button) 4
**prendere** *(tr)* take, catch (train, cold), have, eat 66 **[M]**
**prendere a** *(intr)* begin to 66
**prendere d'assalto** *(tr)* storm (a building) 66

| | |
|---|---|
| **prendere in considerazione** *(tr)* | take into account 66 |
| **prendere in trappola** *(tr)* | trap 66 |
| **prendere le difese di** *(tr)* | stand up for 66 |
| **prendere nota di** *(intr)* | minute, take down (in writing) 66 |
| **prendere parte a** *(intr)* | take part in 66 |
| **prendere per** *(intr)* | mistake for 66 |
| **prendersi la briga di** *(intr/refl)* | take the trouble to 66, 7 |
| **prendersela con** *(intr)* | be upset with 66, 7 |
| **prenotare** *(tr)* | book, reserve 3 |
| **preoccupare** *(tr)* | distress 3 |
| ***preoccuparsi di/per** *(intr/refl)* | worry, get worried about 7 |
| **preparare** *(tr)* | get ready, prepare 3 |
| **preparare il terreno** *(tr)* | pave the way 3 |
| ***prepararsi a** *(intr/refl)* | get prepared for, get ready for 7 |
| **preporre** *(tr)* | place/put before; prefer 64 |
| **prescegliere** *(tr)* | choose from 31 |
| **prescrivere** *(tr)* | prescribe 81 |
| **presentare** *(tr)* | introduce, present, produce (show) 3 |
| ***presentarsi** *(intr/refl)* | arise 7 |
| **preservare** *(tr)* | preserve 3 |
| **presiedere** *(tr)* | chair meeting 4 |
| **prestare** *(tr)* | lend 3 |
| **presumere** *(tr/intr)* | presume, rely 26 |
| **presuporre** *(tr)* | presuppose 64 |
| **pretendere di** *(tr)* | claim, profess (to) 91 |
| ***prevalere** *(intr)* | prevail 100 |
| **prevedere** *(tr)* | foresee 101 |
| **privare** *(tr)* | rob 3 |
| **privare di** *(tr)* | do out of, stop s.one having 3 |
| **privatizzare** *(tr)* | privatize 3 |
| **processare** *(tr)* | try in court 3 |
| **procrastinare** *(tr)* | procrastinate 3 |
| **procreare** *(tr)* | procreate 3 |
| **procurare** *(tr)* | get 3 |
| **produrre** *(tr)* | yield, produce 95 |
| **produrre vescichetta** *(intr)* | blister 95 |
| **profittare** *(intr)* | profit 3 |
| **profittare da** *(intr)* | benefit from 3 |
| **profondere** *(tr)* | squander 50 |
| **profondersi in** *(intr/refl)* | be profuse in 50 |
| **profumare** *(tr)* | scent 3 |
| **progettare** *(tr)* | devise, project 3 |
| **programmare** *(tr)* | program 3 |
| **proibire di** *(tr)* | prohibit (from) 6 |
| **proiettare** *(tr)* | cast 3 |
| **prolungare** *(tr)* | prolong 11 |
| **promettere** *(tr)* | promise 54 |
| **promettere a qlcu di fare** *(intr)* | promise s.one to do sth. 54 |

| | | |
|---|---|---|
| | **promuovere** *(tr)* | pass (candidate), promote, upgrade 15 |
| | **pronunciare** *(tr)* | pronounce 12 |
| | **proporre di** *(tr)* | propose (to); table (a bill) 64 |
| | **prorompere** *(intr)* | burst out 76 |
| | **proseguire** *(intr)* | proceed 5 |
| | **proseguire** *(tr)* | prosecute 5 |
| | **prosperare** *(intr)* | prosper, flourish, thrive 3 |
| | ***prostituirsi** *(intr / refl)* | prostitute oneself 6, 7 |
| | **proteggere** *(tr)* | protect, guard 67 **[M]** |
| | **protestare** *(tr)* | protest 3 |
| | **provare** *(tr)* | prove, taste, try on / out, sample 3 |
| | **provare a** *(intr)* | try to 3 |
| | **provare antipatia per** *(intr)* | dislike 3 |
| | **provare piacere nel fare** *(tr)* | delight in doing sth. 3 |
| | **provare pietà di** *(intr)* | take pity on 3 |
| | ***provenire da** *(intr)* | come from, issue from 102 |
| | **provocare** *(tr)* | challenge 11 |
| | **provocare un corto circuito** *(tr)* | short-circuit 11 |
| | **provvedere a** *(intr)* | provide for, see to 101 |
| | **pubblicare** *(tr)* | bring out, publish, issue 11 |
| | **pugnalare** *(tr)* | stab 3 |
| | **pulire** *(tr)* | clean, clear out, clear up rubbish 6 |
| | **pungere** *(tr)* | prick, sting 68 **[M]** |
| | **pungolare** *(tr)* | prod 3 |
| | **punire** *(tr)* | discipline, punish 6 |
| | **puntare** *(tr)* | pin 3 |
| | **puntare a** *(intr)* | aim at 3 |
| | **puntellare** *(tr)* | shore up 3 |
| | **purificare** *(tr)* | purify 11 |
| | ***putrefarsi** *(intr / refl)* | rot 10, 7 |
| | **puzzare di** *(intr)* | stink of 3 |
| ***Q*** | **qualificare** *(tr)* | qualify 11 |
| | **quantificare** *(tr)* | quantify 11 |
| | **quotare** *(tr)* | quote (prices) 3 |
| ***R*** | **racchiudere** *(tr)* | contain; imply 30 |
| | **raccogliere** *(tr)* | pick, pick up, rake up (leaves). summon up (courage) 31 |
| | **raccomandare** *(tr)* | recommend 3 |
| | **raccontare** *(tr)* | report, tell, narrate 3 |
| | **raddoppiare** *(tr)* | double 13 |
| | **raddrizzare** *(tr)* | straighten 3 |
| | **radere** *(tr)* | shave; skim; raze 69 **[M]** |
| | ***radersi** *(intr / refl)* | shave oneself 69, 7 |
| | **radiografare** *(tr)* | X-ray 3 |
| | **raffinare** *(tr)* | refine 3 |
| | **rafforzare** *(tr)* | strengthen 3 |

***raffreddarsi** *(intr / refl)* — get / catch cold 7
**raggiungere** *(tr)* — reach, attain, catch up with 52
**ragionare** *(intr)* — reason 3
***rallegrarsi** *(intr / refl)* — rejoice 7
**rallentare** *(tr)* — slow down 3
***rammaricarsi di** *(intr / refl)* — regret, feel sorry for 11, 7
**rapinare** *(tr)* — hijack 3
**rapire** *(tr)* — kidnap 6
**rappresentare** *(tr)* — represent, stage (a play) 3
***rassegnarsi a** *(intr / refl)* — resign oneself to 7
**rassomigliare a** *(intr)* — take after, resemble 13
**rattristate** *(tr)* — sadden 3
**ravvolgere** *(tr)* — wrap up 106
**razionare** *(tr)* — ration 3
**reagire** *(intr)* — react 6
**realizzare** *(tr)* — accomplish, realize, make real 3
***recarsi** *(intr / refl)* — go to 11, 7
**recidere** *(tr)* — cut off, amputate 39
**recitare** *(tr)* — act in theater, perform (a play) 3

**redigere** *(tr)* — draw up (document), compile 4, 25B
**refrigerare** *(tr)* — refrigerate 3
**regalare** *(tr)* — give as a present 3
**reggere** *(tr)* — bear; hold; rule; stand 70 **[M]**
**registrare** *(tr)* — check in, register, record, video, store data 3

**regolare** *(tr)* — time, regulate 3
**remare** *(tr)* — row, paddle 3
**rendere** *(tr)* — give back; render 71 **[M]**

**rendere agro** *(tr)* — sour 71
**rendere conto di** *(intr)* — account for 71
**rendere duro come l'acciaio** *(tr)* — steel, harden 71
**rendere ridicolo** *(tr)* — ridicule 71
**rendere sicuro** *(tr)* — make safe 71
***rendersi conto di** *(intr)* — realize 71, 7
**reprimere** *(tr)* — repress 32
**resistere a** *(intr)* — resist, weather 25
**respingere** *(tr)* — cast off (a boat), push back, reject, turn down 86

**respirare** *(tr)* — breathe 3
***restare** *(intr)* — stay 3
***restare alzati** *(intr)* — wait up 3
***restare in casa** *(intr)* — stay in / indoors 3
**restaurare** *(tr)* — restore 3
**restituire** *(tr)* — restore, give back 6
**restringere** *(tr)* — narrow, tighten, shrink 88
**rettificare** *(tr)* — rectify 11
**rianimare** *(tr)* — revive 3

**riassumere** *(tr)* sum up, summarize 26
***riaversi** *(intr/refl)* come round/to (consciousness) 27, 7

***ribellarsi a** *(intr/refl)* revolt against 7
**ricamare** *(tr)* embroider 3
**ricattare** *(tr)* blackmail 3
**ricevere** *(tr)* receive, get (letter) 4
**ricevere notizie da** *(intr)* hear from 4
**richiamare** *(tr)* call back, call up, mobilize, recall 3
**richiedere** *(tr)* request, demand, ask for 29
**richiudere** *(tr)* close again 30
**riciclare** *(tr)* recycle waste 3
**ricompensare** *(tr)* compensate for, reward 3
**riconciliare** *(tr)* reconcile 13
**riconoscere di** *(tr)* spot, recognize 34
**ricoprire** *(tr)* cover with, plaster, cover again, roof 24

**ricordare a** *(intr)* remind 3
***ricordarsi di** *(intr/refl)* remember 7
***ricorrere a** *(intr)* resort to 35
**ricostruire** *(tr)* reconstruct 6
**ridere di** *(intr)* laugh (at) 72 **[M]**
**ridurre** *(tr)* cut back, reduce 95
**riempire di** *(tr)* fill, fill in with 5
***riempirsi di** *(intr/refl)* cram with 5, 7
**rifare** *(tr)* redo 10
***riferirsi a** *(intr/refl)* refer to 6, 7
**rifiutare di** *(tr)* decline, refuse (to) 3
**riflettere su** *(tr)* reflect on, think over 22, 25B
**rifluire** *(intr)* ebb 6
**rigare** *(tr)* rule, draw line 11
**riguardare** *(tr)* affect, concern 3
***rilassarsi** *(intr/refl)* relax 7
**rimandare** *(tr)* defer, put off, postpone 3
***rimanere** *(intr)* remain 73 **[M]**
***rimanere indietro** *(intr)* drop behind 73
***rimanere senza fiato** *(intr)* gasp, be breathless 73
***rimanere valido** *(intr)* stand, remain unchanged 73
**rimbalzare** *(tr)* bounce 3
**rimborsare** *(tr)* refund, reimburse 3
**rimediare a** *(intr)* remedy, put right 13
**rimettere** *(tr)* replace 54
**rimorchiare** *(tr)* tow 13
**rimordere** *(tr)* bite back; prick 55
**rimpiangere** *(tr)* regret, feel sorry for 62
**rimpinzarsi di** *(intr/refl)* guzzle 7
**rimproverare** *(tr)* reproach 3
**rimuovere** *(tr)* displace 15
**rinascere** *(tr)* be born again 57

**rinchiudere** *(tr)* shut in, shut up 30
***rincrescere** *(intr)* regret; mind (*Imp.*) 36
**rinforzare** *(tr)* reinforce, steady, make firm 3
**rinfrescare** *(tr)* cool, freshen, refresh 11
***rinfrescarsi** *(intr/refl)* cool down 11, 7
**ringraziare** *(tr)* say thank you for, thank 3
**rinnovare** *(tr)* renew, renovate 3
**rinunciare a** *(intr)* renounce, give up 12
**rinvenire** *(tr/intr)* find, discover; recover; come to 102
**rinviare** *(tr)* send back 13
**riordinare** *(tr)* groom 3
**riorganizzare** *(tr)* reorganize 3
**riparare** *(tr)* mend, fix, repair, screen, shade, shelter 3

**ripercuotere** *(tr)* beat again 82
**ripetere** *(tr)* repeat 4
**ripiegare** *(tr)* fold up 11
**riporre** *(tr)* put again 64
**riportare** *(tr)* bring back, take back 3
**riposare** *(tr)* rest 3
***riposarsi** *(intr/refl)* have a rest 7
**riprendere** *(tr)* recover, get back 66
**riprodurre** *(tr)* reproduce 95
***risalire a** *(intr)* date back 77
**riscaldare** *(tr)* heat, warm up 3
**rischiare di** *(tr)* risk, be in danger (of) 13
**risciacquare** *(tr)* rinse 3
**riscuotere** *(tr)* collect, cash (check) 82
**risentire** *(tr)* play back, hear again 5
**riservare** *(tr)* reserve 3
**risolvere** *(tr)* resolve, solve 74 **[M]**
***risolversi di** *(intr/refl)* decide, make up one's mind 74, 7
**risonare** *(intr)* resonate, resound 3
**risorgere** *(intr)* rise again, revive 80
**risparmiare** *(tr)* economize, save, spare 13
**rispecchiare** *(tr)* reflect, mirror 13
**rispettare** *(tr)* respect 3
**risplendere** *(intr)* glow 17
**rispondere a** *(intr)* reply, answer, rejoin, equivalent to 75 **[M]**

***risultare con** *(intr)* result in, turn out 3
**risuonare** *(intr)* rattle 3
**ritardare** *(tr)* delay 3
**ritenere di** *(tr)* retain, consider (doing) 92
**ritirare** *(tr)* withdraw 3
**ritirarsi** *(intr/refl)* drop out, flinch, pull back, stand back 7

***ritornare** *(intr)* come back, go back, get back, hand back, return 3

***ritrarsi** *(intr/refl)* cower 7
**riunire** *(tr)* assemble, put/bring together, gather 6
**riunire in mazzo** *(tr)* bundle up 6
***riunirsi** *(intr/refl)* reunite, meet/flock together 6, 7
**riuscire a** *(intr)* manage to (do), succeed 99
**rivedere** *(tr)* see again; revise 101
**rivelare** *(tr)* disclose 3
***rivivere** *(intr)* live again, relive 104
***rivolgersi a** *(intr/refl)* refer to, speak to 106, 7
**rivoltare** *(tr)* turn inside out 3
***rizzarsi** *(intr/refl)* sit up 3
**rodere** *(tr)* gnaw 47
**rombare** *(intr)* rumble 3
**rompere** *(tr)* break 76 **[M]**
**ronzare** *(intr)* buzz 3
**rotolare** *(intr/tr)* roll 3
**rovesciare** *(tr)* capsize, knock over, spill, upset 12
**†rovinare** *(intr/tr)* ruin, spoil, harm, fall to ruin 3
**rubare** *(tr)* pinch, steal 3
**ruotare** *(tr)* wheel 3
**russare** *(intr)* snore 3

*S*

**sacrificare** *(tr)* sacrifice 11
**saggiare** *(tr)* sample 12
**salare** *(tr)* salt 3
**saldare** *(tr)* pay up, settle (bill); weld 3
**†salire** *(intr/tr)* go up, climb, mount, come in (of tide) 77 **[M]**
**†salire su** *(intr/tr)* get on, board (bus/train) 77
**†saltare** *(intr/tr)* hop, jump, leap 3
***saltare (di valvola)** *(intr)* blow fuse 3
**salutare** *(tr)* hail, greet, see off, say good-bye 3
**salvare** *(tr)* rescue, salvage, save 3
**sanguinare** *(intr)* bleed 3
**sapere** *(intr)* know (a fact), know how to 78 **[M]**
**sapere di** *(intr)* taste of, smack of 78
**sarchiare** *(tr)* weed, hoe 13
**sbadigliare** *(intr)* yawn, gape 13
***sbagliarsi** *(intr)* be mistaken 13, 7
**sbalordire** *(tr)* stupefy 6
**sbarcare** *(intr)* land, disembark 11
**sbarrare** *(tr)* dam 3
**sbattere** *(tr)* slam, whip (eggs) 4
**sbloccare** *(tr)* unblock 11
**sborsare** *(tr)* pay out, disburse 3
**sbottonare** *(tr)* unbutton 3
**sbriciolare** *(tr)* crumble 3
***sbrigarsi** *(intr/refl)* hurry up, make haste 11, 7

| | |
|---|---|
| ***scadere** *(intr)* | be due, expire (of credit card) 28 |
| **scaldare** *(tr)* | warm 3 |
| ***scalzarsi** *(intr/refl)* | take off shoes 7 |
| **scambiare per** *(tr)* | mistake for 13 |
| **scandalizzare** *(tr)* | shock, scandalize 3 |
| ***scappare via** *(intr)* | dash/rush away 3 |
| **scarabocchiare** *(tr)* | scribble 13 |
| **scaricare** *(tr)* | discharge, unload, download (IT) 11 |
| **scartare** *(tr)* | scrap 3 |
| ***scatenersi** *(intr/refl)* | storm (anger) 92, 7 |
| **scattare** *(tr)* | snap (photo), trigger off 3 |
| **scaturire** *(tr)* | well, well up 6 |
| **scavare** *(tr)* | channel, dig, hollow out, mine, scoop 3 |
| **scavare** *(tr)* **(un pozzo)** | sink (a well) 3 |
| **scegliere di** *(tr)* | choose (to), pick select 31 |
| **†scendere** *(intr/tr)* | go/get/come down, descend 79 **[M]** |
| **†scendere da** *(intr/tr)* | get off, get down from 79 |
| **scheggiare** *(tr)* | chip 12 |
| **scherzare** *(intr)* | joke 3 |
| **schiaffeggiare** *(tr)* | slap 12 |
| **schiantare** *(tr)* | crack 3 |
| **schiudere** *(tr)* | open, disclose 30 |
| **schizzare** *(tr)* | sketch 3 |
| **sciare** *(intr)* | ski sports 12 |
| **scintillare** *(intr)* | sparkle 3 |
| **sciogliere** *(tr)* | undo, untie; dissolve 31 |
| ***sciogliersi** *(intr/refl)* | melt away 31, 7 |
| **scioperare** *(tr)* | strike, go on strike 3 |
| **sciupare** *(tr)* | waste 3 |
| ***scivolare** *(intr)* | skid, slide, slip 3 |
| **scoccare** *(tr)* | shoot (arrow) 11 |
| **scodinzolare** *(tr)* | wag (tail) 3 |
| **scolare** *(tr)* | strain (salad) 3 |
| **scommettere** *(tr)* | bet 54 |
| **scommettere su qico.** | back, gamble on sth. 54 |
| ***scomparire** *(intr)* | fade, disappear, go out of fashion; cut a poor figure 23 |
| ***scomporsi** *(intr/refl)* | decompose 64, 7 |
| **sconfiggere** *(tr)* | defeat, smash (a record) 19 |
| **scongiurare** *(tr)* | conjure 3 |
| **scontare** *(tr)* | discount 3 |
| **scontentare** *(tr)* | dissatisfy 3 |
| ***scontrarsi** *(intr/refl)* | crash 7 |
| **sconvolgere** *(tr)* | upset (person) 106 |
| **scopare** *(tr)* | sweep 3 |
| ***scoppiare** *(intr)* | burst 13 |
| ***scoppiare a ridere** | burst out laughing 13 |

**scoprire** *(tr)* discover, find out, strike (oil) 24
**scoraggiare** *(tr)* discourage 12
**scorgere** *(tr)* notice, perceive 80 **[M]**
***scorrere** *(intr)* flow, glide, stream, flow freely 35
**scorrere** *(tr)* browse (books) 35
***scorrere lentamente** *(intr)* trickle 35
**scottare** *(tr)* scorch 3
**screditare** *(tr)* disparage 3
**scricchiolare** *(intr)* crackle 3
**scrivere** *(tr)* write, spell, word-process 81 **[M]**
**scrivere un programma** *(tr)* program (IT) 81
**scrivere a macchina** *(tr)* type 81
**scrollare** *(tr)* shrug 3
**scrutare** *(tr)* look through, scan 3
**scuoiare** *(tr)* skin 13
**scuotere** *(tr)* shake 82 **[M]**
**scusare** *(tr)* excuse, apologize 3
***scusarsi** *(intr/refl)* apologize, say sorry 7
**seccare** *(tr)* annoy, pester 11
***seccarsi** *(intr/refl)* get annoyed 11, 7
**sedere** *(tr)* sit (in Parliament, Congress, etc.) 14
***sedersi** *(intr/refl)* sit down 14 **[M]**
**sedurre** *(tr)* entice, seduce 95
**segnalare** *(tr)* signal 3
**segnare** *(tr)* score (sports), sign, check off, mark 3
***segnarsi** *(intr/refl)* cross oneself 7
**seguire** *(tr)* follow 5
**sellare** *(tr)* saddle 3
***sembrare** *(intr)* appear, seem *(Imp.)* 3
***sembrare di** *(intr)* look, seem, sound (like) 3
**seminare** *(tr)* sow (seed) 3
**sentire** *(intr)* feel, hear, smell 5
***sentirsi di** *(intr/refl)* feel (well/unwell) 5, 7
**sentirsi girare la testa** *(intr/refl)* feel dizzy 5, 7
**separare (da)** *(tr)* separate (from) 3
**seppellire** *(tr)* bury 6, 25B
**servire** *(tr)* serve, wait on, bowl (cricket) 5
***servire da** *(intr)* serve as 5
***servire per** *(intr)* be used for 5
***servirsi di** *(intr/refl)* help oneself, use 5, 7
**setacciare** *(tr)* sieve 12
***sfasciarsi contro** *(intr/refl)* smash into 12, 7
**sfidare a** *(intr)* challenge to, defy to 3
**sfigurare** *(tr)* deform 3
**sfiorare** *(tr)* brush against, graze, sweep past 3
**sfogare** *(tr)* vent (anger) 11
**sfogliare** *(tr)* leaf through 13
***sforzarsi di** *(intr/refl)* try hard (to) 7

| | |
|---|---|
| **sfrecciare via** *(intr)* | shoot off quickly 12 |
| **sfregiare** *(tr)* | deface 12 |
| **sganciare** *(tr)* | unhook, uncouple 12 |
| **sgattaiolare** *(intr)* | slip away 3 |
| **sgelare** *(tr)* | defrost, thaw 3 |
| **sgobbare** *(tr/intr)* | swot (for exam) 3 |
| **sgonfiare** *(tr)* | deflate 13 |
| **sgranare** *(tr)* | shell (peas etc.) 3 |
| **sgranocchiare** *(tr)* | crunch 13 |
| **sgridare** *(tr)* | scold 3 |
| **sgusciare** *(intr)* | slip 12 |
| **sgusciare** *(tr)* | shell, hull 12 |
| **sibilare** *(tr)* | hiss 3 |
| **sigillare** *(tr)* | seal 3 |
| **significare** *(intr)* | denote, mean, signify, represent 11 |
| **singhiozzare** *(intr)* | sob 3 |
| **sintetizzare** *(tr)* | synthesize 3 |
| **sintonizzare** *(tr)* | tune in 3 |
| **slacciare** *(tr)* | unfasten 12 |
| **slegare** *(tr)* | loosen 11 |
| **slogare** *(tr)* | dislocate 11 |
| **smaltire** *(tr)* **la sbornia** | sober up 6 |
| **smantellare** *(tr)* | dismantle 3 |
| ***smarrirsi** *(intr/refl)* | get lost, wander, go astray 6, 7 |
| **smentire** *(tr)* | deny 6 |
| **smettere di** *(intr)* | stop (doing sth.) 54 |
| **smuovere** *(tr)* | shift; dissuade 15 |
| **socchiudere** *(tr)* **gli occhi** | half close; squint 30 |
| **soccorrere** *(tr)* | aid, assist 35 |
| **soddisfare** *(tr)* | fulfill, satisfy 11 |
| **soffiare** *(tr)* | blow, blow up (balloon) 13 |
| **soffocare** *(tr)* | choke, suffocate 11 |
| **soffriggere** *(intr/tr)* | fry lightly 19 |
| **soffrire** *(tr)* | suffer, be in pain 5, 24 |
| **soggiungere** *(tr)* | add 52 |
| **sognare di** *(intr)* | dream (of) 3 |
| **sognare ad occhi aperti** *(intr)* | daydream 3 |
| ***solere** *(tr)* | be used/accustomed to 83 **[M]** |
| **solidificare** *(tr)* | solidify 11 |
| **sollevare** *(tr)* | heave, hoist, lift (receiver) 3 |
| **sollevare con cricco** *(tr)* | jack (car) 3 |
| ***sollevarsi** *(intr/refl)* | rise, rebel 7 |
| **sommergere** *(tr)* | submerge 84 |
| **sopportare** *(tr)* | bear, tolerate, put up with, endure 3 |
| **sopprimere** *(tr)* | abolish; eliminate; suppress 32 |
| ***sopraggiungere** *(intr)* | arrive 52 |
| **sopravvenire** *(intr)* | arrive; happen 102 |

***sopravvivere a** *(intr)* survive, outlive; live on 104
***sorgere** *(intr)* rise (of sun) 80
**sorpassare** *(tr)* overtake 3
**sorprendere** *(tr)* surprise 66
**soreggere** *(tr)* support, hold up 70
**sorridere** *(intr)* smile 72
**sorseggiare** *(tr)* sip 12
**sorvegliare** *(tr)* supervise 13
**sorvolare** *(tr)* hover 3
**sospendere** *(tr)* suspend 17
**sospettare** *(tr)* **qicu. di** suspect s.one of 3
**sospingere** *(tr)* push, urge 86
**sospirare** *(intr)* sigh 3
**sostenere** *(tr)* allege, maintain, keep up, prop, stand by, support, uphold, back up 92
**sostituire** *(tr)* replace, stand in for 6
**sottintendere** *(tr)* hint at 91
**sottolineare** *(tr)* stress, underline 3
**sottomettere** *(tr)* subject 54
***sottomettersi a** *(intr/refl)* submit to 54, 7
***sottoporsi a** *(intr/refl)* undergo 64, 7
**sottoscrivere** *(tr)* undersign, underwrite 81
**sottoscrivere a** *(intr)* subscribe 81
***sottostare** *(intr)* submit 87
**sottovalutare** *(tr)* undervalue 3
**sottrarre** *(tr)* subtract 96
**sottrarsi** *(refl)* avoid 96
**sovraccaricare** *(tr)* overload 11
**sovrintendere a** *(intr)* supervise 91
***sovvenire** *(intr)* aid 102
**sovvenzionare** *(tr)* subsidize 3
**spaccare** *(tr)* chop, hew, split (wood) 11
**spalancare** *(tr)* open wide (door) 11
**spandere** *(tr/intr)* spread, spill 25B
**sparare** *(tr)* shoot, shoot a goal 3
**sparare a** *(intr)* shoot at 3
**sparecchiare** *(tr)* clear away 13
**spargere** *(tr)* scatter, spread, sprinkle 84 **[M]**
***sparire** *(intr)* pass away, die, vanish 6
**spaventare** *(tr)* frighten, scare, startle, terrify 3
***spaventarsi di** *(intr/refl)* be alarmed/startled at 7
**spazzare** *(tr)* sweep (chimney) 3
**spazzolare** *(tr)* brush 3
***specializzarsi in** *(intr/refl)* specialize 7
**specificare** *(tr)* specify 11
**speculare** *(tr/intr)* speculate 3
**spedire** *(tr)* send, dispatch 6
**spegnere** *(tr)* turn off, extinguish, put out 85 **[M]**

**spegnersi** *(intr/refl)* go out (of light) 85, 7
**spendere** *(tr)* spend money 17
**sperare di** *(intr)* hope (to) 3
**sperimentare** *(tr)* experiment 3
***spettare a** *(intr)* be up to, be the duty of *(Imp.)* 3
**spezzare** *(tr)* snap, break 3
**spiacere** *(intr)* mind (disinterest) 61
**spiare** *(tr)* bug, spy on 13
**spiccare** *(tr)* stand out (against background) 11
**spiegare** *(tr)* explain, give reasons (for), open out (map), spread out (newspaper) 11
**spingere a** *(tr)* push, shove, urge (to), jostle 86 **[M]**
**splendere** *(intr)* shine (of sun) 17
**splendere** *(tr)* flare 17
**spogliare** *(tr)* strip, undress 13
***spogliarsi** *(intr/refl)* get undressed 13, 7
**spolverare** *(tr)* dust 3
**sporcare** *(tr)* dirty 11
**sporgere** *(tr)* project, jut out 80
***sporgersi** *(intr/refl)* lean out 80, 7
**sposare** *(tr)* marry 3
***sposarsi con** *(intr/refl)* get married to 7
**spostare** *(tr)* shift, move 3
**sprangare** *(tr)* bar (door) 11
**spremere** *(tr)* squeeze 4
**spulciare** *(tr)* rid of fleas, examine, debug (IT) 12
**spruzzare** *(tr)* splash, spray 3
**spumeggiare** *(intr)* foam 12
**spuntare** *(tr)* trim (hair) 3
**sputare** *(tr)* spit 3
**squadrare** *(tr)* square 3
**squillare** *(tr)* blare 3
**stabilire** *(tr)* appoint, fix, set up, establish 6
**stabilire i prezzi di** *(intr)* price 6
**stabilire relazioni** *(intr)* liaise (with) 6
***stabilirsi** *(intr/refl)* settle, settle down 6, 7
**stabilizzare** *(tr)* stabilize 3
**staccare** *(tr)* detach, disconnect, unstick 11
**stampare** *(tr)* print 3
***stancarsi di** *(intr/refl)* tire of, get tired of 11, 7
**standardizzare** *(tr)* standardize 3
***stare** *(intr)* stay; stand; be 87 **[M]**
***stare attento** *(intr)* look out, be careful 87
***stare bene** *(intr)* keep well 87
***stare buono** *(intr)* be good 87
***stare fermo** *(intr)* be/keep still 87
***stare fresco** *(intr)* be in for it 87
***stare fuori** *(intr)* be outside, away from home 87

***stare in** *(intr)* stay, remain 87
***stare in ginocchio** *(intr)* kneel 87
***stare in pensiero** *(intr)* be worried 87
***stare in piedi** *(intr)* stand 87
***stare per** *(intr)* be about to 87
***stare seduto** *(intr)* be seated 87
***stare sulle spine** *(intr)* be on tenterhooks 87
***stare tranquillo** *(intr)* be quiet, calm 87
***stare zitto** *(intr)* be / keep quiet 87
**starnutire** *(intr)* sneeze 6
**stendere** *(tr)* lay out, spread out 91
**sterzare** *(tr)* steer 3
**stillare** *(tr)* distil 3
**stimare** *(tr)* appraise, value, estimate, rate 3
**stimolare** *(tr)* urge, encourage s.one (to) 3
**stirare** *(tr)* iron 3
**storcere** *(tr)* twist, writhe, sprain 94
**†stordire** *(intr / tr)* be amazed, dumbfound 6
**strangolare** *(tr)* strangle 3
**strappare** *(tr)* pull, tear 3
**strillare** *(intr)* squeal 3
**stringere** *(tr)* squeeze, tighten, clamp, narrow, pinch 88 **[M]**
***stringersi** *(intr / refl)* cling 88, 7
**strisciare** *(intr)* crawl, creep 12
**strozzare** *(tr)* throttle 3
**struggere** *(tr)* melt, consume 89 **[M]**
***struggersi** *(intr / refl)* pine away 89, 7
**strutturare** *(tr)* structure 3
**studiare** *(tr)* study, learn 13
***stufarsi di** *(intr / refl)* get fed up of 7
**stupire** *(tr)* amaze 6
***stupirsi di** *(intr / refl)* wonder, be amazed at 6, 7
**subire** *(tr)* suffer, undergo 6
***succedere** *(intr)* occur, happen; take over *(Imp.)* 33
***succedere a** *(intr)* come after 33
**succhiare** *(tr)* suck 13
**sudare** *(intr)* sweat 3
**suggerire** *(tr)* suggest 6
**suggerire a qlcu. di fare** *(intr)* suggest to s.one to do sth. 6
**†suonare** *(intr / tr)* sound, produce sound, play (an instrument), hoot (car), ring (bell) 3
**suonare il tamburo** *(tr)* drum 3
**superare** *(tr)* exceed, overcome, top, surpass 3
**supporre** *(intr)* suppose 64
**susseguire** *(intr)* succeed, come next 5
**sussultare** *(intr)* jump up 3
**svaligiare** *(tr)* burgle 12

| | | |
|---|---|---|
| | **svalutare** *(tr)* | depreciate, devalue 3 |
| | ***svanire** *(intr)* | vanish, die away, wear off (of sensation) 6 |
| | **svantaggiare** *(tr)* | handicap 12 |
| | **svegliare** *(tr)* | arouse, awaken, wake (s.one) 13 |
| | ***svegliarsi** *(intr/refl)* | wake up 13, 7 |
| | **svelare** *(tr)* | reveal, disclose 3 |
| | **svendere** *(tr)* | sell off 4 |
| | ***svenire** *(intr)* | pass out, faint 102 |
| | **sviluppare** *(tr)* | develop 3 |
| | **svitare** *(tr)* | unscrew 3 |
| | **svolgere** *(tr)* | unfold 106 |
| ***T*** | **tacere** *(intr)* | be silent 90 **[M]** |
| | **tagliare** *(tr)* | cut, crop, shear 13 |
| | **tagliare a fette** *(tr)* | slice 13 |
| | **tamponare** *(tr)* | stop (wound) 3 |
| | **tappare** *(tr)* | plug, stop up 3 |
| | **tappezzare** *(tr)* | paper (wall) 3 |
| | **tardare a** *(intr)* | delay (in doing sth.) 3 |
| | **tassare** *(tr)* | tax 3 |
| | **telefonare a** *(intr)* | ring up, telephone 3 |
| | **temere di** *(tr)* | fear, dread 4 |
| | **tendere** *(tr)* | stretch out; tend; strain (to limits), tense (muscles) 91 **[M]** |
| | **tendere a** *(intr)* | stretch out; tend to 91 |
| | **tendere un'imboscata a** *(intr)* | ambush 91 |
| | **tenere** *(tr)* | hold, keep, grasp 92 **[M]** |
| | **tenere a** *(intr)* | be eager to 92 |
| | **tenere il broncio** *(tr)* | sulk 92 |
| | **tenere un discorso a** *(tr)* | address, give a talk to 92 |
| | **tenere a freno** *(tr)* | bridle 92 |
| | **tenere conto di** *(tr)* | allow for 92 |
| | **tenere in debito conto** *(tr)* | make allowance for 92 |
| | **tenere indietro** *(tr)* | keep back, withhold 92 |
| | **tenerci a** *(intr)* | care a lot about 92 |
| | ***tenersi iontano** *(intr/refl)* | keep away, abstain 92, 7 |
| | **tentare di** *(tr)* | attempt (to), try, tempt 3 |
| | **†terminare** *(intr/tr)* | end, terminate 3 |
| | **tessere** *(tr)* | weave (threads) 4 |
| | **testimoniare** *(tr)* | bear witness, witness 13 |
| | **timbrare** *(tr)* | stamp (letters) 3 |
| | **tingere** *(tr)* | dye, tint 93 **[M]** |
| | **tirare** *(tr)* | draw, pull, haul, stretch, extend 3 |
| | **tirare di scherma** *(intr)* | fence (sport) 3 |
| | **tirare giù** *(tr)* | pull down, take down (tent etc.) 3 |
| | **tirare in lungo** *(tr)* | linger 3 |
| | **tirare vento** *(tr)* | be windy 3 |
| | **toccare** *(tr)* | touch 11 |

***toccare a** *(intr)* — take (turn), be up to *(Imp.)* 11
**togliere** *(tr)* — draw out, extract, remove, take off (clothes) 31
**togliere il nocciolo a** *(tr)* — stone (fruit) 31
**togliere di mezzo** *(tr)* — do away with 31
**togliere la comunicazione** *(tr)* — ring off 31
**tollerare** *(tr)* — tolerate 3
**torcere** *(tr)* — twist, wring 94 **[M]**
**tormentare** *(tr)* — harass, torment 3
***tornare (a casa)** *(intr)* — go home, turn back 2
**torturare** *(tr)* — torture 3
**tossire** *(intr)* — cough 6
**tracciare** *(tr)* — plot, trace 12
**tradire** *(tr)* — betray 6
**tradurre in / da** *(tr)* — translate (into / from) 95 **[M]**
**trafiggere** *(tr)* — run through, pierce 19
***tramontare** *(intr)* — set (of sun, moon) 3
**trangugiare in fretta** *(tr)* — gobble up 12
**transigere** *(intr)* — compromise 4, 25B
**trapanare** *(tr)* — drill a hole 3
**trarre** *(tr)* — draw, pull 96 **[M]**
**trarre il massimo vantaggio da** *(tr)* — make the best of 96
**trasalire** *(intr)* — start (startled) 77
**trascinare** *(tr)* — trail, drag 3
***trascorrere(intr)** — pass (of time) 35
**trascrivere** *(tr)* — transcribe 81
**trascurare** *(tr)* — neglect 3
**trasferire** *(tr)* — transfer 6
**trasformare in** *(tr)* — transform (into) 3
**trasgredire** *(tr)* — infringe 6
**traslocarsi** *(intr / refl)* — move (house) 7
**trasmettere** *(tr)* — pass on, send on (orders), transmit 54
**trasparire** *(intr)* — shine through 23
**trattare** *(tr)* — use, treat (person) 3
**trattare con** *(intr)* — deal with 3
***trattarsi di** *(intr / refl)* — be a matter of, be about 7
**trattenere** *(tr)* — detain 92
***trattenersi** *(intr / refl)* — holdback, stay, remain 92, 7
**travedere** *(intr)* — be wrong 101
**travestire** *(tr)* — disguise 5
**trebbiare** *(tr)* — thresh 13
**tremare** *(intr)* — quiver, tremble 3
**trionfare** *(tr)* — triumph 3
**tritare** *(tr)* — mince 3
**trovare** *(tr)* — find, think out (a solution) 3
**trovare per caso** *(tr)* — chance upon 3
***trovarsi** *(intr / refl)* — stand, be situated / located 7
***truccarsi** *(intr / refl)* — make up (cosmetics) 11, 7

| | | |
|---|---|---|
| | ***tuffarsi** *(intr / refl)* | plunge, dive 7 |
| | **tumultuare** *(intr)* | riot 3 |
| | **tuonare** *(intr)* | thunder 3 |
| | **turare** *(tr)* | cork 3 |
| ***U*** | **ubbidire a** *(intr)* | obey 6 |
| | ***ubriacarsi** *(intr / refl)* | get drunk 11, 7 |
| | **uccidere** *(tr)* | kill 97 **[M]** |
| | **udire** *(tr)* | hear 98 **[M]** |
| | **uguagliare** *(tr)* | equal, equalize 13 |
| | **umiliare** *(tr)* | humiliate 13 |
| | **ungere** *(tr)* | grease, oil 68 |
| | **unire** *(tr)* | annex, join, combine, pool (resources), unite 6 |
| | ***unirsi a** *(intr / refl)* | join, unite, team up, link up 6, 7 |
| | **urlare** *(intr)* | roar, hoot, howl, scream 3 |
| | **usare** *(tr)* | use 3 |
| | ***uscire** *(intr)* | go / get / come out, exit 99 **[M]** |
| ***V*** | **vagabondare** *(intr)* | hike 3 |
| | **vagare** *(intr)* | ramble, stray 11 |
| | **vagliare** *(tr)* | sieve, riddle; screen 13 |
| | ***valere** *(intr)* | be worth 100 **[M]** |
| | ***valere la pena** *(intr)* | be worth the trouble *(Imp.)* 100 |
| | **valutare** *(tr)* | evaluate, rate, value 3 |
| | ***vantarsi di** *(intr / refl)* | boast about 7 |
| | **variare** *(tr)* | vary 13 |
| | **vedere** *(tr)* | see, view 101 **[M]** |
| | **non vedere l'ora di** *(intr)* | look forward to 101 |
| | **veleggiare** *(intr)* | sail 12 |
| | **vendere** *(tr)* | sell, retail 4 **[M]** |
| | **vendere al mercato** *(tr)* | market 4 |
| | **venerare** *(tr)* | worship, venerate 3 |
| | ***venire** *(intr)* | come (motion) 102 **[M]** |
| | ***venire a** *(intr)* | come to, come and 102 |
| | ***venire a vedere** *(intr)* | come and see 102 |
| | ***venire in mente** *(intr)* | occur (of idea) 102 |
| | **ventilare** *(tr)* | ventilate 3 |
| | ***vergognarsi di** *(intr / refl)* | be ashamed of 7 |
| | **verificare** *(tr)* | audit, check, verify 11 |
| | **verniciare** *(tr)* | paint (house) 12 |
| | **versare** *(tr)* | pour, shed, pay in (money) 3 |
| | **vestire** *(tr)* | clothe 5 |
| | ***vestirsi** *(intr / refl)* | dress, get dressed 5, 7 |
| | **vezzeggiare** *(tr)* | fondle, pet child / animal 12 |
| | **viaggiare** *(intr)* | travel 12 |
| | **vibrare** *(tr)* | vibrate 3 |
| | **vietare di** *(tr)* | forbid (to) 3 |
| | **vincere** *(tr)* | win 103 **[M]** |

**violare** *(tr)* violate 3
**violentare** *(tr)* rape 3
**visitare** *(tr)* visit places 3
**visualizzare** *(tr)* display (IT) 3
**†vivere** *(intr/tr)* live, be alive 104 **[M]**
**†vivere di** *(intr/tr)* live on 104
**viziare** *(tr)* spoil (child) 13
**vogare** *(intr)* stroke (of oars) 11
**†volare** *(intr/tr)* fly 3
**†volare via** *(intr/tr)* fly away 3
**†volere** *(intr/tr)* want to, wish, like 105 **[M]**
**†voler bene a** *(intr/tr)* be fond of, love 105
***volerci** take, require (time) 105
**volgere** *(tr)* turn 106 **[M]**
***volgersi** *(intr/tr)* turn around 106, 7
**voltare** *(tr)* switch (direction) 3
***voltarsi** *(intr/refl)* turn around 7
**vomitare** *(intr/tr)* be sick, vomit 3
**votare** *(tr)* vote 3
**vuotare** *(tr)* empty 3

*Z*

**zoppicare** *(intr)* limp 11